西南政法大学新闻传播学系列教程

编委会

西南政法大学新闻传播学系列教程　　总主编 李珮

新闻传播法概论

Journalism and Communication Law: An Introduction

陈丽丹 著

法律出版社
LAW PRESS · CHINA

总　序

进入21世纪，中国新闻传播教育迎来了前所未有的大发展、大变化、大改革，西南政法大学全球新闻与传播学院积极融入到这一改革、实践与竞争之中，努力打造符合时代发展的、富有特色的新闻传播教育。

西南政法大学全球新闻与传播学院筹建于1994年，原名为西南政法大学新闻传播学院，1995年开始面向全国招生，在全国法科大学中，最早设立新闻学本科专业招收本科生，近20年来，形成了“媒介·法律·社会”三者融合并重的办学特色。2010年1月，西南政法大学新闻传播学院更名为“全球新闻与传播学院”，同时提出鲜明的办学指导思想与发展定位：以全球新闻视角打造国内一流新闻传播学科。这是为适应中国国力提升之后全球新闻传播对专业人才的需求，充分整合国际国内资源，在法制新闻人才培养模式基础上拓展建立国际化办学模式，培养具有全球视野的新闻传播人才的一次大胆创新。

学院成立这20年，是中国新闻传播事业经历世纪之交的20年，也是中国新闻传播学教育迅速发展的20年。21世纪的中国，全球化和互联网带来了新闻传播事业日新月异的发展变化，新闻传播教育正迎接这一变化带来的巨大挑战，首先，新闻传播教材需要与时俱进，更新和调整，以培养能适应未来发展的优秀新闻传播人才。

基于此，学院跟踪现代新闻传播理论和实践的最新进展，策划了本套丛书，其中包括本科生教材10本，研究生教材3本。这套丛书，作为具有针对性、实用性、指导性和启发性的教材，集中体现了西南政法大学新闻传播学的传承与创新。

这套丛书的特点之一是注重基础性理论的梳理和新领域的探索，力求做到理论有创新，观点有突破，论证有力量，避免与传统新闻传播学教材简单的重复。

特点之二是结合当下新闻传播的实际需要和发展趋势，强调新闻教育的实务特色，力求开放性、操作性与实践性，努力为学生提供能够与实务部门相衔接的课程内容设计。

特点之三是经典理论研究与跨学科研究相得益彰。既有新闻采写、电视采编、国际新闻、文献导读等经典研究的新探索，也有网络舆论、媒体评论、政治传播、文化产业等跨学科的新成果。

这套丛书，分别代表了我院教师，尤其是青年教师在新闻与法治研究、国际新闻研究、影视与新媒体研究、政治传播研究等四个研究方向的探索和思考，取得的阶段性成果，也是我院新生代学术实力的一次整体亮相。我们真诚地期待读者对西南政法大学新闻传播学系列丛书提出宝贵的意见和建议。

是为序。

李　珮

二〇一五年一月毓秀园

目　录

绪　论

柏拉图说过，法律是一切人类智慧聪明的结晶，包括一切社会思想和道德。在新闻传播领域，法律也无所不至地发挥其作用，不仅关系到新闻从业人员个人的权利、公民言论自由宪法权利的具体实施，而且关系着新闻活动的合法、规范，防范新闻权力被滥用。

虽然我国目前没有专门的《新闻传播法》，但是依照宪法、法律、行政法规、部门规章、地方性法规、行政规章等，我国的新闻传播活动是有法可依的，涉及新闻传播主体、新闻传播内容、新闻传播行为等诸多方面。本书拟对这些法律规范进行梳理，在以往知识成果的基础上进行一定的更新，以呈现当下新闻传播法的现状。

本书的体例还是采用了比较传统的结构，从新闻传播法概述开始，对新闻传播法的含义、调整对象、基本原则及其法律渊源、历史与现状进行介绍，从而指出涉及新闻传播法 8 个方面的核心内容：新闻传播与国家安全法律制度、新闻传播法与社会秩序法律制度、新闻传播与特殊新闻与信息的发布、新闻传播与公民权利、新闻传播与著作权、广告活动法律规范、新闻传播媒体的创办、新闻记者和新闻传播媒体派出机构的管理。

基于新闻传播活动对社会所带来的巨大影响，以及新闻传播活动与公权力的冲突平衡，本书将新闻传播与国家安全法律制度、新闻传播法与社会秩序法律制度，以及新闻传播与特殊新闻与信息的发布进行归纳总结，指出新闻传播活动在这三个领域中的权利范围和行为规范，本书在第三章、第四章、第五章中有详细的介绍。在新闻传播活动与私权的冲突平衡上，主要体现在新闻传播活动对公民人格权和著作权方面的影响，所以本书第六章和第七章进行专门介绍。此外，广告经营活动与新闻传播活动有着千丝万缕的联系，新闻传播法一直把对广告经营活动的规范纳入其中。本书将广告管理法律体系放在第八章进行介绍。对新闻传播主体的赋权与规范，是新闻传播法的重要内容。本书第九章和第十章介绍了我国对传统媒体和网络传播媒体的规范，内容涉及新闻传播媒体的创办、新闻记者和新闻传播媒体派出机构的管理等。

随着互联网的发展和新媒体技术的运用，新闻信息的传播方式和传播形态发生了巨大的变化，传统的新闻传播法需要跟进这些变化，适应新闻传播活动的发展。本书第十章专门介绍了新闻传播法中对网络传播管理的规范，扩展了现有其他教材在这方面的内容,从互联网网络管理、域名管理、安全管理三个方面对我国互联网法律法规现状进行梳理,总结了最新的互联网管理规范,并从互联网信息服务管理、互联网出版管理两个方面阐述我国的互联网信息传播方面的法律规范。当然,这个部分的内容是在不断变化的,所以对互联网信息传播方面的法律规范也只能进行一个阶段性的总结。

本书涉及的法律法规较多,对更迭的法律条文相应地进行了更新,但由于篇幅所限,不能涵盖所有内容,所以学生在学习中还要进行法律条文的拓展和补充。

同时需要指出的是,由于法律的滞后性和刚性等缺点,对新闻传播活动中出现一些问题,目前的新闻传播法还无法或者没有进行规范。所以在学习过程中切不要套用法律条文来解决所有新闻传播活动中出现的问题。法律的终极目标在于实现公平和正义,但这是一种不断追求的过程。

第一章　新闻传播法基础理论

本章目的

目前，我国的新闻传播法由《宪法》的有关规定、有关法律、有关行政法规与规章等各种法律规范构成，用于调整人们在新闻传播活动中所产生的社会关系，有自己独特的调整对象和基本原则。

本章通过对新闻传播法含义的界定，调整对象、基本原则的梳理，法律渊源的说明以及对其核心内容的介绍，对本教材起到提纲挈领的作用。

通过本章的学习，学生能够掌握以下问题：

1. 对新闻传播法的含义进行全方位的理解
2. 掌握新闻传播法的独特调整对象
3. 熟悉新闻传播法的基本原则
4. 知悉新闻传播法的法律渊源
5. 掌握新闻传播法的核心内容

本章要点

1. 新闻传播法的含义

   A. 广义　B. 狭义

2. 新闻传播法的调整对象

   A. 新闻传播活动主体　　B. 新闻传播活动客体

   C. 新闻传播活动内容

3. 新闻传播法基本原则

   A. 言论出版自由的原则　　B. “两个服务”方向的原则

   C. 国家发展与行政管理的原则

4. 新闻传播法的法律渊源

   A. 制定法　B. 非制定法

5. 新闻传播法的核心内容

第一节　新闻传播法概述

一、新闻传播法的含义与调整对象

（一）新闻传播法的含义

新闻传播法有广义和狭义之分。广义上的新闻传播法，是指由国家强制力保证实施的，体现国家统治阶级意志的，用于调整人们在新闻传播活动中所产生的社会关系的法律规范的总和，包括《宪法》的有关规定、有关法律、有关行政法规与规章等各种法律规范。它既不是单一的法律文件，也不是某一个法律部门，它具有广泛的法的渊源，是跨越多个法律部门、涉及多种法律文件的许多法律规范的集合体。

狭义上的新闻传播法，是指专门针对新闻传播活动的一部法律，由国家制定的、调整与规范新闻传播活动的法律。尽管国内近几十年来对制定专门的新闻法的呼吁不断，但是由于诸多原因的影响，目前国内还没能出台这部法律。

（二）新闻传播法的调整对象

新闻传播法的调整对象，是指新闻传播法所确认和调整的在新闻传播活动过程中参与者各方形成的权利与义务关系。具体来说，其调整对象可以分为新闻活动中的主体、客体和内容。

新闻传播活动中的主体，是指在新闻传播活动中享有权利和承担义务的人或组织。在我国的新闻传播活动中，主体具体包括以下几种：一是新闻传播媒体，它是新闻传播活动中最重要的主体。二是记者、编辑等新闻传播从业者，包括从事新闻传播行业中采访、编辑、管理、印刷、发行、广告等各个环节的所有人员。三是政府、公民、法人和社会团体、群众团体。

值得注意的是，作为新闻传播法律关系的主体之一，公民在新闻传播活动中具有三种身份：表达者、被报道对象、普通受众。作为表达者，公民可以通过投稿、作为嘉宾访谈、专家点评等方式参与到新闻传播活动之中，借助新闻传播媒体表达自己的意见、建议、观点。作为被报道对象，公民可以选择接受新闻传播专业工作者的采访、拒绝接受采访或对采访保持沉默。作为普通受众，公民可以自由地选择欣赏新闻传播媒体所提供的新闻、广告等各种内容，也可以拒绝接受这些内容，或由于这些内容侵犯了其合法权益而享有依法向新闻从业者提起诉讼的权利。

新闻传播活动中的客体，是指在新闻传播活动中新闻传播法律关系主体的权利和义务所指向的对象，包括物、新闻传播行为和智力成果三种。一是物，即与新闻传播活动相关的物品和物质财富。物是新闻传播活动的基础,新闻传播活动必须借助一定的物质工具才能实现。报社要传播新闻信息,必须借助报社的印刷、排版、发行等设备;广播电台、电视台要借助广播电视的发射机、微波站、信号接收天线等物质载体。一切新闻传播活动的意识行为的实现都需要物的形式来表现,才能达到其传播目的。二是新闻传播行为。新闻传播行为是指新闻传播从业者在新闻传播活动中所实施的理性行为。例如,报刊工作者所作的采集、编辑、出版、发行等行为;广播电视工作者所作的采集、编辑等工作。在新闻传播活动中,凡与法的要求相一致的行为都是合法行为,如采访国家机关、社会团体、民间组织等会议。凡与法的要求不一致的都是违法行为,如泄露国家机密,传播反动、淫秽、色情的内容等行为。三是智力成果,即新闻传播法律关系主体通过智力活动所创造的精神财富,主要表现为具体的新闻作品,以著作权方式出现。

新闻传播法律关系的内容,是指新闻传播法律关系主体所享有的权利和义务。权利是指由新闻传播法律规范所规定的、新闻传播法律关系主体所享有的作出一定行为的许可和保障。义务与权利相对,是指新闻传播法律规范所规定的、新闻传播法律关系主体所应尽的责任。

二、新闻传播法的基本原则

我国新闻传播法制建设,离不开国家的根本大法,《宪法》中关于新闻传播活动的原则性规定主要有三条:一是言论出版自由的原则;二是"两个服务"方向的原则;三是国家发展与行政管理的原则。

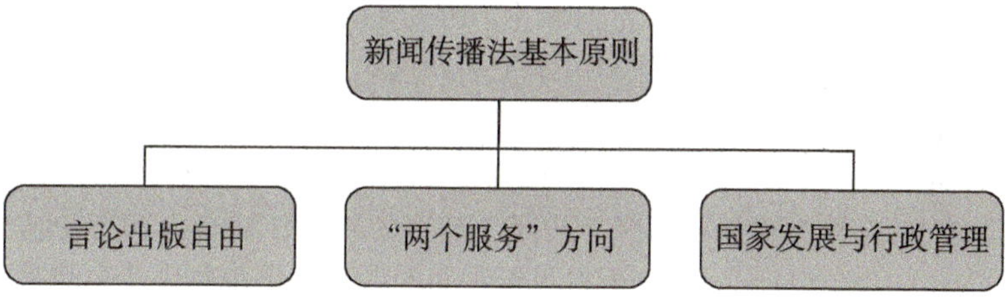

图 1.1　新闻传播法基本原则

(一)言论出版自由的原则

言论出版自由,最初是作为新闻传播活动的道德原则提出的。在封建社会末期,随着欧洲大陆资本主义商品经济的发展,新闻传播事业也开始随之兴起,并逐渐产生了巨大的影响力。当时的欧洲各国的封建统治阶级为了维护自身的利益,采用出版特许制度、保证金制度、预先检查制度等限制手段,极力钳制新闻出版事业的发展。对此,新兴的资产阶级提出了言论、出版自由的思想原则,反对封建新闻统制制度,捍卫新闻真实性等新闻传播道德要求。言论、出版自由的思想原则的提出,为资产阶级新闻传播职业道德的确立与发展奠定了坚实的理论基础,形成了一种崭新的、生气勃勃的新闻传播职业道德观念。

资产阶级革命胜利以后，欧洲不少国家先后确立了资本主义制度，言论、出版自由的思想原则成为资产阶级建设新闻传播法制的基本原则。如1789年法国大革命中通过的《人权宣言》——自由传达思想和意见乃是人类最宝贵的权利之一；因此，每个公民都有言论、著作和出版自由，但在法律所规定的情况下，应对滥用此项自由承担责任。1791年，美国《宪法》第一修正案第1条规定：国会不得制定法律确立国教或禁止信仰自由；不得剥夺人民言论或出版的自由；不得剥夺人民和平集会及向政府请愿的权利。1948年12月，《世界人权宣言》第19条规定："任何人都有通过一切手段不受国界限制寻求、接受、传达信息及实现的自由。"

目前，世界各国都在很大程度上对言论出版自由给予宪法和法律的保障。但值得注意的是，世界各国在保障这项权利的同时，也制定了不得滥用言论出版自由权利的原则性规定。依法限制言论出版自由的主要原则有：公共利益原则；事后限制原则；明显而即刻的危险原则；等等。

在我国，《宪法》确立的言论出版自由的原则，有两层内涵：一方面，公民享有言论出版自由的权利。《宪法》第35条规定："中华人民共和国公民有言论、出版、集会、结社、游行、示威的自由。"言论自由，是指公民享有发表意见、交流思想、抒发感情、传播信息、传授知识等而不受干涉的自由。出版自由，是指公民享有通过以印刷或广播、电视乃至当今的互联网等各类复制手段制成的出版物或信息载体公开表达和传播意见、思想、感情、信息、知识等的自由。同时，《宪法》第41条规定："中华人民共和国公民对于任何国家机关和国家工作人员，有提出批评和建议的权利；对于任何国家机关和国家工作人员的违法失职行为，有向有关国家机关提出申诉、控告或者检举的权利，但是不得捏造或者歪曲事实进行诬告陷害。"在新闻传播活动中，这些权利分别体现为新闻活动中的新闻传播自由和舆论监督。新闻传播自由的内容，包括：公民有通过报纸和新闻期刊等出版物表达思想见解的权利；公民通过广播、电视、国际互联网等出版手段即复制手段发表意见的权利；公民通过新闻传播媒介了解国内外大事，获取各种信息，表达并传播各种思想和见解，参与国家生活和社会生活的政治权利。另一方面，言论出版自由权利不可滥用。《宪法》第51条规定："中华人民共和国公民在行使自由和权利的时候，不得损害国家的、社会的、集体的利益和其他公民的合法的自由和权利。"任何自由权利都不可能是绝对的、毫无限度的。新闻传播事业及其从业人员在行使言论出版这项权利时，必须注意遵守宪法和法律，尊重社会公德和他人的人格尊严。新闻传播媒介如果滥用言论出版自由权利，违反宪法和法律，不仅会在道德上遭受到谴责，同时还可能导致违法甚至犯罪行为的发生。

（二）“两个服务”方向的原则

“两个服务”是指“为人民服务、为社会主义服务”，是《宪法》规定的我国新闻传播法制的基本原则之一。新闻传播活动，作为社会主义精神文明建设的工具和手段，必须坚持“两个服务”的方向。

《宪法》对我国新闻事业的性质作了明确的规定。《宪法》第22条规定：“国家发展为人民服务、为社会主义服务的文学艺术事业、新闻广播电视事业、出版发行事业、图书馆博物馆文化馆和其他文化事业，开展群众性的文化活动。”2001年《出版管理条例》第3条，根据《宪法》的这一精神，对包括报刊在内的出版事业必须坚持为人民服务、为社会主义服务的方向作了明文规定。2001年的《电影管理条例》和1997年的《广播电视管理条例》，也都有关于电影或广播、电视必须坚持为人民服务、为社会主义服务的方向的规定。这表明，在我国，只有为人民服务、为社会主义服务的新闻事业才有合法的地位，党和国家以及有关部门对新闻工作和新闻传播活动提出或制定的其他方针、原则和法律、法规以及各种规章制度，新闻传播活动从内容到方式，都必须体现和服从这个方向。

为人民服务，是对新闻传播活动主体及其权利的规定，之所以要为人民服务，是因为人民是我们国家的主人，新闻传播活动只能以广大人民群众为自己的服务对象，而不是以少数人、少数特殊利益集团和特权阶层为服务对象。新闻事业要做到为人民服务，就要满足人民群众多方面、多层次的信息需要，努力反映人民群众的愿望、意见和要求，反映人民群众的实际生活。

为社会主义服务，是对我国新闻传播事业的政治性质和指导思想的规定，是为了保证新闻传播事业符合和适应社会主义制度的要求，从而对我国社会主义事业的发展发挥积极的巩固与促进作用。

为人民服务与为社会主义服务，在理论上是完全一致的，在实践中是不可分割的。在新闻活动中，必须要牢牢地在实践中坚持这两条原则不动摇。

（三）国家发展与行政管理的原则

国家发展与行政管理新闻事业活动的原则，有两层内涵：一是指国家发展新闻传播事业；二是指国家通过政府管理对新闻传播事业实行行政管理。

我国《宪法》中关于国家发展和行政管理原则的条款，主要有三条。《宪法》第22条规定，“国家发展为人民服务、为社会主义服务的文学艺术事业、新闻广播电视事业、出版发行事业、图书馆博物馆文化馆和其他文化事业，开展群众性的文化活动。”在这里，《宪法》使用了“国家发展”这一概念。《宪法》第89条规定，国务院即中央人民政府在其行使的职权中有一项是“领导和管理教育、科学、文化、卫生、体育和计划生育工作”。《宪法》第107条明确规定县级以上地方各级人民政府依照法律规定的权限，其中也有管理本行政区域包括新闻传播事业在内的各项文化事业的职权。

除了《宪法》的有关规定外，全国人大常委会、国务院及其有关职能部门也制定了不少管理新闻传播事业活动的法律。其中重要的有《出版管理条例》、《广播电视管理条例》、《全国人大常委会关于维护互联网安全的决定》等。此外，《国务院组织法》等法律、行政法规与规章等文件中也有不少关于国家发展和行政管理的规定。

在以上法律、行政法规与规章等法律规范性文件中，国家发展新闻传播事业的规定，主要有以下内容：《出版管理条例》第 10 条规定："国务院出版行政主管部门制定全国出版单位总量、结构、布局的规划，指导、协调出版事业发展。"《广播电视管理条例》第 4 条规定："国家发展广播电视事业。县级以上人民政府应当将广播电视事业纳入国民经济和社会发展规划，并根据需要和财力逐步增加投入，提高广播电视覆盖率"；"国家支持农村广播电视事业的发展"；"国家扶持民族自治地方和边远贫困地区发展广播电视事业。"第 10 条规定："广播电台、电视台由县、不设区的市以上人民政府广播电视行政部门设立，其中教育电视台可以由设区的市、自治州以上人民政府教育行政部门设立。其他任何单位和个人不得设立广播电台、电视台。"至于网络传播媒体的设立，在《互联网新闻信息服务管理规定》等现行有关法规、规章中也体现出国家发展的原则。根据 2005 年出台的《互联网新闻信息服务管理规定》，我国互联网新闻信息服务单位，即通过互联网登载新闻信息、提供时政类电子公告服务和向公众发送时政类通讯信息的单位，其中"新闻单位设立的登载超出本单位已刊登播发的新闻信息、提供时政类电子公告服务、向公众发送时政类通讯信息的互联网新闻信息服务单位"，只能由归全民所有的中央新闻单位、省（自治区、直辖市）级直属新闻单位以及省（自治区）级人民政府所在地的市直属新闻单位申请设立。即使是上述国有新闻单位，能否获准设立互联网新闻信息服务单位，还必须看其是否符合国家关于互联网新闻信息服务行业发展的总量、结构、布局的要求。

国家通过政府管理部门对新闻传播事业实行行政管理的规定，主要有以下内容：《出版管理条例》第 6 条规定："国务院出版行政部门负责全国的出版活动的监督管理工作。国务院其他有关部门按照国务院规定的职责分工，负责有关的出版活动的监督管理工作。"第 7 条规定："出版行政主管部门根据已经取得的违法嫌疑证据或者举报，对涉嫌违法从事出版物出版、印刷或者复制、进口、发行等活动的行为进行查处时，可以检查与涉嫌违法活动有关的物品和经营场所；对有证据证明是与违法活动有关的物品，可以查封或者扣押。"《互联网信息服务管理办法》第 18 条规定："国务院信息产业主管部门和省、自治区、直辖市电信管理机构，依法对互联网信息服务实施监督管理。"《广播电视管理条例》第 5 条规定："国务院广播电视行政部门负责全国的广播电视管理工作。"此外，国家通过政府管理部门对新闻传播事业实行行政管理的规定，还体现在其他相关的法律法规文件中。

国家发展新闻传播事业，是由我国新闻传播事业的社会主义性质所决定的。我国实行的是社会主义制度，以公有制为主体、多种所有制经济共同发展的基本经济制度和社会主义经济基础，决定了我国的新闻传播事业是在社会主义经济基础之上建立和发展起来的新闻传播事业，是社会主义性质的新闻传播事业，人民是新闻传播事业的主人。国家发展新闻传播事业的结果是，所有的新闻传播机构都是依法经国家有关新闻传播行政管理机关批准、由国家有关新闻传播行政管理机关管理的企事业单位，其中报刊报社、广播电台、电视台等传统新闻传播媒体都是国有事业单位。因此，新闻传播机构及其从事的新闻传播活动，必然要由国家通过行政机关对其实施各种管理活动，受国家机关行政手段的直接干预。

第二节　新闻传播法的渊源

新闻传播法的渊源，即新闻传播法的表现形式。根据法的制定方式的不同，可以将新闻传播法分为制定法和非制定法，或者说成文法和不成文法。

一、制定法

制定法是指由国家制定的，以规范性文件为表现形式的成文法。在当代，制定法是新闻传播法的主要渊源。在我国，作为新闻传播法渊源的制定法主要有六种。

（一）宪法

宪法是我国的根本大法，我国《宪法》关于新闻传播的规定主要有以下几条，《宪法》第 22 条关于新闻出版广播电视事业为人民服务、为社会主义服务的方向的规定；《宪法》第 41 条关于公民对任何国家机关及其工作人员提出批评和建议的权利的规定等。《宪法》是新闻传播法最重要的法的渊源。

（二）法律

法律由全国人民代表大会及其常务委员会制定，其法律地位与法律效力仅次于宪法。在我国，许多法律都有关于新闻传播活动的规定，如现行《刑法》、《民法通则》等法律，都直接或间接地对新闻传播活动作了规定。

（三）行政法规

行政法规由国务院制定与批准，称为条例、实施细则等。在我国，有关新闻传播活动的法律规范性文件，大部分是行政法规，如 1997 年 1 月发布、2001 年修订后重新发布的《出版管理条例》，1997 年 8 月发布的《广播电视管理条例》等。

(四)地方性法规

地方性法规,即地方立法机关制定或认可的,其效力不能及于全国,而只能在地方区域内发生法律效力的规范性法律文件。在我国,地方性法规也是一种重要的法律渊源,包括一般地方性法规与特殊地方性法规。

(五)行政规章

行政规章是指由国务院所属的各部、各委员会等其他直属机构制定,称为规定、命令等,如国家新闻出版总署制定的《报纸出版管理条例》、国家广播电影电视总局(2013 年国务院机构改革,新闻出版总署与广电总局合并,更名为国家新闻出版广电总局,本书为行文方便,按时间不同使用不同称谓)制定的《广播电视广告播出管理办法》、国务院新闻办和信息产业部(2008 年国务院机构改革,组建了工业和信息化部,本书为行文方便,按时间不同使用不同称谓)联合颁布的《互联网新闻信息服务管理规定》等,他们都属于新闻传播法的渊源。

(六)其他

此外,民族自治条例和单行条例、特别行政区基本法和有关规范性文件以及同外国缔结或参加的有关国际传播活动的国际条约等,都属于新闻传播法的渊源。

二、非制定法

非制定法是指由国家认可并赋予法律约束力的习惯、判例。

(一)习惯法

习惯法是指由国家认可并赋予法律约束力的习惯。习惯法是新闻传播法律规范的表现形式之一,属于新闻传播法的范畴。在我国,习惯法是新闻传播法的渊源之一。

(二)判例法

判例法是指由国家认可并赋予法律约束力的判例。判例法是一些国家传播法律规范的重要表现形式之一,其属于新闻传播法的渊源。在中国内地,没有判例法;在香港特别行政区,其属于新闻传播法的渊源。

第三节 新闻传播法的核心内容

新闻传播法主要包括以下八个方面的核心内容,如图 1.2 所示。

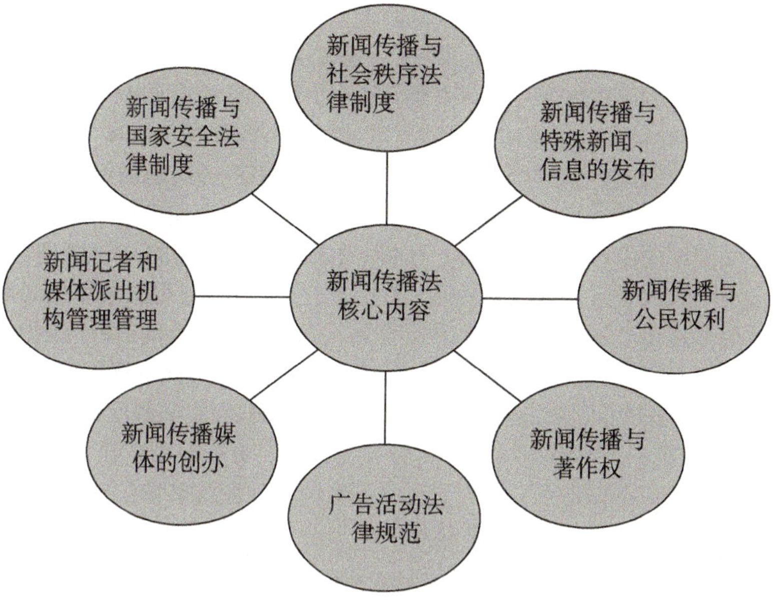

图 1.2　新闻传播法的核心内容

一、新闻传播与国家安全法律制度

国家安全关系国家的存亡，是整个国家和全体人民的根本利益所在。国家的长治久安、繁荣昌盛都以国家安全为前提，国家安全缺乏保障，国家就不可能安稳发展。维护国家安全在我国法律中具有重要地位。《宪法》第 54 条规定："中华人民共和国公民有维护祖国的安全、荣誉和利益的义务，不得有危害祖国的安全、荣誉和利益的行为。"第 52 条规定："中华人民共和国公民有维护国家统一和全国各民族团结的义务。"这些条款明确规定了维护国家安全是公民的义务。

（一）禁止新闻媒体煽动危害国家安全

煽动是一种完全违背新闻传播活动的真实性原则和客观公正原则的思想表达方式。煽动他人进行危害国家和社会的活动，必然会产生很大的社会危害性，因而必须加以禁止，对违者依法予以制裁。但必须将煽动犯罪和"思想言论犯罪"区别开来，不能将正常的学术讨论与煽动性的刑事犯罪混为一谈。

关于煽动行为的犯罪，我国现行《宪法》有五项罪名：一是煽动分裂国家罪，二是煽动颠覆国家政权罪，三是煽动民族仇恨、民族歧视罪，四是煽动暴力抗拒法律实施罪，五是煽动军人逃离部队罪。

从理论上讲，这五种危害国家安全的犯罪，都有可能利用新闻传播媒体加以实施。所以，《国家安全法实施细则》第 8 条特别对《国家安全法》第 4 条所称"危害国家安全的其他破坏活动”进行了具体解释：“……（二）捏造、歪曲事实、发表、散布文字或者言论，或者制作、传播音像制品，危害国家安全的”，这就包括利用出版物或者其他新闻传播媒体进行煽动犯罪。利用出版物或者其他新闻传播媒体传播危害国家安全的违禁内容，将依法受到刑事处罚或行政处罚。1998 年最高人民法院发布《关于审理非法出版物刑事案件具体应用法律若干问题的解释》第 1 条规定：“明知出版物中载有煽动分裂国家、破坏国家统一或者煽动颠覆国家政权、推翻社会主义制度的内容，而予以出版、印刷、复制、发行、传播的，依照《刑法》第一百零三条第二款或者第一百零五条第二款的规定，以煽动分裂国家罪或者煽动颠覆国家政权罪处罚。”2000 年 12 月 28 日全国人大常委会发布的《关于维护互联网安全的决定》第 2 条规定，为了维护国家安全和社会稳定，利用互联网造谣、诽谤或者发表、传播其他有害信息，煽动颠覆国家政权、推翻社会主义制度，或者煽动分裂国家、破坏国家统一，构成犯罪的，依照刑法有关规定追究刑事责任。我国有关新闻传播的行政法规也作出了一系列禁止以言论煽动危害国家安全的规定。

（二）新闻媒体应当保守国家秘密

任何国家都有国家秘密，都把保守国家秘密视为维护国家安全的重要方面，都严格禁止泄露国家机密的行为。根据《保守国家秘密法》的规定，国家秘密是关系到国家的安全和利益，依法按照程序确定，在一定时间内只限一定范围的人员知悉的事项。

泄露国家秘密罪是指国家机关工作人员违法保守国家秘密法的规定，故意或者过失泄露国家秘密，情节严重的行为。《刑法》对于泄密罪及其法律责任作了明确的规定，包括以下三种罪名：

1. 泄露国家秘密罪。

《刑法》第 398 条规定：“国家机关工作人员违法国家秘密法的规定，故意泄露或者过失泄露国家秘密，情节严重的，处三年以下有期徒刑或者拘役；情节特别严重的，处三年以上七年以下有期徒刑。”本罪属于渎职罪，犯罪主体是特殊主体，即国家机关工作人员。过失和故意构成本罪，故意的恶性要大于过失。侵犯的客体是国家保密制度，客观方面表现为具有违反国家保密法的规定，泄露国家秘密，情节严重的行为。首先是违反保密法的规定。其次是要有泄密的行为，即不应知悉国家秘密的人知悉了该项秘密或者使该项秘密超出了限定的接触范围的行为。最后是情节严重。对于情节严重的界定，要综合考虑秘密的内容、密级以及泄密造成的后果。

对不构成犯罪的新闻泄密，主要按“保密法”和其他法规、规章的规定对责任人予以行政处罚或者处分。最高人民法院 2001 年初发布了《关于审理为境外窃取、刺探、收买、非法提供国家秘密、情报案件具体应用若干法律问题的解释》规定：“将国家秘密通过互联网予以发布，情节严重的，依照刑法第 398 条的规定定罪处罚”,这是我国关于互联网泄密的规定。

2. 为境外窃取、刺探、收买、非法提供国家秘密、情报罪。

按《刑法》第110条规定:“为境外的机构、组织、人员窃取、刺探、收买、非法提供国家秘密或者情报的,处五年以上十年以下有期徒刑;情节特别严重的,处十年以上有期徒刑或者无期徒刑;情节较轻的,处五年以下有期徒刑、拘役、管制或者剥夺政治权利。”本罪属于危害国家安全罪。犯罪主体为一般主体,即所有达到刑事责任年龄具有刑事责任能力的自然人,也包括中国人和外国人。侵犯客体是国家安全和利益。主观方面必须是出于故意,即明知是国家秘密或者情报而非法向境外提供;因过失而被境外人员窃取自己的所保管的国家秘密或者情报,不足构成本罪。本罪与其他危害国家安全罪的不同在于,行为人在主观上并不一定要有危害国家的直接目的,其主观动机可以是为了牟利,或者是为了抢断独家新闻,主观动机的差别不影响本罪的成立。在客观方面,行为人有采取窃取、刺探收买等手段或者将自己保管的国家秘密或者情报非法提供给境外的机构、组织、人员的行为;提供给境内的,不构成本罪。

我国公民,不论出于何种动机和目的,只要向境外的机构、组织、人员非法提供国家秘密或者情报,也不论境外机构、组织人员是否具有间谍性质,都足以构成本罪。

最高人民法院的前述司法解释还规定:“通过互联网将国家秘密或者情报非法发送给境外的机构、组织和个人的,依照《刑法》第110条的规定定罪处罚。”

3. 非法获取国家秘密罪和非法持有国家机密、机密文件、资料、物品罪。

《刑法》第282条规定:“以窃取、刺探、收买方法,非法获取国家秘密的,处三年以下有期徒刑、拘役、管制或者剥夺政治权利;情节严重的,处三年以上七年以下有期徒刑。”“非法持有国家绝密、机密的文件、资料或者其他物品,拒不说明来源与用途的,处三年以下有期徒刑、拘役或者管制。”此二罪属于妨害社会管理罪。犯罪主体是一般主体,即达到刑事责任年龄具有刑事责任能力的自然人均可构成为本罪的主体。主观方面是故意,即行为人明知是国家秘密而故意窃取、刺探、收买,或者明知属于自己不能接触的国家绝密、机密的文件、资料或者其他物品而故意非法持有并拒不说明来源和用途;非法获取或者持有国家秘密的具体动机和目的不影响罪名的成立。侵犯客体是国家保密制度,本罪只以非法获取或者非法持有为特征,而不论行为人非法获取或者非法持有的国家秘密是否泄露。

境外新闻机构直接派记者入境非法获取我国国家秘密,按照《刑法》第6条的规定处理,“凡在中华人民共和国领域内犯罪的,除法律有特别规定以外,都适用本法”。对于境外人员非法获取国家秘密尚不构成犯罪的行为,则予以行政处罚。

二、新闻传播与社会秩序法律制度

新闻传播活动对于社会秩序的影响是公认的,新闻传播活动具有控制和稳定社会秩序的功能，这主要靠新闻政策和新闻职业道德规范予以规范和调节。对于新闻媒介产生的不利于社会秩序的内容，就需要依靠法律进行限制，并对违法行为予以制裁。一般来说，新闻传播法关于社会秩序的内容主要包括以下几个方面：禁止淫秽、色情的内容，禁止宣扬邪教和其他危害社会的内容，禁止宣扬种族歧视和破坏民族团结的内容等。

（一）禁止淫秽、色情的内容

对淫秽色情内容及其出版物的认定标准每个时段都有变化，我国现行《刑法》第367条有如下规定："本法所称淫秽物品，是指具体描绘性行为或者露骨宣扬色情的淫秽性的书刊、影片、录音带、图片及其他淫秽物品，有关人体生理、医学知识的科学著作不是淫秽物品，包含有色情内容的有艺术价值的文学、艺术作品不被视为淫秽物品。"

2004年，最高人民法院、最高人民检察院发布《关于办理利用互联网、移动通讯终端、声讯台制作、复制、出版、贩卖、传播淫秽电子信息刑事案件具体应用法律若干问题的解释》，对该条中的"其淫秽物品"，补充规定"包括具体描绘性行为或者露骨宣扬色情的诲淫性的视频文件、音频文件、电子刊物、图片、文章、短信息等互联网、移动通讯终端电子信息和声讯台语音信息"。这是我国法律关于淫秽物品的最权威的定义和认定标准。

按照新闻出版署（2013年与广电总局合并更名为国家新闻出版广电总局，本书为行文方便，按时间不同使用不同称谓）有关规章，涉及淫秽、色情的出版物被分为三个层次：淫秽出版物、色情出版物和夹杂淫秽内容的出版物。

对于淫秽色情类电影、电视影像作品的认定，大致也可以参考以上认定标准，不过在禁止淫秽色情内容的控制上要更为严格。

传播淫秽色情内容，根据情节的不同将会受到不同的处罚，除对其出版物予以取缔禁止外，对责任人还要依法制裁。

（二）禁止宣扬邪教和其他危害社会的内容

法律除了规范新闻传播中的淫秽色情内容外，还对其他扰乱公共秩序和道德的行为作出了严格的规定，如禁止宣扬邪教、亵渎宗教信仰，禁止渲染凶杀暴力和教唆他人自杀等危害社会安全的行为。

宗教作为社会意识形态之一，理应得到社会的理解和尊重。但是，以宗教面目出现的各类邪教是人类的公害，据统计，目前全世界有邪教组织1万多个，反人类、反社会、反科学，是一切邪教组织的基本特征和邪恶本质。

我国一贯坚持严厉打击邪教组织及其违法犯罪活动的立场。一方面，通过新闻传播媒体宣扬邪教的邪恶本质；另一方面，依法制止、处罚利用新闻传播媒体和各种出版物宣扬邪教的活动。

《刑法》第300条第1款规定："组织和利用会道门、邪教组织或者利用迷信破坏国家法律、行政法规实施的,处三年以上七年以下有期徒刑;情节特别严重的,处七年以上有期徒刑。”1999 年第九届人大常委会第十二次会议作出《取缔邪教组织、防范和惩治邪教活动的决定》,最高人民法院和最高人民检察院 1999 年发布的《关于办理组织和利用邪教组织犯罪案件具体应用法律若干问题的解释》,以及 2001 年两院又发布《关于办理组织和利用邪教组织犯罪案件具体应用法律若干问题的解释二》,严禁用任何手段宣扬邪教内容的行为,并对具体的量刑标准作出了规定。

同时,按照两高相关司法解释,宣扬邪教内容出版物中若有煽动分裂国家、破坏国家统一,煽动颠覆国家政权、推翻社会主义制度的内容,则因按有关危害国家安全的罪名处罚。若有侮辱、诽谤他人内容的,则应按侮辱、诽谤罪处罚。

《治安管理条例》对组织宣扬邪教的行为也做了专门的处罚规定。2000 年发布的《互联网站从事登载新闻业务管理暂行规定》、《互联网电子公告服务管理规定》、《电信条例》等行政法规中也含有禁止宣扬邪教等条款。2002 年开始实施的《出版管理条例》第 26 条亦规定,任何出版物不得含有“宣扬邪教”的内容。至此,取缔宣扬邪教内容出版物及禁止制作、传播邪教宣传品都有了明确的法律依据。

(三)禁止传播凶杀暴力和封建迷信

我国法律明文禁止媒体传播、宣扬封建迷信,渲染凶杀暴力恐怖的内容,这些内容不仅有悖于中华民族的优良传统,更会助长违法犯罪。现代社会新闻传播媒体在巨大的经济诱惑下,大量制造传播暴力的内容,图书、报纸、杂志、电影、电视、互联网等载体中充满了暴力内容。很多国家都致力于通过立法或一定的技术手段限制暴力内容的传播,特别是对青少年的传播。《未成年人保护法》、《预防未成年人犯罪法》,以及大量的互联网行政法规、部门规章等都有这方面的禁载规定,如《出版管理条例》第 27 条规定了以未成年人为对象的出版物不得有恐怖、残酷等妨碍未成年人身心健康的内容。

1989 年,中共中央办公厅、国务院办公厅发布《关于整顿清理书报刊和音像市场严厉打击犯罪活动的通知》中规定,宣扬封建迷信、凶杀暴力的内容应予以取缔。1999 年,中宣部和新闻出版署发布《关于不得出版宣扬愚昧迷信和伪科学内容出版物的通知》,规定“所有出版单位不得出版借气功练功健身之名,散布荒诞言论和歪理邪说,宣传愚昧迷信和伪科学的出版物;不得出版借研究民俗、传统文化之名,宣传看相、算命、占卜、看风水等愚昧迷信、伪科学的出版物;不得登载法律、法规和有关出版管理规定禁止的内容”。

相比于传统迷信,网络迷信是一种借网络媒体传播鬼神思想、实施占卜巫术的行为,它危害性更大,并且大学生、中学生等频繁接触网络的群体容易受到毒害。对于网络迷信,我国也建立了一套规范的法律法规。1997 年颁布的《计算机信息网络国际联网安全保护管理办法》中明令禁止通过网络传播迷信。《互联网文化管理暂行规定》、《互联网新闻信息服务管理规定》、《互联网信息服务管理办法》、《电信条例》等行政规章中也有类似规定。

对宣扬迷信或者渲染凶杀暴力行为的行政处罚,根据《出版管理条例》和《广播电视管理条例》的规定,其行为人(单位)须承担行政责任。新闻出版、广播电视等有关行政管理部门将对犯有上述违法行为的报纸、期刊等各类出版物以及广播电视单位、音像制作单位,给予责令停止违法行为、没收出版物、没收出版所得、罚款、责令停业整顿,直至吊销许可证等行政处罚。

(四)禁止教唆他人自杀

世界各国的法律均认定组织、教唆、帮助他人自杀的行为属于犯罪,法律严惩并取缔那些组织、教唆、帮助他人自杀或者传授自杀方法内容的出版物和网站。

媒体对自杀事件的不恰当报道,容易引起模仿性自杀行为。因影视、广播等媒体详尽报道一些自杀事件,而造成社会上自杀或企图自杀者增加的事实不胜枚举,如富士康跳楼事件等。有研究表明,最容易引发模仿性自杀的新闻报道有以下特征:详尽报道自杀方法;对自杀而引致的身体伤残很少提及;忽略了自杀者长期有心理不健康的问题;将引发自杀的原因简单化;自杀者知名度高,社会影响大;使人误以为自杀会带来好处等。

新闻媒体在报道自杀时,要尊重新闻的伦理底线,注意减少自杀情绪的"传染",在把握上要注意分寸,避免不恰当的报道。同时要注意保护当事人的隐私,不能对救援人员和部门做苛刻的评价,时刻谨记自杀报道可能产生的社会影响。

随着互联网的兴起,利用网络传播宣扬自杀信息造成了严重的影响。2001 年我国已有人在境外自杀网站的诱导下轻生自杀。2005 年 3 月一个题为《自杀完全手册》的帖子流行于网络并写了如下推荐词:"想自杀吗?觉得生活太难熬了吗?想去天堂吗?来这里瞧瞧。《自杀完全手册》,你绝对不能错过。"对于自杀网站,各国都采取相应处罚的措施。2005 年,公安部首次明确表态:在网上传播有害信息,构成犯罪的,要依法追究刑事责任;违反治安管理和互联网规定的,要依法查处。

(五)禁止宣扬种族歧视和破坏民族团结

我国是由汉族和 55 个少数民族组成的统一的多民族国家。我国《宪法》庄严载明:"中华人民共和国各民族一律平等。国家保障各少数民族的合法权利和利益,维护和发展各民族的平等、团结、互助关系。禁止对任何民族的歧视和压迫,禁止破坏民族团结和制造民族分裂的行为。"此外,其他法律、法规、规章中也都应体现民族平等的精神,不得含有民族歧视和压迫的内容。

在新闻传播的法律和政策方面,任何煽动民族仇视和歧视,破坏民族平等团结的言行都属于违法的。我国的文艺作品、影视作品、新闻报道、学术研究都大力提倡民族平等、民族团结,反对民族压迫和民族歧视,特别是反对大民族主义,我国政府有关部门、机构也专门就严禁在新闻出版和文艺作品中出现的损害民族团结内容等事项作出一系列规定。

尊重少数民族，就要尊重他们在长期的历史发展进程中形成的风俗习惯，任何猎奇心理、主观臆测，甚至刻意丑化，都是极端不负责任的违法行为。传媒应该严格遵循相关法规，妥善安排有关民族事务、宗教事务的报道，谨慎处理民族生活习俗的报道，坚持把社会效益放在第一位。

三、新闻传播与特殊新闻及信息的发布

特殊新闻与信息的发布有特殊的发布规则。早在1949年12月9日，中央人民政府政务院颁布《关于同意发布中央人民政府及其所属各机关重要新闻的暂行办法》就规定：一切公告及公告性新闻，均由新华通讯社统一发布。此后，我国一直实行由新华通讯社统一发布的制度，以确保重大政务新闻的权威性、真实性和准确性。除了重要政务新闻之外，有关党和国家主要领导人的作品发布、突发事件的新闻发布、司法新闻、证券信息以及境外新闻的发布等，也都有自己的规则。

（一）重要政务新闻

重要的政务新闻，是指执政党和国家的领导机关的重大决策、重要会议和事件、重要文件以及有关领导人的重要公务活动等。这类新闻一种是有正式文件或文书的，需以公告形式发表，另一种虽然没有文件文书，但也要有一个权威性的官方文本，成为公告性新闻。这类新闻必须由国家通讯社即新华通讯社统一发布，并由中共中央机关报《人民日报》负责刊载。

从新中国成立颁布这项制度至今，这项制度基本上没有变动。1982年第五届全国人大常委会通过决议，决定“将新华通讯社作为国务院的组成部门，是国家集中统一的新闻发布机关”。它继续承担着发布上述重要政务新闻的职能。1987年中宣部等部门《关于改进新闻报道若干问题的意见》重申新华社是“党和国家发布新闻的机关”。它的一个主要职能就是负责准确地、及时统一发布党和政府的重要新闻，主要是指：(1)党和政府的重大决策、决定；(2)重要文件；(3)重要会议新闻；(4)中央领导人的重要活动；(5)中央领导人同外宾会见、会谈时发表的涉及国内国际重大问题的谈话；(6)重要人事任免；(7)领导人去世等。在这些重要问题上，有统一的发布口子和口径能避免多种不同报道而引起的猜测和流言蜚语，保证了报道的权威性和准确性。

（二）有关党和国家主要领导人的作品

新闻媒介发表有关党和国家领导人的作品是一件十分严肃慎重的事情。中宣部和新闻出版署先后在1990年发布《关于对描写党和国家主要领导人的出版物加强管理的规定》，在1993年发布《关于发表和出版有关党和国家主要领导人工作和生活情况作品的补充规定》，对出版社出版有关书籍和报刊发表有关作品作了严格规定。1997年新闻出版署根据《出版管理条例》第19条的规定发布《图书、期

刊、音像制品、电子出版物重大选题备案办法》，列出在出版前必须报新闻出版署备案的重大选题，其中就包括“有关党和国家曾任和现任主要领导人的著作、文章以及有关其生活和工作情况的选题”。*

文件规定：“凡发表和出版这类作品，必须严格执行送审制度。”

《人民日报》、新华社、中央电视台、中央人民广播电台发表的新闻报道，按照各自的审批程序报批。其他中央或地方新闻单位发表的新闻报道，报送党和国家主要领导人指定的部门或人员审批。

中央的报刊报主管部门审核，由主管部门提出意见，报新闻出版署审批。地方报刊报省级政府主管部门审核，由主管部门提出意见，经省、自治区、直辖市党委宣传部同意后，报新闻出版署审批。报纸、期刊发表或者转载作品，要与各自的性质、分工相符，不符的不得刊载。新闻出版署在审批时，可视情况分别转请中央文献研究室、中央党史研究室和军事科学院等部门协助审核。

同时，发表和出版涉及健在的领导人的作品，包括报道领导人的活动、发表领导人的谈话，都必须征得本人同意。

对违反者，根据《关于对描写党和国家主要领导人的出版物加强管理的规定》第9条的规定，由新闻出版署和当地新闻出版局予以行政处罚。如果内容可以发表，但未按规定送审，没收全部利润。如果内容也有问题，除没收利润加处罚款外，还要追究出版单位和责任者的责任，直至撤销出版单位。

（三）突发事件报道

突发事件，或称“突发公共事件”，是指突然发生，造成或者可能造成重大人员伤亡、财产损失、生态环境破坏和严重社会危害，危及公共安全的紧急事件。突发事件的报道应对十分重要，它关系到社会的稳定和民心安定，关系到党和政府在人民群众中的威信。突发事件报道的总的原则是：及时主动、准确把握，正确引导舆论，注重社会效果，有利于党和国家工作大局，有利于维护人民群众切身利益，有利于社会稳定和人心安定，有利于事件的妥善处理。事实证明，对突发事件报道及时准确、主动引导，就能赢得好的社会效果；反之则容易造成不良影响。

2006年年初，国务院发布《国家突发公共事件总体应急预案》，作为全国应急预案体系的总纲，明确了各类突发事件分级分类和预案框架体系，规定了国务院应对特别重大突发公共事件的组织体系。其中也对突发事件的发布作出了原则的规定。2007年8月30日，第十届全国人民代表大会常务委员会第二十九次会议通过

---

* 党和国家主要领导人包括：现任或曾任中共中央政治局常委，国家主席、副主席，国务院总理，中央军委主席，全国人大常务委员会委员长，全国政协主席。有关党和国家领导人的作品是指：描写、记述或涉及上述人物工作和生活情况的图书、报刊文章、音像制品、电影、电视作品。据此，当然包括新闻报道和其他新闻作品。

了《突发事件应对法》，适用于突发事件的预防与应急准备、监测与预警、应急处置与救援、事后恢复与重建等活动。

突发事件报道是新闻报道的一项重要内容。我国新闻媒介对突发事件新闻的处理，有一个认识和发展的过程。现在国家确立了突发事件信息要在第一时间向社会发布的原则，有的特定信息由政府部门统一发布，有的没有相关要求。不过无论是哪一种方式，都是肯定了公民对突发事件的知情权，肯定和保护新闻媒介和记者对突发事件的采访权和报道权，提升了新闻媒介面对突发事件的主动性。如果政府部门拒不公布甚至隐瞒突发事件的信息，如果属于应当有政府部门统一发布的信息，新闻媒体虽然不能擅自报道，但是可以督促相关政府部门尽快履行法定的义务，尽快发布信息，直至向上级部门举报要求尽快纠正；若属于无须统一发布的信息，新闻媒体可以自行进行报道采访，向社会披露真相，揭发谎报、瞒报有关信息的内幕。

（四）气象预报

气象预报是关乎千家万户日常正常生活和国民经济建设的重要信息，我国历来十分重视气象工作，对气象工作实行统一领导与分级、分部门管理相结合的制度，国务院授权国家气象局管理全国气象工作，规范气象工作的法律是 1999 年颁布的《气象法》。

我国《气象法》第 22 条规定："国家对公众气象预报和灾害性天气警报实行统一发布制度。各级气象主管机构所属的气象台站应当按照职责向社会发布公众气象预报和灾害性天气警报，并根据天气变化情况及时补充或订正。其他任何组织或个人不得向社会发布公众气象预报和灾害性天气警报。"公开发布天气预报的主要方式是通过宣传媒介和公共发布系统，如广播、电视、报刊、电话等方式。

在气象预报统一发布的制度中，发布气象预报对于各级气象台站既是授权性规范又是义务性规范。各级气象台站应当根据当地经济建设和防灾减灾的需要，及时、准确地制作和发布气象预报、灾害性天气警报，并根据天气变化情况及时发布补充的或者订正的预报和警报。对于违反气象台站工作规定，由于玩忽职守导致重大漏报、错报公众气象预报、灾害性天气警报，以及丢失或者毁坏原始气象资料、伪造气象资料等事故的，根据我国《气象法》第 40 条的规定，依法给予行政处分；致使国家利益和人民生命财产遭受重大损失的，构成犯罪的将追究当事人的刑事责任。

新闻媒介在气象预报信息发布中主要承担两项义务：第一是及时传播气象台站的气象预报，第二是不得擅自发布重要气象新闻。《气象法》第 24 条规定，各级广播、电视台站和省级人民政府指定的报纸，应当安排专门的时间或者版面，每天播发或者刊登公众气象预报或者灾害性天气警报。广播、电视播出单位改变气象预报节目播发时间安排的，应当事先征得有关气象台的同意，对国计民生可能产生重大影响的灾害性天气警报和补充、订正的气象预报，应当及时增播或者插播。广播、电视、报纸、互联网、手机等媒体向社会传播气象预报和灾害性天气警报，必须使用气象主管机构所属的气象台站提供的适时气象信息，并标明发布时间和气象台站的名称。同时，通过传播气象信息获得的收益，如在气象栏目或者节目中发布广告所得，应当提取一部分支持气象事业的发展。

四、新闻传播与公民权利

名誉权、隐私权、肖像权等，是与新闻传播密切相关的公民权利。

（一）新闻传播与公民的名誉权

新闻传播活动与公民的名誉权存在密切联系，因此，新闻传播媒体及其从业人员应该对我国法律法规的相关规定有所了解，以防新闻传播媒体侵权纠纷的发生。

名誉，是社会或他人对公民品德、才干、信誉、功绩、资历和身份等方面评价的总和。名誉权，是指公民享有权受到社会公正评价和要求他人不得非法损害这种公正评价的权利。

侵害名誉权的方式包括侮辱、诽谤，但两者的侵害客体不同。侮辱是贬损他人的整个人格和人格尊严，诽谤则是贬低他人某一方面或若干方面的社会评价。

在当今互联网时代，网络空间中经常会有以侮辱、诽谤的方式侵害他人名誉权的行为发生，而受害人往往因侵权人的匿名性、证据的难获取性、管辖权等问题难以主张自己的权利。

根据我国《民法通则》和《最高人民法院关于审理名誉权案件若干问题的解答》，新闻传播侵害名誉权有四个构成要件：

第一，行为人实施了侵犯名誉权的行为。新闻传播侵犯名誉权行为，是指行为人通过新闻传播媒体刊载、播出的文字（登报、出书等）、语言（广播语音、电视伴音、网络音频等）、图像（播放电视、电影、发行录像带、在报纸或网络上刊载图片、视频等），损害了特定人名誉的行为。

第二，行为人传播的内容直接针对受害人。行为人以新闻传播媒体刊载、播出的内容必须有特定指向，侵害的是特定人的名誉权。

第三，行为人传播的内容造成受害人精神损害的既成事实。受害人的精神受到损害，具体表现为气愤、愤怒、焦虑、痛苦、烦恼、暴躁、好斗、羞愧、悲伤、失望、仇恨等非正常状况；或出现短时的失眠、记忆减退、神经质、反应迟钝等精神方面的障碍或疾病，严重地影响其工作、学习、生活。

第四，行为人犯有主观上的过错。所谓过错，就是指违法行为人对自己的行为及其后果所具有的主观心理状态。

《最高人民法院关于审理名誉权案件若干问题的解释》对新闻传播活动侵害他人名誉权如何认定，有较为详细的解答。第 3 条："新闻媒介和出版机构转载作品，当事人以转载者侵害其名誉权向人民法院提起诉讼的，人民法院应当受理。"

第7条:“因提供新闻材料引起的名誉权纠纷,认定是否构成侵权,应区分以下两种情况:(一)主动提供新闻材料,致使他人名誉受到损害的,应当认定为侵害他人名誉权。(二)因被动采访而提供新闻材料,且未经提供者同意公开,新闻单位擅自发表,致使他人名誉受到损害的,对提供者一般不应当认定为侵害名誉权;虽系被动提供新闻材料,但发表时得到提供者同意或者默许,致使他人名誉受到损害的,应当认定为侵害名誉权。”第9条第2款:“新闻单位对生产者、经营者、销售者的产品质量或者服务质量进行批评、评论,内容基本属实,没有侮辱内容的,不应当认定为侵害其名誉权;主要内容失实,损害其名誉的,应当认定为侵害名誉权。”如果新闻侵害名誉权,公民或者法人要求赔偿损失的,根据《民法通则》第120条和第134条的规定,人民法院可以根据侵害人的过错程度、侵权行为的具体情节后果和影响确定其赔偿责任。

国际上公认的新闻传播纠纷的三大抗辩事由是内容真实、公正评论和特许权。

(二)新闻传播与公民的隐私权

在西方社会,隐私权已成为公认的不容侵犯的重要权利,人人都有极高的警觉性。凡未经当事人同意或不具法律上的理由,公开别人的私事,致使当事人的名誉遭到损害,物质上遭到损失,均可以诉之于法,法官也必须肯定这项权利的存在。

隐私,是指个人生活中不愿为他人知悉的秘密。隐私权,是指自然人享有的私人生活安宁与私人信息秘密依法受到保护,不被他人非法侵扰、知悉、收集、利用和公开的一种人格权,而且权利主体对他人在何种程度上可以介入自己的私生活,对自己是否向他人公开隐私以及公开的范围和程度等具有决定权。它包括两层含义:一是对于自己与社会公共生活无关的私人事项,公民有权要求他人不打听、不搜集、不传播、也有权要求新闻传播媒体不报道、不评论、不非法获得;二是对于自己与社会公共生活无关的私生活,公民有权要求他人不得任意干涉,包括自己的身体不受搜查、自己的住宅和其他私生活区域不受侵入和窥探。

新闻传播活动涉及以下情形构成对他人隐私的侵犯:

1. 擅自公布、宣传他人的隐私。如披露性犯罪、性侵扰的被害人的姓名、身份、地址和其他足以使人辨认的特征;未经允许非法向第三人披露他人婚姻恋爱家庭情况。

2. 非法获取个人资讯。如非法刺探、调查他人私人经历、行踪、通讯、记录、财产状况;窃取或披露他人信件、电话等通信内容;收集、储存、使用涉及自然人隐私的各种个人资料(身份、地位、电话、储蓄、日记等);医生、律师、会计师、评估师等违反保密义务,向外界公布当事人的隐私信息。

3. 侵入他人私生活领域。如侵入他人住宅;窃听、截取他人电话和偷拆偷看他人信件;侵入公共场所的私人场合,非法偷窥他人私生活;通过手机短信发布黄色信息,骚扰他人的私生活;非法搜查他人身体、财物或住所;非法强迫他人接受搜查。

当然,对侵犯隐私权存在一系列的抗辩事由,主要有:公共利益原则;社会知名人士与公共兴趣原则;政府官员克减隐私原则;公众知晓、公共场合、公共记录原则;权利人同意原则;使之不可辨认原则等。

(三)新闻传播与公民的肖像权

肖像,是公民以面部为中心的形态和神态的客观表现形式,是公民个人形象通过绘画、照相、雕刻、录像、电影等艺术形式后,在物质载体上再现公民外貌的视觉形象。肖像权,是指人对自己的肖像享有再现、使用并排斥他人侵害的权利,是人所享有的对自己的肖像上所体现的人格利益为内容的一种人格权。

我国《民法通则》第100条规定,“公民享有肖像权,未经本人同意,不得以营利为目的使用公民的肖像”。由此可见,构成侵犯公民肖像权的行为,通常应具备两个要件:一是未经本人同意;二是以营利为目的。常见的侵犯公民肖像权的行为,主要是未经本人同意、以营利为目的使用他人肖像做商业广告、商品装潢、书刊封面及印刷挂历等。新闻传播活动中如以营利为目的侵害他人肖像权的,也构成侵权。如不以营利为目的,未经本人同意利用他人肖像并对肖像进行侮辱、毁损的,可按照名誉权侵权处理。在网络传播环境下,侵犯肖像权的行为有一些新的变化。

基于国家、社会的公共利益的需要,各国法律的肖像权保护制度在对自然人的肖像权进行保护的同时,也对自然人的肖像权进行了限制,这种限制就是肖像的合理使用。在符合合理使用条件时,未经本人许可而使用其肖像,不构成对肖像权的侵害。肖像权的合理使用可总结成以下几种情况:

1. 对于党和国家领导人,地方各级党政领导人、人大代表、政协委员、著名社会活动家、学者、演员、运动员以及其他社会知名人士,为了报道其活动和事迹而使用其肖像,不构成侵权。

2. 使用参加集会、游行、仪式、庆典或其他公共活动人物的肖像。因这类活动往往具有新闻价值,所以任何人在参加这些活动时,都应允许将其肖像使用于新闻报道。

3. 国家机关为了执行公务而使用公民的肖像。如公安机关为识别、辨认、通缉犯罪分子而使用其肖像;司法机关在诉讼活动中作为证据而使用当事人的肖像;等等。

4. 为了公民本人的利益而使用其肖像。如为了寻找下落不明的公民,在寻人启事上使用该公民的照片。

5. 为了行使正当舆论监督而使用他人的肖像。如拍摄他人破坏文物、翻越交通隔栏的照片并予以公开,这属于正当舆论监督,不构成侵权。

6. 为了科学、文化、教育、卫生、体育等公益事业的需要在一定范围内使用公民的肖像，如医学临床教学、研究而在教室、医院展示病人的病例照片或在专业书报杂志上撰写文章时使用他人肖像等情形。

7. 基于肖像作品著作权的使用。这是指根据著作权法的有关规定而进行使用。

五、新闻传播与著作权

新闻作品著作权是指作者创作完成新闻作品后所享有的和新闻作品相联系的专有权利。新闻作品著作权是著作权利中一项普通权利，和其他作品的构成要素一样，新闻作品同样是具有独创性并能以某种有形形式复制的智力成果。新闻作品著作权与其他作品著作权并无差异，两者享有的权利范围是一致的。只不过新闻作品著作权的主体通常是新闻工作者，新闻作品是在新闻活动中产生，属于职务作品的范围，具有一定的特殊性。新闻记者有权利把自己采访到的素材整理成作品通过媒体发表。

新闻作品著作权侵权行为的认定，和其他作品著作权的侵权行为认定是一样的，即指未经著作权人同意，又无法律上的根据，擅自对著作权作品进行使用以及其他以非法手段行使著作权的行为。侵犯著作权的行为可以分为直接侵犯和间接侵犯两种。直接侵犯是指不法行为直接侵犯受著作权法保护的作品，如未经授权复制、发行权利人的作品。间接侵犯是指不法行为并未直接侵犯受著作权法保护的作品，而是为侵权行为提供条件，从而对著作权造成侵害，如出售非法复制的图书、影碟等行为。

具体分析新闻作品著作权的侵权形式会发现，新闻作品著作权的侵权形式主要集中在剽窃和抄袭的行为上。实际上剽窃和抄袭在侵权性质上是相同的，沈仁干在其主编的《著作权使用大全》一书中，将剽窃定义为以抄袭的方式将别人的作品（无论是否已经发表）的全部或者部分窃为己有，并以自己的名义发表的行为。而抄袭，则定义为将他人的作品当作自己的作品发表的行为。剽窃和抄袭都是新闻作品侵权行为中最为常见的行为。

新闻作品的抄袭在现实生活中分为直接抄袭和间接抄袭。直接抄袭形式比较直露，表现为将他人的作品整篇、整段或稍加改动，变成自己的作品发表。间接抄袭是抄袭者对他人的作品斩头去尾、改头换面，在语句等一些直接方面进行增减和删改，然后作为自己的作品加以发表。这种形式比较难发现，所以在认定上有一定的困难。

除了剽窃和抄袭行为之外，在新闻作品著作权侵权行为中，与新闻活动有着密切关系的还有歪曲、篡改他人作品，破坏作品完整权和强行在他人作品上署名等。

侵害新闻作品著作权的行为应当承担相应的民事责任：

第一，停止侵害。即责令正在实施侵害他人著作权的行为人立即停止侵权行为。无论行为人主观上是否有过错，只要在客观上构成了侵权，都应该立即停止。

如出版发行侵权作品的,应立即停止出版发行。

第二,消除影响。即责令侵权行为人在一定范围内澄清事实,以消除人们对权利受害人或其作品的不良影响。消除影响是恢复名誉的一种方式。

第三,公开赔礼道歉。即责令侵权行为人在一定范围内,向受害人公开承认错误,表示歉意。

第四,赔偿损失。即责令侵权行为人以自己的财产弥补受害人因其侵权行为遭受的损失。

六、广告活动法律规范

新闻传播媒体经营广告业务,不仅对于促进市场经济的发展具有重要意义,还是新闻传播媒体补贴新闻传播的亏损、扩大再生产的主要经济手段与收入来源。但是在现实生活中,也有商家和媒体利用广告来误导消费者、欺骗消费者,进行非法牟利。为了充分发挥广告的积极作用,同时预防其不良影响,当今主流的做法是制定相关的广告法律,以保护广告活动中的正当行为,排除不良行为,惩处犯罪活动。1982 年 2 月 6 日,国务院发布了新中国第一个关于广告的行政法规《广告管理暂行条例》,并自 5 月 1 日起实施,自此我国颁布的关于广告活动的法律法规越来越多;1994 年 10 月,第八届全国人大常委会第十次会议正式通过了《广告法》,规定自 1995 年 2 月 1 日起实施,使我国成为世界上少数几个设有广告专门法的国家之一,对我国的商业广告业的发展具有重要的作用。

由于广告活动是一项涉及范围极其广泛的经营活动,因而除了《广告法》以及其他广告管理法规外,不少法律、法规也含有规范有关广告活动的内容。其中比较重要的有《商标法》、《专利法》、《产品质量法》、《药品管理法》、《烟草专卖法》、《文物保护法》以及《标准化条例》等。

广告必须真实、合法、符合社会主义精神文明建设的要求,这是我国广告发布的三条基本原则。有关广告发布的具体行为准则,《广告法》等有关法律、法规作了具体规定。

对于新闻媒体的广告活动,早在 1985 年国家相关部门就颁布了《关于报纸、报刊、电台、电视台经营、刊播广告有关问题的通知》进行专门规范。后来,广电总局(2013 年与新闻出版总署合并更名为国家出版广电总局,本书为行文方便,按时间不同使用不同的称谓)、国家工商行政管理局、新闻出版总署等部门也颁布了诸多法律规范管理广告活动,如 2009 年广电总局下发的《关于加强电视购物短片广告和居家购物节目管理的通知》;国家广电总局 2010 年发布的《关于进一步加强广播电视广告审查和监管工作的通知》等。2010 年,国家工商总局联合中宣部国务院新闻办等部门联合发布了《2010 年虚假违法广告专项整治工作实施意见》将医疗、药品、保健食品广告,危害未成年人身心健康的非法涉性、低俗不良广告,扰乱公共秩序、影响社会稳定的严重虚假违法广告作为整治重点,采取了针对性对策。

指出：广告主委托媒体单位发布药品、医疗器械、农药、兽药、保健食品、医疗服务等法律法规规定的应当通过行政许可的6类广告，除了提交基本证明文件外，还应当提供食品药品监督、农业、卫生等政府行政主管部门的审批文件（包括广告成品样件）。同时，媒体本身在发布之前应当查验广告主提供的证明文件，对内容不实或者证明文件不全的广告，不得发布。

对于网络广告，我国互联网广告发展迅猛，但现行广告法律法规尚未对新媒体广告监管作出明确具体规定，管理相对滞后。一方面，一些非法的网络广告依旧存在。另一方面，由于网络的管理困难，一些发布违法广告的网站被查封后，很容易“死而复生”。要想解决网络虚假广告的难题需要进一步进行立法规范，如争取《互联网广告管理办法》早日出台，明确网络大众传播媒介的法律地位，建立对新媒体广告内容的审查制度。

同时，广电总局《关于进一步加强广播电视广告审查和监管工作的通知》要求杜绝播出机构播出宣传提高性功能的产品广告，或者电视购物短片广告使用主持人“叫卖”宣传等违规问题。对于违规播出的，一经发现广电总局将直接给予禁止商业广告播出的严肃处理，并公开曝光。同时要求各级广播电视播出机构要严格按照相关的法规要求，加强对广告内容的审查把关，不得使用主持人做宣传，不得以“叫卖式”夸张配音、语调、动作等宣传商品；不得以新闻报道、新闻采访等形式以及新闻素材、资料等宣传商品。

《广播电视广告播出管理办法》明确对广告播出时限做了规定，要求播出机构每套节目每小时商业广告播出时长不得超过12分钟。此外，《关于加强电视购物短片广告和居家购物节目管理的通知》也对广告的播出时间和编排进行规定。广播电视广告播出不得影响广播电视节目的完整性。

七、新闻传播媒体的创办

我国新闻传播媒体机构及其所从事的信息传播活动具有特定的事业属性。批准登记制是我国新闻传播事业实行行政管理的重要手段。新闻传播媒体接纳境外新闻传播媒体的派出机构与记者、建立新闻传播网站等都必须向相应政府部门申请登记，确保党对新闻传播活动与新闻舆论的领导，维护国家安全和社会经济、生活秩序的稳定。

对报刊实施规范化的行政管理，始于《期刊管理暂行规定》（新闻出版署1988年颁行）和《报纸管理暂行规定》（新闻出版署1990年颁行）的颁布实施。在此基础上，《出版管理条例》（1997年1月制定，2001年12月修订）、《期刊出版管理规定》（新闻出版署2005年颁行）和《报纸出版管理规定》（新闻出版署2005年颁行）先后出台，就报纸、期刊的创设与管理问题予以明确规范。

由1997年国务院颁布的《广播电视管理条例》和国务院广播电视行政管理部门颁行的《有线电视管理规定》（1994年）、《广播电台电视台设立审批办法》（1996

年)、《广播电视无线管理办法》(1998年)等都对广播电视媒体申请、批准、登记的管理手段予以规定。

随着互联网的日益发展,网络媒体成为传播新闻信息与大众文化极其重要的媒介,对参与新闻信息传播的互联网单位实行管理显得尤为重要。自2000年9月起,《互联网信息服务管理办法》、《互联网电子公告服务管理规定》以及《互联网站从事登载新闻业务管理暂行规定》等行政法规、部门规章出台。其中,《互联网站从事登载新闻业务管理暂行规定》强调,无论是新闻单位建立的新闻网站(页),还是非新闻单位建立的综合性网站,只要从事登载新闻业务,应经主办单位所在地省级政府新闻办公室审核同意,报国务院新闻办公室批准。随着网络传播电视类节目的普及,一些单位和个人也通过信息网络开办了此类服务,为规范管理,1999年12月,国家广电总局发出了对通过信息网络向公众传播广播电视影视类节目加强管理的通知,明确要求在境内通过各种信息网络传播广播电视电影类节目,须报广电总局批准。2009年8月,广电总局又下发了网络视听节目服务管理的通知。2014年7月,新闻出版广电总局发文,部分取消了电视回看功能,以进一步规范互联网电视的运作。

八、新闻记者和新闻传播媒体派出机构的管理

(一)我国记者身份的管理

我国对记者身份的管理主要通过新闻记者证进行管理。新闻记者证,作为记者从事本职工作合法身份的证明,通过统一归口管理,可以对记者的行为产生有效的约束。2009年新闻出版总署颁布的《新闻记者证管理办法》对此作了详述。

新闻记者工作证是新闻机构采编人员从事新闻采访活动使用的有效工作身份证件,由新闻出版总署统一编号并核发,新闻机构中非采编岗位的各类工作人员不得持有该证。新闻机构应在其所属的媒体上公布"全国新闻记者证管理及核验网站系统"的网址,方便社会公众查验证件与监督,社会公众可以对持证者的行为予以监督举报。新闻机构应对其下属新闻记者的行为予以监督,对于违法情节严重的,应协助发证机关予以吊销。同时,根据2005年《中宣部、国家广电总局、新闻出版署关于新闻采编人员从业管理的规定(试行)》的规定,凡被吊销记者证的新闻采编人员,自吊销之日起5年内不得从事新闻采编工作;因故意犯罪被判处刑罚的,终身不得从事新闻采编工作。新闻机构解除与所属采编人员劳动关系,未及时到发证机关办理记者证注销手续的,应承担由此产生的法律后果。新闻机构擅自扩大记者证发放范围、私自仿制或者使用无效记者证的,由相应的管理部门对其给予行政处罚,并对其主管负责人予以党纪处分。

(二)新闻传播媒体派出机构的管理

新闻传播媒体派出机构主要是指记者站。记者站是新闻机构根据新闻业务的需要,在其登记以外地区设立的从事采访、组稿、通联等新闻业务的派出机构。新

闻出版总署2009年颁布的《报纸出版管理规定》及《报刊记者站管理办法》对报刊设立记者站的主要宗旨是：记者站不是独立机构，不具有法人资格，不得再设立分支机构；不得从事经营活动；记者站应接受当地新闻出版行政管理部门的管理；出版非正式报纸的报社，不得设立记者站或其他类似机构。

设立记者站的主体应该是持有报刊出版许可证、有新闻采编业务的报社和新闻期刊社，出版文摘类或非新闻信息类报纸的报社不设立记者站。依据《报社记者站管理办法》的规定，报业集团或者拥有多家子报的报社可以集团或者报社名义设立记者站，其下属的子报报社不得再设立分站。经准许设立的记者站，该记者站不得再设立其他分支机构。

记者站设立必须经报社申请并得到新闻出版行政管理部门批准，办理登记注册手续。中央单位的报社在规定范围内建立记者站的，须经建站所在地省级新闻出版行政管理部门审批。个别确因特殊需要必须在规定范围外建站的，须向建站所在地省级新闻出版行政管理部门专门申请，提出需要在建站地区进行长期采访的理由，经审批后方可建站。审批后的记者站应持相关批准件到新闻出版行政管理部门办理登记注册手续领取《记者站登记证》。经批准建立的记者站3个月内仍不公开挂牌开展新闻业务活动的，由登记机关注销登记。正在申请而未获批准的记者站，其筹备人员或组织不得以正式记者站名义对外开展公开活动。同时，记者站的活动只能限于本职职能之类，即开展采访、组稿、通联等新闻业务，不得开展其他无关业务。

除记者站外，报社不得建立分社、社外编辑部或其他派出机构，记者站的工作人员必须是持有新闻出版总署合法的新闻记者证的报社专职人员，同时必须是报社出版单位正式在编人员或者报刊出版单位签有劳动合同的专职人员，记者站的常驻人数不得超过五人。

记者站目前主要的违规活动主要是擅自设立记者站、或在规定范围外私设记者站、或将主要精力用于新闻采编外的多种经营活动，或借建站及站庆等名义拉赞助、设专版等违法行为。依据《记者站管理办法》规定，报社或记者站违反上述限定性要求的，由新闻出版行政管理部门根据情节的轻重给予相应的警告、通报批评、没收非法收入、罚款、撤销记者站登记的行政处罚。对于假冒、盗用各种名义从事诈骗活动，后果严重的、数额巨大的，除依法取缔外，还要对当事人或责任人依法给予刑事处罚。

（三）港澳台地区记者和常驻新闻机构的管理

为方便港澳新闻机构对内地的采访报道，《香港、澳门新闻机构在内地设立常驻记者站及派遣常驻记者须知》（以下简称《须知》）于2001年9月颁行。根据《须知》规定，凡在香港、澳门依法注册或经香港、澳门政府核准出版、发行、经营的新闻机构，均可向中央人民政府驻香港或澳门联络办公室提出申请，获国务院批准后，到中国记协办理注册手续，领取《港澳新闻机构常驻内地记者站许可证》。采访中国领导人、军队有关部门，须向国务院港澳办提出书面申请。采访中国领导人外访和外国领导人来访，须向外交部书面申请。采访中央政府部门、人民团体及国有大中型企业，须向该机构的新闻主管部门提出书面申请。赴开放地区采访，须向有关省、自治区、直辖市有关部门提出书面申请、非开放地区原则上不接受采访。目前香港已有多家媒体申请并获准在北京、上海、广州设立常驻记者站及派遣常驻记者。

对派往内地的香港、澳门新闻记者或其派出机构的管理主要依据的是2009年2月国务院港澳事务办公室颁布的《香港澳门记者在内地采访办法》。

由于两岸关系逐渐发展，台湾记者到大陆采访活动日益频繁，20世纪80年代开始，国家有关部门开始制定实施台湾记者来大陆采访的管理规范。1989年国务院台湾事务办公室颁布了《关于台湾记者来大陆采访的管理办法》。该文件的有关精神，在1993年4月由中央台办、中宣部、中央外宣小组联合发布的《关于做好台湾记者到各地采访的管理工作的意见》（以下简称《意见》）中得到进一步的扩充和体现。主要包括：台湾记者在各地的采访活动应按批准的采访计划进行；如要求增加采访项目或增加计划外跨省、区、市的采访项目，由省、区、市台办决定同意变更或不予安排；大陆有关工作人员在同台湾记者接触交往中注意内外有别，严格遵守保密法规和工作纪律。1996年12月国务院台办颁发了《关于台湾记者来祖国大陆采访的规定》，主要精神与《意见》一致。而目前对台湾记者来大陆采访进行管理的主要法律依据则是2008年11月由国务院台办颁布的《台湾记者在祖国大陆采访办法》（以下简称《办法》）。

根据《办法》的规定，来大陆采访的台湾记者须向主管部门授权的国务院台湾事务办公室或各省、自治区、直辖市台办申请办理台湾居民来往大陆通行证签注手续，由中国记协或各省台办具体负责接待并发给《采访证》。台湾记者须凭证采访，在采访中应遵守职业道德，进行客观公正的报道，不得歪曲事实，制造谣言或以不正当的手段采访报道；必须遵守国家法律和有关纪律的规定，不得进行与记者身份不符的活动。以探亲、旅游等名义入境，未办理采访手续和未领取采访证的台湾记者，不得进行任何采访活动。

（四）外国记者和外国常驻新闻机构的管理

目前，我国政府对外国记者和外国常驻新闻机构实施管理的法律依据，主要是1990年1月国务院颁布的《外国记者和外国常驻新闻机构管理条例》及在此基础上修订颁行的《外国常驻新闻机构和外国记者采访条例》（2008年）。2006年11月国务院颁布的《北京奥运会及其筹备期间外国记者在华采访规定》以及外交部新闻司颁布的《外国记者在华工作指南》（2005年）对《外国记者和外国常驻新闻机构管理条例》的原有政策规定作出部分调整。2008年10月北京奥运会结束后，

《外国记者和外国常驻新闻机构管理条例》、《北京奥运会及其筹备期间外国记者在华采访规定》废止,《外国常驻新闻机构和外国记者采访条例》(以下简称《条例》)取而代之。对外国常驻新闻机构与外国记者的管理政策总体倾向是趋于宽松与开放。

新的《条例》较之原有条例主要就采访对象或其他单位和采访地区作出政策调整。如今,外国记者常驻或短期采访,只要向中国驻外使领馆或者外交部授权的签证机构申请办理了记者签证,征得被采访单位或个人同意,就可以进行采访;新的《条例》已不再对“开放地区”与“非开放地区”作区别对待,只需经地方政府外事部门同意即可开展采访活动。未取得或持有相关证件无效,则采访报道活动将被公安机关禁止,并依法予以处理。新《条例》在外国记者采访报道上也增加了两项规定。一是外国常驻新闻机构和记者可以通过外事服务单位聘用中国公民从事辅助工作。二是其因采访报道需要,在依法履行报批手续后,可以临时进口、设置和使用无线电通信设备。

为确保国家的各种利益不受不当的新闻活动的危害,《条例》规定外国记者和外国常驻新闻机构不得进行与其身份和性质不符或者危害中国国家安全、统一、社会公共利益的活动。应该遵守新闻职业道德,不得歪曲事实、制造谣言或者以不正当手段采访报道。近些年来,外国记者的采访报道行为在总体上是遵纪守法合乎规范,但也有少数在中国境内从事与其身份不符的违法活动,以新闻采访为幌子,伺机刺探我国机密;或者违背职业道德,歪曲事实真相,制造虚假或不实报道。

本章小结

1. 新闻传播法有广义和狭义之分。
2. 广义上的新闻传播法,是指由国家强制力保证实施的,体现国家统治阶级意志的,用于调整人们在新闻传播活动中所产生的社会关系的法律规范的总和,包括《宪法》的有关规定、有关法律、有关行政法规与规章等各种法律规范。
3. 狭义上的新闻传播法,是指专门针对新闻传播活动的一部法律,由国家制定的、调整与规范新闻传播活动的法律。
4. 新闻传播法的调整对象,是指新闻传播法所确认和调整的在新闻传播活动过程中参与者各方形成的权利与义务关系。具体来说,其调整对象可以分为新闻活动中的主体、客体和内容。
5. 《宪法》中关于新闻传播活动的原则性规定主要有三条:一是言论出版自由的原则;二是“两个服务”方向的原则;三是国家发展与行政管理的原则。
6. 新闻传播法的渊源,即新闻传播法的表现形式。根据法的制定方式的不同,可以将新闻传播法分为制定法和非制定法,或者说成文法和不成文法。
7. 新闻传播与国家安全法律制度、新闻传播法与社会秩序法律制度、新闻传播与特殊新闻与信息的发布、新闻传播与公民权利、新闻传播与著作权、广告活动法律规范、新闻传播媒体的创办、新闻记者和新闻传播媒体派出机构的管理是新闻传播法的核心内容。

关键词

调整对象 主体 客体 内容 基本原则 法律渊源 制定法 非制定法 习惯法 判例法 煽动 国际秘密 淫秽 色情 邪教 封建迷信 暴力 新闻发布制度 突发性事件 名誉权 隐私权 著作权 广告 记者证 记者站

复习问题

1 新闻传播法的含义是什么?

2 新闻传播法的调整对象有哪些?

3 新闻传播法的基本原则是什么?

4 新闻传播法的法律渊源是什么?

5 新闻传播法的核心内容包括哪些?

思维训练

1 目前我国还没有专门的《新闻传播法》,请查阅资料,思考我国是否有必要制定专门的《新闻传播法》。

2 我国《宪法》中有关于公民言论出版自由的规定,新闻传播法的基本原则中也强调了言论出版自由,是否意味着每位公民都可以通过网络或其他媒介随意地传播言论?为什么?

第二章　新闻传播法的历史与现状

本章目的

世界各国新闻传播法的产生以及其发展有其必然的共性，但因为各方原因各国新闻传播法也存在差异。本章介绍了世界各国新闻传播法产生和发展的条件，并详细分析了大陆法系国家、英美法系国家以及我国的新闻传播法的发展历史及现状。本章也通过对我国新闻传播法历史的了解，认识当前我国新闻传播法的现状，结合当下媒介环境，思考我国进行专门性新闻立法的必要性。

通过本章的学习，学生能够掌握以下问题：

1. 各国新闻法确立和发展的条件
2. 不同法系国家的新闻法确立过程及特点
3. 比较大陆法系以及欧美法系国家新闻法发展的不同
4. 我国新闻法发展的过程以及特点
5. 从理论以及实践两方面，分析新闻法治建设的重要性

本章要点

1. 新闻法产生和发展的基本条件

   A. 经济条件　　B. 政治条件　　C. 思想条件

2. 法国资产阶级革命至第一次世界大战前时期新闻法的发展

   A. 历史时期　　B. 标志性新闻法的颁布及意义

3. 英国近现代新闻法制确立的过程

   A. 历史时期　　B. 标志性新闻法的颁布以及意义

   C. 典型判例

4. 美国新闻法的历史发展

   A. 历史时期　　B. 标志性新闻法的颁布以及意义

   C. 典型判例

5. 对我国清末新闻法的评价

   A. 进步性　　B. 局限性

6. 国民党统治时期的新闻统制政策

A. 概念　　　　　B. 特点

7. 新时期我国新闻法发展存在的问题

第一节　新闻传播法产生和发展的基本条件

新闻传播法是当今世界各国的一部重要的部门法，其事实上是一个行业立法，在保证新闻传播行业的利益的同时，对该行业所应承担的社会责任和义务也进行了规制，以协调该行业和其他社会利益集团的关系。新闻传播法的产生以及发展经历了一个漫长的过程。虽然各国新闻传播法的产生背景不同，发展道路以及特点不同，但是都呈现出一个共同的特点，那就是各国的新闻传播法的产生以及发展均受到经济发展状况、思想水平和政治条件等各方面因素的制约。

一、经济条件

法律属于上层建筑的层面，所以经济基础与法的关系适用于经济基础与上层建筑之间的关系。经济基础决定法，法反过来作用于经济基础。新闻传播法是法律体系中的重要组成部分，毫无疑问会受到经济条件的制约。而且经济条件是新闻传播法产生和发展的首要条件。

资本主义时期商品经济得到了迅速的发展。尤其是工业革命后，社会化大生产加深了任何人之间的相互依赖和相互联系的程度，经济主体对各种信息需求扩大。正是因为信息需求的存在，为新闻事业以及新闻传播法的发展提供了经济条件。同时，工业化大生产，为信息的大量复制提供了物质条件以及技术支持。报业在资本主义时期得到迅速发展，从而催生了新闻传播法的产生和发展。

我国是社会主义国家，改革开放以来，我国的经济体制改革逐步走上了以建立社会主义市场经济为取向，沿着所有制结构多元化、经济主体市场化、市场发展体系化、宏观调控间接化的方向发展。社会主义市场经济的建立和发展为新闻传播法在社会主义的形成以及发展提供了经济条件。为了协调以及平衡不同利益主体之间的利益关系，新闻法治的建设是十分必要的。

二、政治条件

按照马克思的观点，政治和法律都是社会上层建筑的组成部分，法律是统治阶级进行政治斗争的有力手段之一，法律和统治阶级的政治在本质上是完全一致的。

现代意义的新闻传播法是资产阶级革命胜利后产生和发展起来的，资本主义国家新闻法产生和发展的政治基础是资产阶级政治制度。宪法使新闻自由有了国家根本大法的保障，为新闻传播法的产生以及发展奠定政治基础。

在社会主义国家，新闻传播法的产生以及发展的政治条件无疑是社会主义民主制度。社会主义国家民主的核心是一切权力属于人民，为社会主义服务，为人民服务。新闻法治建设是社会主义法治建设不可缺少的一部分。

三、思想条件

新闻传播法的形成与发展同任何法律制度的形成与发展一样，离不开思想条件的制约。近代新闻传播法的产生和发展主要得益于新闻自由理论。资产阶级的新闻自由理论起源于资产阶级启蒙思想家掀起的思想解放运动，发展于资产阶级革命时期，于资本主义制度建立和巩固后被广泛接受。新闻自由理论脱胎于人权思想。总之，在新闻自由理论为资本主义新闻传播法的产生以及发展提供了思想基础。

社会主义国家新闻传播法产生和发展的思想基础是社会主义的人民主权思想。社会主义的本质是人民当家做主，为了保障人民群众当家做主的政治地位，保障公民通过宪法规定的言论、出版等各项权利来监督、制约国家权力，就必须制定体现新闻自由思想的新闻传播法。

第二节　国外新闻传播法的历史与现状

大陆法系国家和英美法系国家新闻传播法各自有其历史发展脉络和特点。

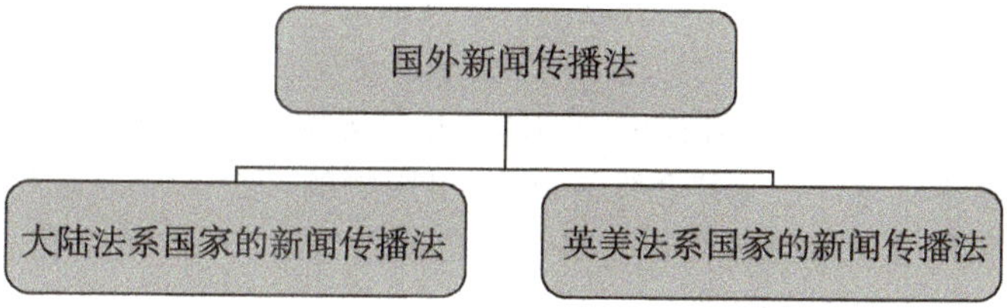

图 2.1　国外新闻传播法分支

一、大陆法系国家新闻传播法的历史发展

大陆法系，又称民法法系、罗马法系、法典法系、罗马—德意志法系，是以罗马法为基础而发展起来的法律的总称。大陆法系最先产生于欧洲大陆，以罗马法为历史渊源，以民法为典型，以法典化的成文法为主要形式。大陆法系包括两个支系，即法国法系和德国法系。属于大陆法系的国家和地区除了法国、德国外，还包括意大利、西班牙等欧洲大陆国家，也包括曾是法国、西班牙、荷兰、葡萄牙四国殖民地的国家和地区如阿尔及利亚、埃塞俄比亚等非洲及中美洲的一些国家，国民党统治时期的旧中国也属于这一法系。

(一)法国新闻传播法的发展

在1789年资产阶级革命以前,法国一直实行的是中央集权的封建统治,对于新闻信息的传播一直都是严加管制。这种局面一直维持到资产阶级大革命时期。16世纪时期,法国统治者为了限制新闻出版活动,设立了出版特许制度。此阶段,法国的报业发展缓慢,报纸多官报。法国的多个方面的思想传播被官方特许创办的《公报》(1631年)、《学报》(1665年)、《文雅信使》(1672年)垄断。

1. 资产阶级革命至第一次世界大战期间的新闻传播法发展

法国新闻传播法的产生离不开启蒙思想家和舆论推动。以伏尔泰、孟德斯鸠、卢梭等为代表的资产阶级思想启蒙家掀起了一次伟大的思想解放运动。"自由"、"民主"、"人权"等观念成为法国以新闻自由为导向的新闻法制产生的思想基础。但是法国资产阶级新闻法制如同法国资产阶级大革命一样,几经波折才得以最终确立。

1789年法国资产阶级大革命爆发后,国民议会通过了著名的《人权宣言》,规定:"无拘无束地交流思想和意见是人类最宝贵的权利之一,每个公民都有言论、著作和出版的自由,只要他对滥用法律规定情况下的这种自由负责。"《人权宣言》成为人类历史上第一个明确规定出版自由的正式法律文件。《人权宣言》颁布后,法国正式废除了新闻检查制度,将言论、著作和出版自由确立为法国新闻传播法的基本原则。[1]

1792年9月吉伦派代替斐扬派掌权,君主立宪的报刊被取缔,之前形成的较为完善的新闻出版自由的法律被打破。1793年雅各宾派取代吉伦派掌权,开始了恐怖统治。1794年7月底,热月党人推翻雅各宾政权,虽然结束了恐怖统治,但是重新确立了新闻检查制度并开征出版物印花税。无疑,在新闻出版方面法国掌权者仍然实行高压政策。在拿破仑统治时期,出版物的言论以及报道被严格限制。1800年他颁布法令,取缔60家报刊,并规定巴黎只保留13家,重新建立出版许可和制度。到1804年,巴黎报纸只剩4家。

1819年法国颁布了法国历史上的第一部新闻传播法《塞尔新闻法》,这也是人类历史上第一部完整的新闻传播法。虽然该法只存在3个月,但废除了预审制、保证金制和印花税制。1820年以后统治者对新闻出版的管制更加严格。1830年7月,颁布法令废除所有报纸的发行权,实行新闻检查制度。

进入七月王朝时期,新政府鉴于七月革命的直接原因是对新闻界的迫害,因而宣布取消了一切新闻检查制度,减少出版保证金,新闻出版获得了相对自由。1835年发生了刺杀国王的事件后,当局再次加紧对报刊的管制,保证金增加了一倍,对报刊政治漫画实行预审。七月王朝时期的新闻政策相对宽松,但是和出版自由还

---

[1] 何勤华:《法国法律发达史》,法律出版社2001年版,第73页。

是有相当一段距离的。

法兰西第二共和国时期的新闻出版自由得到了1848年3月法令的保障。法令规定,废除印花税和保证金,报刊享有不受限制的自由,几天时间,巴黎涌现出450家新创办的报刊。但是三个月后,巴黎工人发动了六月起义,资产阶级的政府公布了两项新闻法令又恢复了保证金和对报刊连载文学作品的印花税。尽管同年11月颁布的新宪法规定了公民享有言论、出版、集会、结社等自由,但这些仅仅是形式而已。

1852年,拿破仑的侄子路易·波拿巴建立了法兰西第二帝国。其统治期间,恢复了拿破仑的做法,只允许巴黎保留11家报刊。1852年2月颁布法令,恢复对报刊的新闻检查制度。1860年起,波拿巴对新闻出版的控制有所放松。1868年在无法控制局势的大背景下,他不得不于5月废除了新闻检查制度,但经济上的各项制约并没有废除。

1870年9月4日巴黎爆发了革命,宣布建立共和国,法国开始进入第三共和国的历史时期。1881年7月29日,法国议会经过多次辩论通过了《新闻出版自由法》,废除了特许制与保证金。这部沿用至今的法律宣布了较为彻底的新闻出版自由,并且实际上剥夺了政府当局对报界实行监督、施加压力的一些手段,授予报刊较多的活动权。至此,法国新闻出版自由政策最终确立。《新闻出版自由法》1889年得到重要补充。法院原则上禁止政府未经法院裁决就直接查封报社。此后,除1894年法庭对报刊宣传无政府主义进行过一次起诉外,法国再未发生过报纸因发表反政府观点被起诉,或被政府直接查封的事件。《新闻出版自由法》是法国大革命以后新闻出版自由发展进程的全面总结,是法国新闻界为争取新闻出版自由而进行长期斗争的结果。这一法律是《人权宣言》言论出版自由的具体化,对于法国此后的报业发展有着重要的意义。

法国在资产阶级革命时期确立的新闻自由的法律体系,虽然在两次世界大战期间发生过政策的变动,但是该制度一直沿用至今,并为德国、日本等国发展各自的新闻传播法提供了借鉴的经验。

2. 两次世界大战期间的新闻传播法发展

第一次世界大战爆发后,法国陆军部设立了"新闻检查局"。新闻检查的严格程度以及涉及面随着战争的深入而更加严格、广泛。

1919年10月,法国政府正式废除了新闻检查局,恢复了第三共和国时期颁布的《新闻出版自由法》。随后报刊的违法行为增多,绝对的新闻自由理念同样受到质疑。在此情况下,1932年法国议会通过了《职业记者法》,规定:如果新闻传播活动威胁到了公共秩序,行政当局有权禁止发行报刊和查封报刊机构。1940年,法国政府建立了出版许可制度,同时对各个报社实行统一的管理。1942年,德军入侵法国南部,报纸已经完全沦为傀儡政府的工具。

3. 第二次世界大战后的新闻传播法发展

1944年夏至1945年初,法国政府颁布一系列法令对报刊体制和结构进行了重大调整和变革。禁止各种附逆报刊,并将其财产收归国有,同时对新报刊的创办、旧报刊的复刊以及报纸的职能做了具体的规定。在这一新的环境下,大批新报刊应运而生,其中多数为原"抵抗运动"刊物以及由各左翼政党扶植的机关报。法国共产党广泛地控制了第四权力。[2]

1978年,内阁加强了对电台与电视台领域的国家控制,并规定凡破坏垄断的广播电台的操作者将构成犯罪。这一规定受到宪政院的支持。

20世纪80年代之前,法国媒体市场的总体特点是国家垄断,没有竞争,不关心对私有企业的资助。1945年法国政府颁布行政法规取消所有的私人电视台的营业执照。同年又颁布法令,成立法国广播电视公司,强化国家对广播电视事业的垄断和控制。采取这些政策的结果是传媒业在财政上对国家的依赖越来越强,政府、政党和各种利益集团对于媒介的控制也越来越强。但不得否认的是法国广播电视事业在这一阶段获得了快速的发展。

在法国,20世纪60年代至70年代新传播技术的发展导致媒介形态的多元化和国际化,频道数量大幅增加,订阅服务和付费收看的有线广播电视服务逐步取代公共体制的普遍服务,使公共广播电视机构遇到了前所未有的危机。同时这一危机还体现在公共服务广播电视体制得以生存的政治支持越来越少。法国政府倾向于支持商业广播电视所代表的民族产业和国家的经济利益,而让公共广播电视自谋生路。国家与传媒的关系发生巨大的变化,国家逐渐退出对传媒产业的垄断控制,并逐步形成了双轨制。1982年,法国颁布《广播法》允许开设私营电台。1985年政府宣布开放商业电视,又进一步放宽对私人建立电视台的限制。1989年,法国再次修订《广播电视法》,成立了真正独立的、有权威的视听委员会,确立了比较成熟的广播电视管理体制,有力地推动了私营和国营广播电视有序竞争的局面。

(二)德国新闻传播法的发展

德国的统一经历了近千年的分裂混战,这样的历史刺激了德国新闻传播活动的产生,但不可避免的造成了德国实现新闻出版自由的漫长性与艰巨性。

1. 早期德国的新闻传播法发展

在神圣罗马帝国时期,除了教会的审查制度以外,从1524年起,德国各邦国政权陆续建立起书报检查制度。1608年,神圣罗马帝国皇帝鲁道夫二世,要求各邦国的教会或地方长官对印刷出版物进行预审。1628年,皇帝斐迪南二世实行出版特许制度。1795年,为防止法国革命思想的传入,皇帝弗兰西斯二世下令加强对进口出版物和翻译书刊的管理。在神圣罗马帝国时期,对新闻出版管理制度无疑

---

〔2〕［法］皮埃尔、米盖尔:《法国史》,蔡鸿滨、张冠尧等译,商务印书馆1985年版,第120～145页。

是严格的。

在1815～1918年间，新闻出版政策起伏多变。1815年德国组成松散的德意志联邦，承诺新闻出版自由，但是此诺言只在少数邦国一定程度上获得了履行。1819年，一系列倒退性质的决议被通过，书报检查制度恢复。1840年，普鲁士新国王弗里德里希·威廉四世上台，为显示他的"开明"而颁布了相对宽松的书报检查令，仅仅一年后，政策紧缩，新闻出版重新被管制。

欧洲民主革命期间，德国第一次较为全面地获得了新闻出版自由。革命失败后，统治者重新实行钳制新闻出版的政策。

1874年，德国国会通过新闻出版法，废止书报检查和其他防范性措施。1890年以后，俾斯麦去世以及新皇帝上台，德国获得相对自由的出版环境。第一次世界大战爆发后，新闻政策再次紧缩。

早期德国的新闻出版政策变化不定。19世纪末20世纪初德国的新闻事业得到一定的发展。

2. 两次世界大战期间的新闻法发展

1918年11月，民主革命后，德国建立了共和国。1919年在魏玛城通过了《宪法》。《宪法》第118条明确规定每个德国人在一般法律的范围内，都有权通过言论、印刷品、图画以及其他方式自由地发表自己的意见，不再实行书报检查。同时为了防止再出现帝国时期议会随意废止自由权利的情况，《宪法》重新规定了实行书报检查必须取得修改宪法三分之二的多数。

共和国时期新闻出版自由基本得到保障，德国的新闻传播业获得了一个短暂的全面发展的机会。

1932年年底，以法西斯主义为指导思想的希特勒的纳粹党夺得了德国的政权。1933年3月，成立人民教育与宣传部由约瑟夫·戈培尔主管，负责对报刊、广播和电影进行集中控制。纳粹党的党纲规定："报纸为国家中为最有影响力的工具之一，因此所有的报纸如与公众利益相抵触，必须予以禁止。"〔3〕

3. 第二次世界大战以后的新闻传播法发展

1945年，德国战败，同盟国的军队占领德国。西部在被美、英、法三国占领后，实行过几年的新闻出版许可制度。直到1949年5月，《德意志联邦共和国基本法》（即宪法）颁布，联邦德国最终确立了新闻出版自由体制。根据《德意志联邦共和国基本法》，保护新闻自由以及广播和电影的报道自由，不得进行新闻检查。同时，不允许限制公民订阅外国报刊、收听电台以及其他广播的权利。1949年9月21日，盟军废除许可制度，除法西斯以外的德国人可以自由办报。而由苏联占领的德国东部，1949年10月建立民主德国，实行社会主义的新闻体制。1990年民主

---

〔3〕 陈力丹、王辰瑶：《外国新闻事业史纲要》，中国人民大学出版社2011年版，第62页。

德国并入联邦德国,统一后继续原联邦德国的新闻传播法体制。

(三)日本新闻传播法的历史发展

与欧美大国相比,日本新闻业起步晚、发展快。1871 年创刊的《横滨每日新闻》是日本的第一家日报。到 1924 年,日本的《朝日新闻》、《每日新闻》等大报的期发行数就突破百万份,由此足以看出日本的新闻业发展之快。而这与日本的新闻传播法发展有密切的关系。

1. 近代日本的新闻传播法发展

日本的新闻传播法直到明治维新后才逐步产生和发展。明治维新是统治阶级为了维护其统治利益,进行的一场自上而下的资产阶级的改良运动。这场改良运动直接推动了日本近代报业的产生和发展。

1868 年,明治政府出版了日本第一份官方报纸——《太政官日志》,此后日本的报纸越办越多,且分为支持与反对幕府统治的两派。明治政府出于对报刊的管理,在借鉴法国、德国等大陆法系国家新闻传播法的基础上,于 1869 年颁布了日本历史上第一部新闻法规《报纸印行条例》,实行出版许可制度和事后检查制度。条例为日本近代报刊的产生以及发展奠定了良好的法律基础。

但明治维新之后,日本的新闻传播法随着国内政局的变化出现了多次反复。19 世纪 70 年代,"自由民权运动"在日本出现并发展。明治政府为了应对"民权派"报纸的攻击,开始对报纸进行严格的控制并颁布一系列的新闻法规法令,如《报纸条例》(1875 年 6 月)、《谗谤律》(1875 年 12 月)、《集会条例》(1880 年 4 月)等,日本历史上出现了空前的言论恐怖时期。1883 年,日本政府修改了《报纸条例》,进一步强化了新闻管制。许多学者认为修改后的《报纸条例》是日本新闻史上最为残酷的新闻法律。

在"自由民权运动"推动下,1889 年明治政府颁布了《大日本帝国宪法》(以下简称《帝国宪法》),并于 1890 年生效。《帝国宪法》第 29 条规定:"日本臣民在法律许可范围内有言论、著作、出版、集会和结社的自由。"这是日本第一次在国家根本大法上确认公民的言论、出版等新闻自由权利。[4] 但是由于《报纸条例》等新闻管制法的存在,该规则未能真正的贯彻实施。直到 1909 年 5 月,日本政府重新修订了《报纸条例》,对报纸的出版采用注册登记制管理,这样的局面才得以扭转。修订后的《报纸条例》成为日本在二战之前最基本的新闻法规。

2. 日本两次世界大战期间的新闻传播法发展

在十月革命期间,日本政府惮于社会主义革命的威胁,加强了对舆论的控制。较为典型的政府迫害报纸的事例是"白虹贯日"事件,该事件成为日本历史上最大的一次言论嫁祸事件。《朝日新闻》在 1918 年 8 月 26 日的晚刊中关于关西记者大

〔4〕 何勤华等:《日本法律发达史》,上海人民出版社 1999 年版,第 58 页。

会时写道:“新闻记者不能安安稳稳履行自己的使命,以金瓯无缺而自豪的我大日本帝国,岂不面临最后受审的日子吗? ‘白虹贯日’的不祥之兆正雷电一般闪过头顶。”政府于是以“破坏安定秩序”的罪名起诉执笔者和编辑。结果《朝日新闻》晚刊当日禁售,发行人以及新闻记者被判刑两个月。日本的言论以及新闻自由遭到严重破坏,至20世纪二三十年代,日本军国主义体制确立后,政府对新闻业的控制更加严格。

为了加强对新闻言论的统一管制,日本军国主义政府于1936年成立“内阁情报委员会”(后改名为“内阁情报局”),负责统治宣传,后来成为政府军事独裁的言论工具。

第二次世界大战期间爆发后,日本政府又制定了大量的新闻出版法令来限制新闻出版活动。如《不稳文书临时管理法》(1936年)、《国家总动员令》(1938年)、《军用资源秘密保护法》(1939年)、《国防保安法》(1941年)、《言论、出版、集会和结社临时管理办法》等。不难看出,日本的新闻传播活动已全无自由可言,日本的新闻管制已然达到顶峰。

3. 第二次世界大战后的新闻传播法发展

1945年,日本法西斯战败投降。战后进驻日本的、以美军为主的占领当局,一开始就指令日本政府废除军国主义时期的有关新闻、言论的法律。日本的新闻界仿佛一夜之间冲破了多年来的新闻管制“桎梏”,获得了新生。而这只不过是日本“二战”后新闻传播法发展的“破旧”的过程,在占领当局的领导下,日本的新闻传播法的发展开始了“立新”的过程。1947年5月,新宪法《日本国宪法》正式实施,其中第21条规定:“保障集会、结社和言论、出版及其他一切表达的自由,对此不得进行检查;不得侵犯通讯秘密。”自此,该条规定成为日本言论自由的“保护神”,并构成了日本新闻传播法的基本依据。

但是,日本没有颁布专门的新闻立法,其刑法、民法、公职选举法等法律中,有大量关于保护与制约新闻自由的条款。另外随着广播事业的发展,日本政府于1950年颁布了著名的“电波三法”——《电波法》、《广播法》以及《电波监理委员会设置法律》,这三项法律成为日本广播事业发展的基本法律依据。

总之,“二战”结束后以美军为首的盟军介入日本新闻业,使日本新闻立法受到资产阶级新闻自由等观念的影响,逐渐形成了具有美国特点的自由新闻传播法制体系。

二、英美法系国家新闻传播法的历史发展

英美法系,又称普通法法系、英国法系,是以英国自中世纪以来的法律,特别是它的普通法为基础而发展起来的法律的总称。英美法系首先起源于11世纪诺曼人入侵英国后逐步形成的以判例形式出现的普通法。英美法系的范围,除英国(不包括苏格兰)、美国外,主要是曾是英国殖民地、附属国的国家和地区,如印度、

巴基斯坦、新加坡、缅甸、加拿大、澳大利亚、新西兰、马来西亚等。中国香港地区也属于英美法系。

（一）英国新闻传播法的历史发展

1. 早期英国新闻传播法的发展

"一般认为，英国新闻法起源于1215年的《大宪章》（Magna Charter）对表达自由的保护"。[5]《大宪章》是1215年6月15日，英王约翰被迫签署的宪法性的文件。其宗旨为保障封建贵族的政治独立与经济权益，不利于加强王权。所以说《大宪章》确立的君主权利不是绝对原则，为现代民主制度奠定了基础。但是《大宪章》的制定并没有让英国的新闻活动获得完全自由，在这以后的相当长的一段时间里，统治者仍颁布封建法令对表达、出版等自由进行控制管理，如1275年和1379年，英国议会就两次规定反国家言论是犯罪。

早在13世纪，英国就出现了供贵族阅读的新闻纸，但是早期的新闻形式很快被新闻印刷出版物所取代。1476年，英国富商威廉·凯顿自德国引进现代印刷术，在英国开办了第一家印刷所。此时所印内容主要是宗教、文学两个方面。1484年，国王理查三世颁布鼓励外国人在英国经营印刷业的诏令。

但是随着欧洲政治、宗教斗争的复杂变化，印刷业以及印刷品的发展危及王权。从1528年开始，历任国王对出版业实行了一系列管制措施。1528年，亨利八世颁布法令，限制印刷业的发展。该法令是英国第一个管制出版自由的法令。1538年英国正式建立了皇家特许制度，规定所有出版物必须经由允许方可出版，未经许可将受到严厉惩罚。在此制度的基础上，1557年建立了皇家特许出版公司，出版成为一种特权。除了该公司成员以及获得女王特许，禁止一切印刷活动。英国王室借着这一制度管制批评王室以及政府的言论。1570年伊丽莎白女王建立皇家出版法庭。1586年，伊丽莎白女王颁布了"星法院法令"，其核心是特许制。该法令一直维持到1640年，这是人类社会第一个由国家颁布的控制媒介的专门法令。

2. 1640年资产阶级革命爆发后新闻传播法的发展

英国大革命以资产阶级对封建势力的妥协而告终。这一时期新闻政策的变化很快，而英国以新闻自由为导向的新闻法制在这一阶段得以最终确立。

1641年6月5日，皇家出版公司被取消，7月5日，皇家出版法庭被取消，出版得到完全的自由。不久，英国出现了专门报道国会消息的刊物，打破了英国不允许报道国内政治的禁令。英国首家专门的国会刊物是1641年11月由托马斯创办的《国会活动纪要》。

限制出版的各种禁令被废除后，出版活动混乱无序以及批评国会的言论不断

[5] 黄瑚：《新闻法规与职业道德教程》，复旦大学出版社2003年版，第45页。

增多。为此,1642 年英国颁布了《出版检查法》对出版物实施严格的事前检查制度。1643 年,国会恢复了出版特许制度,并成立出版检查委员会。

克伦威尔掌权期间实行的是专制性质的新闻政策,只有两家政治性质的周刊被特许出版——《政治信使报》和《公众情报者》。同时英国法院在审理"约翰·李尔本叛国案"时,确立了一项非常重要的普通法原则——"在出版物上发表批评政府的文章无罪"即"批评政府无罪"。这是世界上首次确立"批评政府无罪"原则。1660 年,查理二世复辟,在三年内陆续恢复了其父亲掌权时用以钳制出版业的政策。他重新宣布不经允许不得报道国内政治的禁令,用另外的两家周刊取代克伦威尔在位时期的两家周刊。他在 1662 年颁布"特许制法令",严格管制报纸出版;在 1663 年任命了王室新闻检查官。

"光荣革命"后英国确立了君主立宪制。1693 年,英国国会废除出版法案,1695 年废止新闻检查制度,并把新闻的预防制改为追惩制,新闻自由原则在法律上得到了极大的保护。尽管如此,英国的统治阶级运用各种手段来限制新闻出版活动,如征收知识税、实行津贴制度、颁布叛国法以及煽动诽谤法等。并进一步规定,凡是批评国王、内阁大臣的人,无论其言论是否正确,都犯有煽动诽谤罪,应被判刑和罚款。直到 1762 年"约翰·威克斯案"以及 1792 年英国议会通过的《福克斯诽谤法》,煽动诽谤罪被滥用的恶劣影响才逐渐被控制。《福克斯诽谤法》的颁布标志着新闻自由体制开始在英国确立。

1712 年国会通过了印花税法案,向报业征收印花税、广告税、纸张税,进而间接地控制报业。该法案在实施过程中不断的遭到反对,直至实施了 100 年后,英国议会于 1853 年、1855 年和 1861 年分别取消了广告税、印花税和纸张税。新闻自由体制在英国最终确立下来。

总之,从资产阶级革命到第二次世界大战期间,是英国新闻制度的确立阶段。

3. 第二次世界大战后的新闻传播法发展

"二战"爆发以后,英国实行战时新闻管制。战时新闻管制的内容包括:设立宣传部、发表官方新闻,对邮电和新闻进行检查。临时的新闻管制制度对当时新闻业的发展影响并不大,受到影响的只有共产党报刊和反对统治阶级的报刊,如《工人日报》、《每日镜报》等。战争结束后,英国政府很快取消新闻管制,继续维持新闻自由体制。

"二战"结束后,新闻报业继续发展,但是受到市场规律的影响,报业的发展呈现一种不平衡的发展态势。经过小报刊的破产或兼并、部分大报刊的重组,报刊垄断出现,英国新的报业格局得以形成。而为了调查英国报刊业的现状及其对新闻自由可能产生的影响,英国议会特设皇家新闻业委员会。1953 年 7 月 1 日,专门受理外界对新闻界控告的新闻评议会成立。根据 1965 年颁布的《反垄断法》,规模较大的报业交易要得到"公平贸易局"的书面批准,此手段有效地避免以及削弱了因报业集中而对新闻出版自由带来的威胁。

英国的新闻法的调整范围也从纸质媒介扩展到了电子媒介。鉴于广播对社会的影响巨大，1927 年英王发布了“特许状”，将民营的英国广播公司改组为公共机构英国广播公司（British Broadcasting Corporation，BBC）并授予其在全国经营无线电广播的特权。1934 年，英国为发展电视建立电视委员会。1952 年续签 BBC 的新特许状，授予它 12 年独占广播的权力。而作为对有识之士反对 BBC 对广播的垄断的让步，1954 年议会通过《电视法案》，允许开办民间商业电视台，组建独立电视局负责管理，BBC 对广播电视的垄断局面被逐渐打破。

1984 年，英国政府颁布了《有线广播条例》，设立有线电视局，对卫星电视和有线电视进行有效管理。

20 世纪 80 年代后，英国政府调整了其商业广播电视体制。1990 年颁布新《广播法》（1992 年正式生效）决定设立独立电视委员会和无线广播局，取代原来的有线电视局，分别监督管理商业电视和商业广播。这是两个带有行政立法和行政管理的机构，负责颁发电视台（包括有线电视和卫星电视）和无线广播电台的许可证、制定相关的行政法规以及监督其执行。该项法令对促进英国广播电视的繁荣与保护新闻自由产生深远影响。

（二）美国新闻传播法的历史发展

美国新闻传播法的发展所经历的路程，不像英国那么曲折、复杂。美国的前身是英国的殖民地，英国新闻自由确立同样对美国新闻自由的确立产生深远影响，但是美国新闻自由的确立也不是一蹴而就的。

1. 殖民地时期新闻传播法的发展

美国在其独立以前处于英国的殖民统治之下。英国政府对本国出版业的严格管制政策同样适用于它的殖民地。但是随着资本主义工商业的兴起与发展，新闻出版业必然伴随着经济而兴起、发展。1662 年马萨诸塞殖民议会通过第一个限制新闻出版的正式法案，规定出版物必须经过审批，获得许可证后才能出版。这是殖民统治者为防止出现任何不利于殖民统治的印刷宣传品而颁布的，其规定了严格的审查制度。在 1685 至 1730 年间，英国国王给所有殖民地总督下达命令，鉴于该政府管辖境内印刷自由可以引起极大的不便，该政府应立即采取一切必要的命令，规定任何人不得拥有印刷机进行印刷，非事先取得该政府的特许执照，不得印刷任何小册子或任何其他印刷品。1690 年 9 月 25 日，北美大陆上第一份现代报刊《国内外公共事件报》在波士顿诞生，对此英国殖民当局十分恐慌，并以未经当局批准为由，立即下令查封。十四年后，北美大陆才重新出现现代报刊，并进入缓慢发展期。

在英国本土 1695 年就废除的特许制在美洲殖民地却延续到 18 世纪 20 年代。1765 年，殖民当局颁布了印花税法案。因殖民地人民的强烈反对，第二年殖民政府被迫撤销该法案。

为了争取言论自由，北美人民同英国的殖民当局进行了长期的斗争。1641 年颁布的《马萨诸塞自由法规》规定了保护殖民地言论自由的内容。1682 年宾夕法尼亚政府将保护言论自由等公民的权利写入政府基本法。在判例法方面，出现著名的“曾格案”。美国争取新闻自由的斗争可谓一气呵成，因为没有历史传统的束缚，在经历了“曾格案”、通过了美国人民抵制印花税法案和美国宪法第一修正案后，美国的新闻自由便在法律上得到确立。

1733 年秋，约翰·彼得·曾格在纽约一股反政府势力的支持下，在纽约创办了《纽约周报》。在 11 月 5 日出版的创刊号上就刊登了反对现行政府的法官莫里斯当选议员的报道。12 月 3 日出版的报纸又刊登了批评新任总督威廉·科斯比允许法国军舰侦查南部海湾的防御工程的报道，同时撰写文章抨击殖民地当局的低能。于是纽约总督科斯比指控曾格“对政府进行无耻的中伤、恶毒谩骂和煽动性责难”，并以“煽动闹事”的罪名将其逮捕。1735 年 8 月 4 日，法庭开庭审理此案。北美八十岁的著名律师安德鲁·汉密尔顿出庭为其辩护。汉密尔顿指出，陈述无可非议的事实不是诽谤。汉密尔顿援用英国《大宪章》，并借英国法庭已经撤销的事实，提出“谎言才构成中伤，才构成诽谤”的观点。汉密尔顿在向陪审团辩护的演讲中指出，“曾格案”是影响到每一个北美公民的自由，即说出真相、写出真相、揭露和反对专制的自由。汉密尔顿最后使陪审团接受他的观点，曾格无罪释放。这一案件成为美国新闻史上的里程碑，他在美国诉讼的司法实践上确立了三条原则：第一，诽谤必须是捏造事实，陈述事实不算诽谤：第二，对诽谤罪要有真实的证据，不能凭空指控；第三，判定出版物是否犯有诽谤中伤或煽动蛊惑人心罪，必须经由陪审团作出裁决，不得由法官个人裁决。“曾格案”后，“批评政府无罪”的原则在美国初步确立。

“曾格案”并不意味争取新闻自由的完成。英国殖民统治当局采取其他罪名来代替煽动诽谤罪，如破坏议会特权、藐视法庭等。1765 年 11 月，英国殖民当局颁布印花税法案，通过向报刊收取高税率的印花税，使许多报刊因为财力不支而关闭。对此北美人民展开了抵制印花税的斗争。许多报纸拒绝付税并照常进行出版活动。《宾夕法尼亚公报》和《宾夕法尼亚广告人周报》在 10 月的最后一期，各栏采用粗黑框，报头以黑色骷髅，来表示哀悼报纸的末日。事实上，当时没有一家报纸按照该法案纳税。该法案第二年 3 月被废除。

2. 独立战争至 19 世纪末新闻传播法的发展

1775 年美国独立战争爆发以后，人民对民主和自由的呼唤更加强烈。

1776 年 7 月 4 日，北美大陆会议最终通过《独立宣言》，宣称人人生而平等的真理是不言而喻的。人都被造物主赋予了某些不可转让的权利，其中包括生命权、自由权和追求幸福的权利。北美人民争取新闻出版自由的斗争获得初步胜利并向纵深发展。但是当资产阶级推翻殖民主义建立资产阶级政府之后，对新闻出版业防范措施逐渐增多。1781 年，代表美国资产阶级联邦派的联邦政府成立。为了禁锢言论，限制新闻自由，该政府规定新闻记者不得采访参众两院，并决定向报纸征收重税，借助各州印刷契约和政府法定出版物，对出版自由、新闻自由进行限制。这些举措激化了美国人民同联邦党人掌权的政府的矛盾，出现报人退出报社、报纸宣布停刊等现象。

从 1776 到 1787 年至少有八个州的宪法规定保障公民言论自由，但是却没有写进 1787 年的宪法之中。由此引发了不主张将新闻自由写入宪法的联邦派以及主张列入的共和派之间激烈的争辩。

联邦派认为，出版自由是依靠舆论、公民和政府维系的，毫无写入宪法的必要。新闻出版必须接受检查，应当受到严格限制，加强新闻立法，以杜绝言论诽谤。对人民的言论加以约束是必要的。而共和派认为，通往真理最好的办法就是新闻自由，出版自由以及政府的秩序是一致的，除非出版自由对公民的名誉造成侵害，否则不能对其加以限制。两派争辩的最终结果是：联邦政府被迫于 1789 年通过了宪法前 10 条修正案，即在宪法中增添了 10 项关于人权的补充条款，规定了言论、出版等权利。该 10 条修正案统称第一修正案，也称为人权法案。其中第 1 条规定："国会不得制定关于下列事项的法律：确立国教或禁止信教自由，剥夺言论自由或出版自由；剥夺人民和平集会或向政府请愿伸冤的权利。"第一修正案的通过，标志着美国自由体制的确立，美国的新闻自由从此有了宪法的依据。

关于新闻自由宪法的规定并未得到贯彻，反而在 1798 年得到限制。出于反联邦党人的威胁，在美国国会中占统治地位的联邦党人于 1798 年通过了一系列限制新闻自由的法令，统称为《关于处置外侨和煽动叛乱法》。该法案禁止对美国政府、国会以及总统进行恶意的、诽谤性的报道，违者处以 2000 美元罚金以及两年监禁。该法案引起大多数美国人的反对。

推崇新闻自由的杰斐逊于 1801 年就任美国总统后，废除该法案，赦免犯此罪的人并退还了大部分罚款及利息。杰斐逊对新闻自由的观点有：第一，自由报刊应该成为制衡行政、立法、司法三权的第四权力；第二，廉洁公正的、为公民了解的政府是不会被报纸所打倒的；第三，出版自由和政府势不两立的看法是错误的；第四，报纸说谎是没有力量的表现，报纸讲真话是有力量的表现。这些观点成为以后美国资产阶级的新闻自由和新闻立法制度的理论基础。

3. 20 世纪以来新闻传播法的发展

美国新闻传播法在两次世界大战期间实行战时新闻检查制度，即在和平的年代不得干涉新闻界传播新闻和意见的自由，只有在战争情况下公众和新闻界才接受新闻检查。

第一次世界大战爆发不久，威尔逊总统颁布行政命令，成立公共信息委员会，负责战时新闻检查以及战争宣传。1917 年，美国颁布《惩治间谍法》，规定凡是违反该法的报纸、书籍以及其他材料不得邮寄。同年成立新闻检查局，专门对海外的通讯活动进行检查。

“二战”期间，罗斯福总统加紧控制国内舆论。罗斯福于 1941 年 12 月 19 日，颁布《美国报纸战时行为准则》，详细列举了禁止刊播的资料项目。设立了新闻检查局，对国际新闻通讯实施严格检查。而对于前线记者采写的新闻，各个战区司令部则采用更加严格的检查标准。

（三）英国、美国涉及新闻传播法的著名判例及其重要意义

1. 英国历史上涉及新闻传播法的著名判例及其重要意义

18 世纪初期，英国仍在沿用封建世代流传下来的煽动诽谤罪、叛国罪，凡是批评国王和国会的均以煽动诽谤罪论处。英国的新闻工作者对此进行了抗争。

（1）约翰·李尔本叛国案

该案件是克伦威尔实行专政时期著名的判例。李尔本是捍卫英国出版自由的战士，激进的民主思想家。他在其出版的《贵族暴政的剖析》一书中主张人人在法律面前平等，并强调出版自由的重要意义。

1638 年，李尔本因散发宣传清教的小册子被捕。议会召开后不久，被释放。1645 年 8 月，李尔本因批评议会和军队领导人，再次被捕入狱。1647 年 8 月获释。随后，李尔本和他的同道者们拟订了平等派的纲领性文献《人民公约》。1649 年，李尔本发表文章抨击克伦威尔的独裁统治，第三次被捕。法院指控其发表揭露政府的小册子，试图对他定叛国罪。而李尔本在连续三天的法院答辩过程中，逐条驳斥了法院的指控。同时，数万人签名要求释放他。法庭不得不宣判他无罪。尽管如此，李尔本还是受到了政府的迫害。1652 年 1 月，克伦威尔惧怕他的影响，把他驱逐出国。1653 年 4 月回国后又遭监禁，1655 年获释。但是在该案审理过程中，法院确立了“批评政府无罪原则”。

该原则逐渐成为英国新闻传播法的核心，为保护英国民众的新闻自由提供了重要的法律依据。

（2）约翰·威克斯案

1762 年，下议员威克斯在他所创办的《北不列颠人》杂志中公开批评国王乔治三世专制和反动的托利党魁布特，并提出“批评政府是每个报人的神圣职责”的观点。司法大臣认定他犯有煽动诽谤罪，发布了总逮捕状，将作者、印刷者等 48 人一并逮捕。威尔克斯因其议员身份获释后，控告政府非法逮捕。首席大法官认定总逮捕状无效，自此总逮捕状制度被废除。后来威克斯当选伦敦市长，并在人民的支持下向反动的“煽动诽谤法”和“禁止国会报道令”发起攻击，为这一禁令在英国的废除作出了贡献。

威克斯案结束后，“批评政府无罪”原则进一步深入人心。

(3)朱尼斯匿名信案

1769 年,英国的多家报纸刊登笔名为"朱尼斯"批评国王的来信。第二年,作者和这些报纸的发行人因此而被司法大臣起诉犯有煽动诽谤罪。经过陪审团长时间的讨论,最终宣布当事人无罪。其中有一人因他罪判刑。

自此,新闻自由又增添了"批评国王无罪"一项新内容。使用煽动诽谤罪压制新闻媒介的传统进一步削弱。

2. 美国历史上涉及新闻传播法的著名判例及其重要意义

20 世纪以来,美国新闻史上出现了几个对新闻法制影响深远的判例。

(1)申克诉美国案

该案发生在第一次世界大战期间,当时美国与德国正处于交战状态,起因是美国社会主义党反对战争和征兵。

申克是美国社会主义党的秘书长,参加了向等待应征入伍的人散发反战传单的活动。标题为"维护你的权利"的传单指出,征兵违反了第 13 条宪法修正案"禁止非自愿性奴役条款",并号召人们"加入到社会主义党废除征兵法的运动中来"。鼓励青年向国会写信,行使言论自由权、和平集会权和要求政府进行权利救济的请愿权。传单还提醒青年,官员不承认大家维护反对征兵立场的权利,属于违宪行为。

申克和另一位社会主义党干部因为准备并散发这些传单而受到三项指控。一是违反《反间谍法》,图谋煽动军队中的"反抗"情绪和"阻碍"征募士兵的工作;二是以实施违法活动、邮递《反间谍法》禁止邮递的邮件的方式来对抗美国;三是非法使用邮件来散发传单。初审法院认定上述三项罪名成立,申克被判六个月监禁。申克以《反间谍法》违反第一宪法修正案为由,提起了上诉。最高法院一致维持了有罪判决。霍姆斯法官代写了司法意见书。在意见书中,霍姆斯提出了著名的"明显的和现实的危险"标准,说明了维持有罪判决的原因。他写道:"我们不否认,在和平年代的许多情况下,被告发表他在传单中发表的所有言论,都属于宪法权利保护的范围。不过,每种行为的性质都依赖于发生这种行为的各种环境因素。即便是对言论自由最严密的保护,也不会保护在剧场中不恰当地高喊着火了并引起恐慌的人。"最高法院对言论自由的解释之一是"明显和现实的危险",该原则在很多情况下成为最高法院限制言论自由的武器。

通过该判例我们可以看到,宪法保护言论自由,但也给言论自由以"权限之分界"。当言论自由妨碍和伤害到"他者"(包括个体的他人,也包括国家、社会及其他组织)的合法利益时,也要承担相应的责任。各种涉及人权的国际公约、宣言以及各国的法律,都在保障言论自由权利的同时,也对言论自由作出义务性或禁止性规范。

(2)芝加哥市政府诉《芝加哥论坛报》案

1920 年,美国《芝加哥论坛报》刊登了一名州长竞选人的演说,其中有指责芝加哥市政府财政败坏、信用破产的文字，市政府向法院控告该报损害名誉。1923年，伊利诺伊州最高法院判决认为，报纸和公民一样，具有自由批评政府的绝对权利，不受《诽谤法》的约束。同时，最高法院还指出，除了煽动他人破坏现行法律，或以暴力或其他手段推翻政府以外，其他任何反政府的言论或文字都应该是绝对权利。审判结果是：该报无罪，芝加哥市政府败诉。

此判例突破了美国“公正评论”的法律原则，确立了新闻界批评政府的“绝对权利”法律原则，是对“批评政府无罪”原则的进一步发展与深化。

（3）丹尼斯诉美国案

冷战时期，美国共产党总书记丹尼斯等12名高级领导人被联邦司法部指控散布教唆和鼓吹以暴力推翻和破坏美国政府的煽动性言论，并被联邦地区法院依据《史密斯法》判罪。丹尼斯等人认为他们并没有任何主张以暴力颠覆政府的实际阴谋，并援引宪法修正案第1条对言论自由的保护提起上诉，此即“丹尼斯诉合众国案”。

1951年，联邦最高法院以6∶2多数驳回了丹尼斯的上诉书。首席大法官文森代表多数派在裁决书中宣称：“凡当言论对于完成法律所禁止的罪行具有巨大而潜在的祸害之可能性时，对这种言论就应当予以制止”。文森以“明显的和现实的危险”原则，支持法院最初的判决。本案的判决从未被最高法院明确推翻过，但其在美国宪法第一修正案法律体系中的重要性已因后续的多个判决而大为削弱。到了1957年，最高法院审理了与丹尼斯案性质相同的“耶茨诉合众国案”，以6∶1的多数改变了对《史密斯法》的解读。最高法院裁定该法针对的是“对行为的宣扬，而非思想”。宣扬抽象的教义仍然受到保护，但是明确煽动强力推翻政府的言论可根据《史密斯法》进行惩罚。

（4）《纽约时报》“五角大楼文件案”

1967年，美国在越战中越陷越深，当时的美国国防部长麦克纳马拉为了全面检讨一下美国在越南和印度支那的政策，了解美国当前政策的形成和演变过程，成立了一个“越战历史专题组”，经过近两年的努力，1969年6月，专题组通过收集大量主事官员个人的笔记、会议记录、电话记录、备忘录等“个人文件”，形成了报告，汇编成47卷，这就是后来被称为“五角大楼文件”的越战历史文件。文件由于暴露了美国重大决策形成过程中的弊端，立即被列为最高机密。

1971年春，艾尔斯伯格将几千页五角大楼秘密文件交给了《纽约时报》著名记者尼尔·希汉。《纽约时报》马上组织人员对文件进行整理，最后决定，搞一个连续十天的系列报道，每天六个版面，由希汉的文章打头，选择性发表五角大楼关键性文件。

1971年6月13日，《纽约时报》在头版头条位置刊登了题为《越南档案：五角大楼研究报告追述30年来美国逐步卷入的经过》的报告，这就是众所周知的“五角大楼文件”。

该事件引起了政府的强烈反应,尼克松总统同意司法部部长约翰·米切尔的建议,警告《纽约时报》,若其继续刊登这一份材料则对其提出起诉。应联邦政府要求,纽约南区地方法院法官莫里·格尔菲对《纽约时报》发出一项临时禁令。这是美国有宪法以来,政府第一次试图事先对出版物进行控制,而这正是第一修正案旨在预防的事情。该案最终诉讼到最高法院,最高法院最终支持《纽约时报》刊登“五角大楼文件”的权利,维护了宪法确定“不能事先对出版物实施控制”的原则。大法官雨果·布莱克指出,美国的历史以及宪法第一修正案均表明新闻机构不受事先的约束,可以自由的发布新闻,不受其信息来源的限制。

在美国的宪政史上,作为第一个对媒体加以事先限制的案例,“五角大楼文件案”最终是新闻自由战胜了国家安全而告终。这一判决,强化了美国长久以来对新闻自由的一个信念:对国家安全和社会福祉的最大威胁不是公众的知情,而是公众的不知情。

第三节　中国新闻传播法的历史与现状

中国的新闻传播活动很早就有了,但是针对其专门制定的法律法规却是在近代才开始出现。本节将对我国历史上出现过的有关新闻传播方面的法律法规进行梳理和分析,希望从历史的角度得出新闻传播法在我国新闻传播活动中所扮演的角色及其重要性。

一、封建社会新闻传播法的历史发展

我国可能是世界历史上最早出现新闻法律规范的国家。我国古代自殷商时期就存在新闻活动法律规范,但我国现代新闻传播法较之西方发达国家的新闻传播法要落后很多。

(一)鸦片战争以前有关言论和报刊的禁令

古代中国很早就出现了新闻和信息传播活动,各个朝代的统治者为了巩固政权维护自身的统治地位,采取立法并辅之严格的管理手段。鸦片战争以前,我国的新闻传播法是以“言禁”、“书禁”以及“报禁”为基本特征的。

1. 始于商朝盘庚时期的“言禁”制度

我国历史上最早的“言禁”法令可能产生于公元前 14 世纪的盘庚迁殷时期。当时,商朝贵族不满盘庚迁都到殷地,常常发泄不满。盘庚为此下令禁绝一切关于此的非议。封建社会进程中,关于“言禁”的法令很多。战国时期李悝受命魏文侯制定的《法经》,第一次将思想、言论归罪。秦始皇颁布的“偶语弃市”法令,即私下

谈论“诗”、“书”的人在闹市执行死刑。汉代颁布“诽谤者族”法令,汉武帝时期诽谤罪适用扩展到思想领域。随着封建社会的高度发展,隋唐以后言论环境有所宽松,但宋、元、明、清时期,“言禁”法令随着封建社会的发展而愈发严格。

2. 兴于秦汉时期的“书禁”制度

统治者为了巩固政权在文字方面的管理较之思想言论要更加严格。中国历史上的第一道禁书法令就是秦始皇颁布的“焚书坑儒”令。汉代建立后,承传秦代的制度,在书禁方面管理加强。隋唐时期,印刷术进一步发展,统治者在禁书成果不显著的情况下,转而利用印刷业为其专制统治服务。通过严格限制民间出版活动以达到其目的。明清时期,中央集权达到顶峰,对文字的限禁也达到顶峰,两朝大兴“文字狱”。

3. 形成于宋代的“报禁”制度

我国古代报纸是官方新闻信息的传播媒介,报纸产生于唐朝,但到宋代才流行。唐宋时期的报纸始称“进奏院报”,后被统称为“邸报”,对于这一观点也有学者表示“进奏院报”与“邸报”是两种不同的概念。宋朝对报纸的管理比较全面,宋代统治者为了维护封建专制统治,建立了统一的官方信息发布制度,同时成立了“都进奏院”具体负责管理各个州的进奏院的业务活动。我国历史中的发报前审查制度即定本制度形成于宋朝,该制度为以后历代沿用。

历代统治者都采取严格的“报禁”制度。开始禁止一切民间的新闻信息的传播活动,到后来禁绝民间传播非官方发布的新闻信息。宋代为了严禁民间的小报采取非常严酷的手段进行管理。“报禁”制度在明万历年间开始开放,清初出现民间办报。自此民间办报活动不断的获得发展。但是民间报纸从来没有获得完全自由的新闻传播权利,政府对民间办报活动仍然进行诸多管制。

(二)鸦片战争后新闻传播法状况

鸦片战争前后,西方的传教士、商人来到中国办报,促进了中国近代报业的发展。在外来报业的刺激下,中国的民族报业兴起。西方的新闻自由等民主观念冲击中国封建君主专制制度。在此背景下,要求建立近代新闻法制以保护新闻业的发展呼声逐渐变高。

19 世纪 90 年代以后,我国的报业规模事实上已在全国形成。清政府再也无法以专制手段强行镇压报业的发展,颁行统一的律令是大势所趋。这一点,从 1904 年“苏报案”可以清楚地看出。1906 年,清政府颁布的《大清印刷物件专律》,拉开了中国新闻传播领域实行法制的序幕。

参阅资料:

“苏报案”——晚清最后的文字狱

“苏报案”是晚清政府为镇压资产阶级民主革命思潮而组织的一次文字狱,是辛亥革命爆发前的著名反清政治案件。

《苏报》原是一家由日侨出面开办的报纸,1896 年 6 月 26 日创刊于上海。主办人胡璋,以其日籍妻子生驹悦的名义注册,报刊内容多载市井琐事。

1900 年,该报被陈范购得,才开始着手改良。陈范原为江西铅山知县,因教案一事而被清政府革职,后投身报业。接手《苏报》后,报风为之一变,逐渐由原先的市井小报变为评论时事的政治性刊物。1902 年,他抓住全国青年学生爱国运动的时机,首先开辟学校风潮专栏,刊载南洋公学等校学生退学事件的消息,鼓励学生起来反抗,《苏报》随之声名鹊起,所载文章在东南学界引起了强烈的反响。此后,陈范加强了与爱国学社的合作,一方面由学社的教员轮流担任《苏报》每日评说的主笔,另一方面报馆每月赠给学社百金,以支持爱国学社运动。很快,《苏报》就成了爱国学社师生发表革命言论的阵地,政治倾向也日趋激进。

1903 年 5 月,《苏报》正式聘请章士钊为主笔,更加大张旗鼓地进行革命宣传。章士钊接连发表数十篇宣传革命的文章如《驳革命驳议》、《革命军序》、《读革命军》等,从不同的角度和侧面揭露了清政府腐朽卖国的反动本质,批判了康有为攻击革命倡导保皇的谬论,言辞激烈,通俗易懂,影响巨大。其中,反响最为强烈的是《苏报》以大量的篇幅、最先推出邹容的《革命军》,并给予热情洋溢的褒扬,此外在《康有为》一文中,明确地指出了革命乃是天下大势所趋,是中国前途的必然出路。

除了宣传革命之外,《苏报》还对改良派散布的其他救国言论进行了驳斥,如针对教育救国论,它指出清政府兴办新学,是为了维护封建统治,增加国民的奴性;针对变法维新论,它认为维新变法是权操于政府,不可能挽救中国危亡。这些深刻的批判,显示出《苏报》较高的办刊水平。

《苏报》日益扩大的影响以及激进的革命言论,使清政府愤恨不已,6 月 21 日,清政府向沿海沿江各省督抚发出谕旨,指控《苏报》和爱国学社宣传革命,形同叛逆,并严令各地官吏随时惩办,两江总督魏光焘当即封闭《苏报》,并特派后补道俞明震协同上海道袁树勋办理此案。由于《革命军》的广泛影响,清政府将该书的作者邹容和为之作序的章炳麟列为要犯,于 6 月 29 日、30 日串通上海租界工部局,经由美国领事同意签押,派巡捕闯进《苏报》馆和爱国学社,抓捕章炳麟等人。邹容激于义愤,自动投案,也被关进监狱。7 月 7 日,《苏报》和爱国学社被正式查封,这就是轰动全国的苏报案的发端。

章炳麟等人被捕后,清政府加强了与外国列强的勾结,肆意罗织罪名。7 月 15 日,在租界会审公廨的主持下,公开对章炳麟、邹容等进行审讯,清政府委托律师古柏提出控诉,指责《苏报》诋毁政府,大逆不道。面对清政府的指控,章炳麟针锋相对,慷慨陈词。最后,会审公廨判处章炳麟监禁三年,邹容监禁二年,钱宝仁、程吉甫、陈仲彝等人则被关押四个月后释放。后邹容在监禁期满之前两个月，病死于狱中，时人疑为中毒而亡。而章炳麟则被关押到 1906 年 6 月 29 日才得以出狱。

（本文根据中央电视台《法律讲堂》栏目 2005 年 11 月 30 日播放的“历史重案——百年文字狱之苏报案”视频资料进行整理完成）

超级链接：

央视网，http://www.cntv.cn/program/fljt/20051231/101163.shtml

清末的新闻传播法律主要是规范报刊等印刷出版物的活动，所以又被称为报律。清末的报律包括 1906 年 7 月《大清印刷物件专律》、1906 年 10 月《报章应守规则》、1907 年 9 月《报馆暂行条规》、1908 年 3 月《大清报律》以及于 1911 年 1 月《大清报律》改称后的《钦定报律》等项专门性法律。另外，清政府颁布的《著作权章程》和《清新刑律》等法律中也包含了调整和规范新闻事业的内容。

清末民初一系列法律的制定与颁行，特别是《大清报律》等专门适用于报刊业的法律出台，标志着我国近代新闻传播法的开始，开创了我国制定新闻传播法的先河。

1. 清末报律概况

（1）《大清印刷物件专律》

《大清印刷物专律》，颁布于 1906 年，是清政府制订的第一部有关报刊出版的专门法律。光绪三十二年（1906 年）由商部、巡警部、学部会同制定并经朝廷批准颁布。分为大纲、印刷人等、记载事件等、毁谤、教唆、时限等 6 章 41 款，是我国关于新闻出版最早出台的专门法律，也是中国第一部具有近现代意义的新闻传播法。它有两个显著的特点：第一，实行注册登记制度，特设“印刷总局”，负责管理出版物的注册登记；第二，规定了严禁“毁谤”的条款。规定凡是刊有“令人阅之有怨恨或侮慢，或加暴行于皇帝皇族或政府，或煽动愚民违章国制，甚或以非法强词，又或使人人有自危自乱之心，甚或使人彼此相仇，不安生业”（《大清印刷物专律》第 4 章第 4 条）等文字的印刷物，都在严禁之列。[6]

戊戌政变后，光绪皇帝颁布谕令形成的准许官民办报的宽松办报环境完全丧失，办报活动重回到政府严厉的管制之下。直到 1900 年八国联军的入侵，使清政府不得不在某些方面改弦易辙，以维持其封建统治。1901 年 1 月，清廷发布上谕，宣布实行新政。新政涉及政治、军事、经济等方面。1906 年，为了应对日益高涨的资产阶级民族民主革命运动，清政府宣布实行预备立宪。在这样一种历史背景下，朝野上下要求新闻法制的呼声重新响起，清王朝也决定顺应历史潮流，着手进行近代新闻法制建设，有限度地开放报禁、言禁，给人们创办报刊的自由权利，这是近代

---

〔6〕 张宗厚：“清末新闻法制的初步研究”，载《新闻与传播研究》1981 年第 3 期。

新闻法制建设迈出的第一步。

(2)《大清报律》

1908年1月16日，清朝商部、民政部、法部等参考日本的新闻纸法拟定了《大清报律》草案报清廷审批。1908年3月14日《大清报律》奉旨颁行。该报律共45条，除将此前制定与颁行的报刊禁载的规定全部收入外，还新增了不少限制性条款。1910年清政府再次修订《大清报律》，并将修订本交资政院和军机处审议。1911年1月29日原《大清报律》改称为《钦定报律》经清廷批准后颁行。

《大清报律》比《大清印刷物专律》对报纸的限制更为严厉。《大清报律》将与《大清印刷物专律》同年颁发的《报章应守规则》的9条内容全部载入，还增加了2条新的管制措施：第一，采取保押金制度，规定创办报纸必须交纳一定数额的保押金费；第二，实行事前检查制度。规定："每日发行之报纸，应于发行前一日晚十二点钟以前，其月报、旬报、星期报等类应于发行前一日午十二点以前，送由该管巡警官署或地方官署，随时查核，按律办理。"〔7〕(《大清报律》第7条)

《大清报律》中也存在一些关于新闻报道的内容的规定，对于报刊禁载事项，做了严格的规定。《大清报律》中确立了注册登记制度，自此实现了报禁的彻底开放，顺应了时代的潮流。

2. 清末各报律立法条款的变化及特点

(1)清末报律关于公民办报的条款呈宽松趋势

《大清印刷物件专律》中对有关公民创办报刊的规定采用的是批准制，之后颁布的《大清报律》采用的是注册登记制和保证金制。即预办报刊的公民(年满二十岁以上之本国人；无精神病者；未经处监禁以上之刑者)只要向政府有关登记部门登记备案，缴纳250～500元保证金就可以，不需要得到有关部门同意。《钦定报律》中也沿用了注册登记制，保证金降至150～300元。

(2)报纸发印前呈送官署由"查核"变为"存查"

《大清报律》第7条规定："每日发行之报纸，应于发行前一日晚十二点钟以前，其月报、旬报、星期报等类，均应于发行前一日午十二点钟以前，送由该管巡警官署或地方官署，随时查核，按律办理。"《钦定报律》第7条："每号报纸，应于发行日递送该管官署及本省督抚或民政部各一份存查。"前者重在检查，而后者重在保存。由此可以看出报纸呈送从"核查"到"存查"的转变。

(3)增加了新闻从业者及媒介的义务条款

清末报律增加了新闻从业者及媒介的义务条款，如不得登载侵害他人名誉、有错误须更正等，使报律在内容上更趋于完整。后期的报律对媒介义务的条款更明确，如不得登载侵害他人名誉之语、不得报道禁止旁听的诉讼等。

---

〔7〕张宗厚："清末新闻法制的初步研究"，载《新闻与传播研究》1981年第3期。

（4）惩处条款刑罚的量刑程度不断减轻，民事化色彩渐浓

根据对清末报律的分析，相比于以“刑”为主的中国古代刑事法律体系，就会发现，报律中刑罚范围不断缩小。《钦定报律》明文规定不再使用数罪并罚，第37条规定：“刑律自首减轻，再犯加重，数罪俱发从重之规定，于犯本律各条之罪者，不适用之。”

3. 清末新闻传播法的作用

（1）促进了近代新闻业的发展

19世纪末以前，编印报刊者地位较低，从业者被看作无赖之痞、末路文人。从总体上看，那时报刊读者范围十分狭小。维新派办报活动使中国的新闻活动出现了一个高潮，读者层面有所扩大。但维新运动失败后，萌生不久的政论报又遭到沉重打击。

20世纪后，随着社会发展，清末报律的颁行表明了官方对新闻活动的督导，明确了报人的义务，提高了报纸和报人的地位，促进了报业的发展。报律颁布后的1907到1911年间，每年新创办的报刊数量分别为108、118、115、138和206种。年平均137种（不包括海外报刊），是实施“新政”前6年年平均创办新报的2倍。

清末报律在中国历史上第一次用法的形式正式肯定了民间的办报活动，实现了报禁的不断开放，顺应了时代发展的需求，不断促进了报业的发展。

（2）是近代中国对新闻媒介和从业人员实行法制化管理的开端

法律的制定总是体现着统治阶级的意志。但作为法制的本质，统治阶级与被统治阶级都必然的受到法律约束。清末报律从本质上来说是统治阶级意志在新闻业管理上的集中体现。清末有了新闻立法后，统治阶级凭一己之愿对报刊治罪已非易事，对于新闻传播从业者来说，也有了明确的行为依据。

清末的报律，其立法与西方自由资本主义阶段的法律同步，是中国新闻传播法近代化的开端。清末虽处于半殖民地半封建社会，但是清末的报律作为近代修律活动的产物之一，它没有采用西方国家在封建末期和资本主义制度建立初期，为维护官报垄断地位，限制民间报刊发展而通常采用的特许制、事前检查制、时政要闻垄断以及知识税等手段。因此，虽然清末报律实属清政府维护其统治的本性使然，但是，清末报律超越了当时的封建体制，具有近代资本主义色彩，从总体来看，具有进步性。

4. 对清末新闻传播法的评价

清末新闻传播法是时代发展的产物，必然有其进步性，同时，其也是封建地主阶级为维护其统治而颁布的法令，其不可避免地存在历史局限性。

（1）清末新闻传播法初步建立了我国的新闻法律体系，以法律的形式初步确立了言论出版自由

清末新闻传播法由《钦定宪法大纲》、《大清印刷物专律》和《大清报律》等主

要法律及其他相关法律法令构成。清末新闻传播法在体系结构上与欧洲趋同。根据具有根本法性质的《钦定宪法大纲》中规定，在法律允许的范围内，臣民有言论、著作、出版及集会、结社等事的自由。第一次在法律文件中作出赋予臣民言论自由的规定，对于清朝乃至整个封建社会长期以来形成的言禁、书禁、报禁是个有力的突破，颇具资产阶级法制色彩，为保障我国新闻事业的发展和新闻从业者的权利提供了根本法上的保障。

(2)清末新闻传播法的进步意义和历史局限性

第一，清末新闻传播法的进步意义。首先，关于报刊创办的管理制度，清末新闻传播法最初采取的是批准制度，但随后在1908年的《大清报律》中确立了注册登记制度，由此彻底开放了报禁。其次，在报刊管理制度上，清政府首先改新闻的事先审查制度为“存查”制度。1911年的《钦定报律》将《大清报律》规定的事先审查制度改为当日送交主管“存查”的制度，一定程度上加强政府对报业的管理，但较先前的严苛规定已放宽很多。再次，确定了更正制度。《大清报律》第8条规定“报纸记载失实，经本人或关系人申请定了更正或送登辩误书函，应于次日照登。”最后，规定了报刊的禁载事项。

第二，清末新闻传播法的历史局限性。首先，清末的新闻传播法制定的目的始终是维护清朝封建的专制统治。毋庸置疑，清末的新闻传播法借鉴当时西方先进的立法形式，但其并非致力于保护新闻从业者的言论、出版自由，而是清政府借以控制报馆、推行政府政策实施以维护专制统治的手段。其次，清末的新闻传播法对新闻自由的保护是有限的。一方面，清末新闻法对言论、出版各项自由的保护是在一定的法律范围之内，另外还要受到皇帝的制约；另一方面，在中国缺乏法制传统的背景之下，新闻传播法规定的新闻传播制度在现实中的贯彻执行存在很大阻力，很难真正贯彻实施，且清末的新闻传播法对在华的外国报刊没有制裁权。

总的来看，清末清政府对民间报刊的态度很矛盾。它既不能强烈压制民间办报又不能接受革命派借着民间报刊进行猛烈宣传的行为。在这种两难境地面前，清政府不得不借助法制对民间报刊加以控制和管理。虽然清末新闻传播法是清政府为了维护统治而制定，但是客观上推动了清末近代新闻法制的形成以及建立。受到西方先进新闻立法形式以及新闻自由思想的影响，清末的新闻传播法也具备了较完备的形式、较合理的内容，一定程度上具有了近代资产阶级法制的色彩，促使了我国报刊业的短暂发展。

二、中华民国时期新闻传播法的历史发展

(一)中华民国的创建与自由新闻体制的确立

1. 自由新闻体制的确立

1911年10月10日(清宣统三年辛亥八月十九日)，武昌新军率先发动起义，打响了辛亥革命的第一枪。不久，全国24个省(或地区)中的14个省响应革命并宣告独立。

1912年1月1日,中华民国临时政府在南京宣告成立,孙中山就任临时大总统。

自19世纪中叶,中国的资产阶级改良主义者追求西方资产阶级思想家推崇的"一切自由中最重要的自由"的言论出版自由。辛亥革命胜利后,推翻了清王朝的专制统治,建立了资产阶级共和政体,革命党人在其控制地区,按照言论出版自由的理念,创建自由新闻体制。11月9日中华民国湖北军政府颁布《鄂州约法》,其中明确规定:"人民自由言论著作刊行并集会结社",只有在"有认为增进公益,维持公安之必要,或非常紧急必要时得以法律限制之。"

中华民国南京临时政府成立后,进一步通过立法手段保障人民的言论出版自由权利,建立起与西方先进国家接轨的自由新闻体制。

第一,将言论出版自由的原则载入国家的根本大法之中。

立法明确规定人民享有言论出版自由权利,若非在特殊的情况下不得制定法律对言论出版自由加以限制。1912年3月11日颁行的《中华民国临时约法》第二章第6条第4款规定:"人民有言论、著作、刊行及集会、结社之自由。"根据该章第15条规定,只有在"有认为增进公益,维持治安之必要,或非常紧急必要时可以使用法律对人民享有的自由权利加以限制。另外,南京临时政府还颁发了一些有助于新闻业发展的新法律、法令,如有关核减新闻邮电费的法令。根据1912年3月27日出版的《临时政府公报》第49号的内容,孙中山于3月17日下令交通部核减新闻邮电费,来促进报业的发展。交通部接令后,拟决"报界之电费,悉照现时价目减轻四分之一,邮费减轻二分之一"。3月27日,孙中山批准了交通部所拟酌减报界邮电费办法。

第二,废止清朝限制言论出版自由的规定,颁布促进新闻事业发展的新闻令。

南京临时政府内务部于1912年3月4日通电全国新闻界知照:"查满清行用之报律,军兴以来,未经国民政府明白宣誓,自无继续之效力。"[8]南京临时政府内务部在未颁行新的著作权法前,暂时沿用前清的《著作权章程》,该章程不存在与中华民国国体相抵触的内容。

南京临时政府制定的《中华民国临时约法》及其他的法律法规,确立了以言论出版自由为本的新闻法制原则,标志着中国建成了自由新闻体制。该体制的建立,一方面强化了言论出版自由等资产阶级的民主观念,另一方面促进了中国资产阶级新闻事业的发展,具有进步意义。南京临时政府在自由新闻体制方面的实践,是中华民族资产阶级借鉴西方资产阶级思想的自由新闻体制来取代封建文化专制的一次伟大尝试,表现了我国资产阶级建设资产阶级民主自由的美好愿景,但以孙中山为首的南京临时政府执政时间短暂,最终并没有出现一个以言论出版自由为本

〔8〕复旦大学新闻系新闻史教研室:"内务府颁布暂行报律电文",载《中国新闻史文集》,上海人民出版社1987年版,第88页。

的完整的新闻法律制度。

2.《中华民国临时约法》(以下简称《临时约法》)的颁行

辛亥革命胜利后,南京临时政府制定了具有“宪法”性质的根本大法——《临时约法》,1912 年 3 月 8 日由临时参议院通过,3 月 11 日公布实施,取代《中华民国临时政府组织大纲》。《临时约法》是中国历史上唯一的一部资产阶级共和国性质的宪法性文件,它确立了“主权在民”和“权力分立”的资产阶级民主共和制度。

自从中华民国元年推出《临时约法》,我国报业发展迎来黄金年。因为《临时约法》第 6 条第 4 款规定:“人民有言论、著作、刊行及集会、结社之自由。”这种关于人民权利的规定,为创办报刊、批判旧思想以及民主思想的传播提供了法律依据。由此,各党派、团体纷纷创立机关报,私人报刊也因为办报门槛降低而骤增,民初报业鼎盛一时。

3.《中华民国暂行报律》(以下简称《暂行报律》)之争

《暂行报律》是中华民国建立伊始由南京临时政府制定的临时新闻律令。1912 年 3 月 4 日,南京临时政府在正式宣布废除《大清报律》的同时,致电总部设在上海的中国报界俱进会,并请转全国新闻杂志各社,称“查满清行用之报律,军兴以来,未经民国政府明白宣示,自无继续之效力;而民国报律,又未遽行编定颁布,兹特定暂行报律三章,即希望报界各社一律遵守。其文如下:

新闻杂志已出版及今后出版者,其发行及编辑人姓名,须向本部呈明注册,或就近地方高级官厅呈明,咨部注册。兹定自令之日起,截至阳历四月初一日止,在此限期内,已出版之新闻杂志各社,须将本社发行及编辑员姓名呈明注册,其以后出版者,须于发行前呈明注册,否则不准其发行。

流言煽惑关于共和国体,有破坏弊害者,除停止其出版外,其发行人、编辑人并坐以应得之罪。

调查失实污毁个人名誉者,被污毁之人得要求其更正;要求更正而不履行时,经被污毁人提起诉讼时,则酌量科罚。”[9]

《暂行报律》一经公布就迅速招致上海等地十几家报纸的反对。3 月 6 日,上海《申报》和《时报》等 11 家报纸和中国报业俱进会联名致电孙中山并通电各埠,指责“内务部擅定报律,侵夺立法之权……欲袭满清专制之故智,钳制舆论,报界全体万难承认”。孙中山接受报界意见于当晚下令取消《暂行报律》。虽然如此,第二日上海多家报纸均刊登了章太炎的《却换内务部所定报律议》一文,此文对《暂行报律》逐条加以批驳,并表明“种种不合,应将通告却还,所定《报律》拒不承认”。3 月 9 日,孙中山在《大总统令内务部取消暂行报律文》中称,“民国一切法

---

[9] 复旦大学新闻系新闻史教研室:“内务府颁布暂行报律电文”,载《中国新闻史文集》,上海人民出版社 1987 年版,第 88 页。

律，皆当由参议院决议宣布乃为有效。该部所布暂行报律，既未经参议院决议，自无法律之效力，不得以暂行二字，谓可从权办理”。[10] 颁布仅仅五日《暂行报律》即被取消。

据孙中山的电文，我们可以看出孙中山对《暂行报律》持有的态度。第一，言论出版自由是至高无上的原则；第二，法律的创制必须尊重与维护程序；第三，内务部制定《暂行报律》的目的不是压制言论出版自由，而是出于“补偏救弊之苦心”。出于政府对报业的管理，法律的制定是十分必要的。但是在《临时约法》等重要的法律未制定之前，制定报律的行为的确草率。且《暂行报律》中关于罪与非罪的界限以及量刑模糊，在实施过程中容易被误解滥用。

简言之，《暂行报律》的废除标志着报界争取“绝对新闻自由”的胜利，也在短时间内促进了民初报业的大繁荣。据统计数据，中华民国元年，全国报纸陡增至500家，总销量达4200万份。这两个数字均突破了中国报业发展史上的最高纪录。

（二）袁世凯等北洋军阀对自由新闻体制的破坏

1. 袁世凯时期的新闻立法活动

1912年2月13日，孙中山向参议院提出辞呈，同时举荐袁世凯为继任大总统。14日，袁世凯临时大总统选举会召开，袁世凯以全票当选成为总统。袁世凯窃取了辛亥革命成果后，先是在暗地里对自由新闻体制进行了破坏，继而明目张胆地摧残我国的新闻出版业，新闻出版自由被钳制，袁世凯统治时期是我国新闻法治史上最黑暗的阶段。

袁世凯政府为了控制新闻舆论使用了多种手段。首先，袁世凯政府颁布了专门的法律——《报纸条例》、《出版法》和《新闻电报章程》等；其次，以总统、中央政府及其组成部门、各级地方政府的名义发布具有法律效力的命令、通告、训令；最后，袁世凯政府在制定其他的法律时加入有关管制新闻事业的规定，从而逐步建立起一个为封建军阀专制统治服务的新闻体系。

袁世凯统治时期，以总统、中央政府及其组成部门、各级地方政府的名义发布具有法律效力的命令、通告和训令的实际效力高于法律法规。1913年3月20日晚，呼声最高的内阁总理人选宋教仁在上海火车站遇刺身亡，为了防止事件的真相被新闻界揭露，袁世凯压制新闻界对此案的报道。袁世凯命陆军部出面下令各个报纸：“定二年三月二十一日起，由部派员实行检阅签字办法”。凡登载军事外交事件，不服检阅者，“立即派员究办”，严重者“科以军法”。为了压制各报对宋教仁遇刺案和善后大借款的报道，6月17日，内务部又两次通令全国各报，不得就“宋案”和善后大借款事件进行“谩骂”和“泄露机密”，否则按“报律”议惩，并公然将

[10] 参见“大总统令内务部取消暂行报律文”，载《孙中山全集》，中华书局1982年版。

已废止的亡清《钦定报律》重新搬回民国的报界。从此，报馆以及办报人被警告训斥、传讯罚款、搜查禁封，很多报人被捕杀事件接连不断。北京《国风日报》、天津《新春秋报》和《民意报》、汉口《震旦民报》等一大批国民党系统的报纸遭封禁。

总之，1913 年，袁世凯为了实现其专制独裁的目的，一方面，派人刺杀了宋教仁、解散了国民党、镇压了国民党发动的“二次革命”另一方面，袁世凯对当时的报业进行打压，造成了大量记者被捕、报业萧条的后果。据统计至 1913 年年底，全国报纸由 1912 年初的 500 多家骤降至 139 家，北京的上百家报纸也只剩下 20 余家，这就是中国新闻发展史上著名的“癸丑报灾”。袁世凯政府在控制国内报刊的同时，对国外出版的革命报刊同样严格控制。袁世凯下令对国外革命报刊予以禁售。

1914 年后，袁世凯随着其统治地位的巩固，开始颁布法律对新闻界实施全面的控制。袁世凯借助法律实现其对新闻体制的扭曲行径合法化。1914 年 4 月 2 日颁布了专门适用于报业的法令《报纸条例》。该法律共 35 条，它把《大清报律》对报刊的禁限条款悉数照抄，还照抄许多外国报律中搬来的许多新的禁限措施。12 月 5 日，袁世凯政府又颁布了 23 项条款的《出版法》，该法不仅把《报纸条例》中的禁限规定推而广之到所有的文字、画图印刷品，也就是所有的出版物，而且更为严苛。

同时，袁世凯还继续使用在其统治地位巩固之前一些惯用的手段，即在制定其他方面的法律时，如《治安警察条例》、《陆军刑事条例》等加入一些管制新闻事业的规定，发布总统命令来处理一些具体问题等。1915 年 12 月，袁世凯恢复帝制后，他对自由新闻体制的扭曲也到达了极点。

1916 年 6 月 6 日袁世凯去世。原副总统黎元洪接替袁世凯就任大总统。黎元洪上台后，立即恢复了《临时约法》，恢复国会，废止袁世凯统治时期颁行的钳制言论出版自由的一切禁令。在此期间实施的法律措施，使得新闻事业一度出现复苏的局面，至 1916 年年底，全国报纸数量增加到 289 种。

但是新闻事业的复苏是短暂的，不久张勋复辟和段祺瑞专权，我国新闻事业的发展势头被扼杀。

2. 北洋政府统治后期的新闻立法活动

袁世凯倒台后，北洋军阀掌权。作为袁世凯的继任者，在本质上同袁世凯一样，代表封建买办阶级的利益，他们不可能真正恢复孙中山领导的南京临时政府时期颁布的自由新闻的法制，给予新闻界言论出版自由的权利。在国内新闻业有了几个月短暂的发展后，政府便继续效法袁世凯做法，通过法律手段扭曲自由新闻体制，钳制和迫害新闻事业。

袁世凯的继任者效仿袁世凯的故伎主要体现在以下几个方面：

第一，沿用袁世凯在位时期为控制新闻事业而颁布的法律、法令。

北洋军阀统治时期废止了袁世凯统治时期颁布的《报纸条例》，但《出版法》仍然被沿袭。《出版法》在这一时期成为北洋军阀钳制与迫害进步报刊、报人的主要法律依据，还被帝国主义租界当局当成镇压租界内中国反帝宣传活动的工具。1925年“五卅”运动爆发后，为了打破租界当局的封锁，把“五卅”真相告诉广大群众，《热血日报》、《向导》周报、《东方杂志》等纷纷刊载了宣传“五卅”运动的文章和新闻图片，形成上海新闻界广泛的反帝爱国统一战线。而帝国主义租界当局便利用《出版法》并配合屠杀政策等打压革命报刊。被沿用的法律除了《出版法》，还有《戒严法》、《治安警察条例》、《陆军刑事条例》等。

第二，制定钳制新闻事业的新法规。

1917年后，北洋军阀的反动统治本质日益显露，加强对异己报刊的限制，对新闻出版活动的法律钳制日益加强。该年5月，北洋军阀政府恢复邮电检查制度。1918年8月，北洋军阀政府设立“新闻检查局”。10月法制局起草了《报纸法案》送国会取决，该法案较《大清报律》、《报纸条例》更为严格。1919年“五四”运动后，北洋政府颁布《查禁俄过激派印刷品函》，以阻止共产主义在中国的传播。同年10月25日，内务部颁布《管理印刷营业规划》，报刊的创办被许可证制度严格限制。1925年4月1日，京师警察厅颁布《管理新闻营业条例》，同时推出取保制度。

1924年后，北洋军阀政府的广播事业法律问世。在1924年以前，对于广播电台的管理，北洋军阀政府援引《电信条例》的规定予以管理。发现该条例不能满足其需要，1924年8月北洋军阀政府出台了中国历史上第一个无线电广播事业的法规《装用广播无线电接收机暂行规则》。该法规使无条件取缔广播无线电台的政策有所改变，一定程度上促进了中国早期广播事业的发展。

总体上看，这一时期我国新闻传播法呈现出从开明到苛刻的趋势特点。民国初年的新闻法律制度在袁世凯以及其继任者的钳制扭曲下，呈现出以下三个特点：

第一，形式上采用自由的新闻体制。

袁世凯为代表的封建买办势力虽然掌握了政权，但是该阶级的统治地位虚弱，加之其主观的局限性，使其不能抛弃自由新闻体制以及其“主权在民”的理论依据。袁世凯政府为了巩固其反动统治，只能对此体制以及理论依据进行扭曲。

第二，带有半殖民地半封建色彩。

袁世凯上台后，以“民国法律未经议定颁布”为由，下令“除与民国国体抵触各条，应失效力外”，其余的都暂准“援用”前清及《大清新刑律》。1912年4月30日，袁世凯政府将《大清新刑律》中一些与民国不相适宜的词句删除后改名为《暂行新刑律》。新颁布的法律在主要内容以及实质上无改变。北洋军阀政府建立后，在北洋政府统治地区起初援用清末的诉讼律（草案）进行管理，经过陆续修改至20年代才变成《民事诉讼执行规则》、《刑事诉讼条例》。这两条新法规以清末的民刑诉讼法律草案为基础，不可避免地具有封建性质，如诉讼过程中沿用刑讯、体罚等手段。半殖民地色彩则集中体现在帝国主义在中国建立的租界制度以及“治外法权”原则未被废止,同时中国与帝国主义签订的不平等条约也未被废止。辛亥革命胜利后,以孙中山为代表的资产阶级对帝国主义缺乏清醒的认识。一方面,对帝国主义抱有幻想,期望获得帝国主义的支持。另一方面,过高估计帝国主义力量,不敢立即废止清政府与帝国主义签订的不平等条约,中国的半殖民地性质没有改变。但是孙中山当权仅三个月,其尝试收回关税自主权、领事裁判权等民族权益的实践无果。袁世凯窃取革命果实后,为获取帝国主义列强的支持以维护其统治,在承认不平等条约的同时还出卖新的民族权益。袁世凯政府在其制定的法律中严禁人民群众的反帝爱国运动,在法令中维护列强的司法特权。

第三,滥用军法,军阀意识至上。

辛亥革命后,地方政权大都被旧封建军阀所窃取。封建军阀军人缺乏民主观念,横行霸道。孙中山掌权时多次以临时大总统的名义下令军人严守纪律。袁世凯上台后,他们代表地主买办阶级利益。袁世凯政府在颁布法律时将维护军阀统治作为主要任务,《暂行新刑律》中规定有“内乱法”、“骚乱法”、“妨害秩序罪”、“妨害公务罪”等名目,对人民群众的反对军阀独裁统治活动进行镇压。后来颁布的《戒严法》更是为北洋军阀政府滥用军法开了方便之门。在军阀混战不休的背景下,军事审判在实际上取代了普通的司法审判。北洋军阀统治时期,滥用军法行为普遍,造成社会的恐慌。

(三)国民党新闻统制制度的形成与发展

1.“以党治报”的方针的提出

中国国民党是我国近代史上的第一大党,1927 年南京国民政府成立后,国民党建立起对全国的统治,实现了形式上的统一。中国国民党是民主革命先行者孙中山建立并领导的资产阶级政党。孙中山逝世后,国民党内的蒋介石集团在国外帝国主义和国内大地主大资产阶级的支持下,于 1927 年在上海发动“四一二”反革命政变,并在南京另立国民党中央和国民政府,实行国民党一党专政。与其一党专政相应,国民党的新闻统制思想、政策和法规也开始形成并不断发展。

1928 年,国民党提出了“以党治报”的方针,将国民党的新闻事业和非国民党的新闻事业统筹规划、统一管制,来实行所谓的“科学的新闻统制”。根据国民党确立的“以党治报”的方针和新闻统制的思想,南京国民政府制定与颁行了一大批实行新闻专制的法律、法令,包括 1930 年的《出版法》、1937 年的《修正出版法》和 1945 年的《新闻记者法》,还有与新闻法相关的其他的法令、条例。国民党中央制定的具有法律效力的法令,如《指导党报条例》、《指导普通刊物条例》、《审查刊物条例》、《宣传品审查条例》等;国民政府颁布的新闻专门法规,如《出版法施行细则》、《无线电台管理条例》、《电信条例》、《修正出版法》等;还有一些与新闻事业有关的基本法律和特别法令,如《中华民国刑法》、《戒严法》、《惩治叛乱条例》等。这些法律均体现一个特点,那就是“党治高于法治”的特点,其核心是“新闻统制”。

2. 新闻统制法规的公布

1927年后,国民党建立起对全国的统治。由于统治刚刚建立,国民党新军阀的混战不断,再加上中国共产党的武装起义,巩固国民党政府的统治成为国民党这一时期最紧迫的任务。新闻立法活动以及新闻政策的实施也是以此为中心的。

在新闻法令方面,从1927年到1930年国民政府颁布《出版法》之前,“国民党政府管理出版的法规是以《宣传品审查条例》、《日报登记办法》和《出版条例原则》三项为主,辅以《全国重要都市邮件检查办法》和《各县市邮电检查办法》来规范报业活动”。[11]

1929年1月10日,国民党中央执行委员会颁布了《宣传品审查条例》,对需审查的宣传品范围、宣传品的审查标准、“反动宣传品”和“谬误宣传品”的性质进行界定,以及规定了宣传品审查后的处理办法。同年8月23日颁布的《出版条例原则》可以看作国民党政府在《出版法》颁布前的一个过渡性的规定,一年多后颁布了《出版法》。为了规范对日报的管理,1929年9月23日国民党中央常务委员会出台了《日报登记办法》。办法包含了登记机关、登记手续、惩戒措施等内容,它明确规定所有的日报都要到各省市党部宣传部办理登记。

1929年8月出台的《全国重要都市邮件检查办法》和1930年4月24日的《各县邮电检查办法》规定了国民党政府部门和各级党部合作,对重要都市以及各县市的邮件、邮电进行检查,从流通环节对新闻和出版进行严格管理。

无疑,以上国民政府颁布的法令为其在1930年12月16日出台的《出版法》奠定了基础。这个出版法在对新闻业的限制主要集中在两点:其一是体现在对申请登记的限制,其二是体现在对出版记载内容的限制方面。[12]《出版法》的颁布使国民党的新闻统制有了法律依据。继1930年12月公布的《出版法》之后,国民党政府又于1931年10月颁布了《出版法施行细则》,共计25条。该细则对出版法中的部分条款作了详尽的解释和补充,进一步完善了《出版法》。

1933年9月21日,国民党中央执行委员会第八十九次常务会议通过了《重要都市新闻检查办法》。该办法规定在南京、上海、北平、天津、汉口等重要城市设立新闻检查所;对于新闻内容的检查限于军事、外交、地方治安以及有关上述方面的各项消息。同年10月由国民党第四次中央执行委员会第九十一次常务会议通过的《新闻检查标准》[13],把军事、外交和地方治安三类新闻中应该扣留以及删改的标准做了明确的列举。该条例与《出版法》和《宣传品审查法》是国民党各个新闻

---

〔11〕 王凌霄:《中国国民党新闻政策之研究》,中国国民党中央委员会1996年版,第23页。

〔12〕 许焕隆:《中国现代新闻史简编》,河南人民出版社1988年版,第476页。

〔13〕 中国第二历史档案馆:《中华民国史档案资料汇编·第五辑第一编文化》,江苏古籍出版社1998年版,第92页。

检查所实行新闻检查的标准。

这以后,南京国民政府颁布的法令有1934年的《图书杂志审查办法》、《检查新闻办法大纲》和1935年的《邮电检查施行规则》等,实现其对新闻业的控制管理。

3. 新闻统制制度

"新闻统制"就是实行对新闻与舆论的控制,是为配合国民党专政而建立的新闻制度。实行"新闻统制"主要体现在以下三个方面:第一,效法法西斯国家的新闻经验,宣扬"国家至上"的原则,企图建立"民族主义的新闻建设",对支持国民党的宣传予以支持,以危害"国家"、"民族"利益为借口对反对国民党的宣传进行打击和取缔。第二,制定和颁行非常法,如1931年2月4日颁布的《危害民国紧急治理法》,对危害国民政府统治的新闻活动进行严厉惩治。第三,建立和完善各项新闻监管制度,严格控制新闻活动。一方面,体现在新闻检查制度方面,国民党建立了各类新闻检查制度来监管新闻传播活动。自1932年起,国民党当局又将出版后审查制度改为出版前检查制度。同时国民党当局先后在上海、北平、天津、汉口等重要都市设立了新闻检查所,由当地党、政、军三方机关派员组成,受中央宣传委员会之指导,主持各地新闻检查事宜。另一方面,体现在新闻出版的创办制度方面。1930年的《出版法》采用登记制度,1931年《出版法施行细则》则将此制度详细的规范为批准制度。到1937年《修正出版法》颁行,报纸刊物申请登记的手续越来越复杂,审批者权力日益凸显。对于办报人的资格认证以及禁止发行制度方面,各项法律法规的禁止项目政治色彩浓厚。这一时期的新闻立法成为国民党政府扭曲新闻自由的工具。

对于南京国民政府统治时期的新闻传播法的发展,我们要辩证的去看待。在这一时期,我国的新闻传播法在形式上得到了空前的发展,国民党统治时期的新闻法律、新闻政策在制定以及实施的过程中存在问题反而为我国新闻事业的生存与发展提供了机会。但是这一时期的新闻传播法在实质上是缺乏进步性的,其颁布并不是为了维护新闻自由体制而是维护地主官僚买办资产阶级的统治利益,抹杀了新闻事业合法的生存环境。南京国民政府时期的新闻法律有资本主义的特点,同时也有封建主义和法西斯主义的特色。

4. 国民党政府新闻传播法实施特点

(1)压制进步言论,检查令频发

南京国民政府时期,新闻检查制度逐步完备。国民党执掌全国政权后,根据"以党治报"的方针和新闻统制思想,南京国民政府颁布了一系列有关新闻出版的法律、条例,并根据这些法律条例建立起新闻检查制度与各种新闻统制机构。国民党政府于1928年6月开始建立新闻宣传审查制度并先后公布了具有法律效力的《指导党报条例》、《指导普通刊物条例》、《审查刊物条例》。这三个条例的颁布标志着国民党新闻检查制度的初步建立。

1929年,国民党中央又颁布了《宣传品审查条例》和《出版条例原则》,这些条令,使其对新闻界的管制日趋强化。国民党为了实现其新闻统制政策的合理化,又于1930年12月16日颁布了《出版法》。在此基础上又进一步颁布了《日报登记办法》、《出版法实行细则》和《宣传品审查标准》等文件,使国民党对新闻界实行的审查追惩制度越来越严。1933年起,国民政府的新闻统制政策发生了较大变化,由原本的新闻检查制度到直接干涉新闻事业本身的业务工作。

国民党中央先后通过和颁布了《检查新闻办法大纲》、《新闻检查标准》、《重要都市新闻检查办法》、《各省市新闻检查所新闻检查规程》、《各省市新闻检查所新闻检查违检惩罚暂行办法》等一系列有关文件。1934年,国民党当局又将这一制度推广到图书杂志。抗战爆发后,国民政府又颁发了一系列战时新闻检查法令以此来建立和健全战时新闻检查制度。1937年8月12日,国民党中央常委会议修正通过了《新闻检查标准》和《检查书店发售违禁出版品办法》。1939年,国民党当局又颁布了《图书杂志查禁解禁暂行办法》、《战时新闻检查办法》等。

20世纪40年代后,国民党当局开始以政府名义管制新闻出版事业,颁布新闻出版法律。检查法律、法令的不再是国民党系统机构而是国民政府及其组成部门。国民政府频发的新闻检查法律、法规,严重妨碍了民众的言论自由权。

1927年到1949年,南京国民政府建立了一套完备的新闻检查制度,颁布的法令之多是过去任何一个时代不能相比的。

(2)多元的报业结构使新闻政策被迫改变

在国民党统治时期,以中国民族资产阶级企业化报纸为主体的民营报业广泛存在。据南京国民政府内政部统计,1927年,全国报纸总数为628家,1937年增至1031家,其中大部分是民营报纸。从民营报纸的数量的变化足以看出民营报纸在此期间的发展很迅速。

国民党政府统治时期,频发新闻检查法律、法规,并按照法规设立新闻检查所来管制新闻出版业,中国共产党的报刊在如此严酷的环境下也顽强的生存了下来。1927年10月,中共中央创办了新的政治理论机关刊物《布尔什维克》,接着又创办了中共中央机关报《红旗》和中共上海区委机关报《上海报》。此期间各地方党团组织也出版了自己的机关刊物,如江苏省委的《明报》、《进报》,河北省委的《北方红旗》,广东省委的《南方红旗》,湖北省委的《湖北红旗》。但是抗战后,特别是待到国共和谈破裂,国民党在新闻政策上更为严厉,利用强行重新登记、无理封闭、捣毁报馆、逮捕杀害报人等手段继续摧残革命和进步舆论。共产党报刊不仅求得了生存,而且找到了一条同中国共产党领导的革命相适合的新闻事业发展道路。

此外,外国人在华办的报刊也占一定的数量。据有关调查显示,1933年外国人在中国所办报刊有105家,其中日报43家,周刊27家,其他种刊物35家。

总之,国民党政府统治时期,国民党报刊、私人报刊、共产党报刊以及外国报刊共同组成了我国的报业结构,我国报业结构呈现多元化的特点。且此时期的新闻传播法根据国内形势分时期呈现不同的特点。1927～1949年国民党政府颁布的一系列有关新闻的法律、法令和条规,可分为两大类型:一类是在第二次国内革命战争时期和第三次国内革命战争时期实行的,于1930年颁布、1937年修正公布的《出版法》及其有关法规;另外一类是在抗日战争时期实行的战时新闻检查法。抗日战争胜利后,南京国民政府一度想继续推行该法令,但是国统区掀起了"拒检运动",国民党政府不得不废止战时新闻法。

三、社会主义新闻传播法的发展与完善

(一)革命战争时期新闻传播法的发展

1922年,中国共产党第二次全国代表大会上明确提出了民主革命阶段最低革命纲领,并与党的最高革命纲领作了区分。本次会议中奋斗目标的第六项提出:"工人和农民,无论男女,在各级议会有无限制的选举权,言论、出版、集会、结社、罢工绝对自由。"这是中国共产党第一次明确提出要保护公民的言论和出版自由等与新闻自由有关的权利,这一阐释为我国今后新的新闻传播法的产生与发展奠定了良好的基础。

自"八七"会议至1933年下半年,中国共产党领导的工农武装开辟出10多块革命根据地,建立了工农民主政权。这一时期相继出台了旨在加强新闻工作的新闻传播法。新闻自由在苏维埃中央政权和地方政权的宪法性文件中都有体现。1931年11月7日在江西瑞金召开了全国工农第一次代表会议,通过了第二次国内革命战争时期工农民主政权的根本法《中华苏维埃共和国宪法大纲》(以下简称《宪法大纲》)。《宪法大纲》第10条规定了中华苏维埃政权的目的就是保障工农劳苦民众有言论、出版、集会、结社的自由。在地方苏维埃政权也规定了新闻自由,如《江苏省苏维埃临时政纲》第8条规定:"确定人民有集会、结社、言论、出版、住居、罢工之绝对自由。"《宪法大纲》的出台,使革命根据地新闻事业和新闻传播法的发展有了宪法的依据和保障。值得注意的是该时期的新闻传播法主要体现在宪法性文件和惩治反革命条例中,专门的新闻传播法并没有出现。

抗日战争爆发后,各根据地相继成立了抗日民主政府。各根据地依据《中国共产党抗日救国十大纲领》之"全国人民除汉奸外,皆有抗日救国的言论、出版、集会、结社及武装抗敌之自由"规定和国民政府的有关法令,除在惩治汉奸条例中规定新闻法制内容外,都在出台的有关施政纲领或专门人权条例中规定了新闻自由的内容。在施政纲领中对新闻自由作了具体规定的有:1939年4月颁布的《陕甘宁边区抗战时期施政纲领》的第8条,1941年5月颁布的《陕甘宁边区施政纲领》的第6条,1941年9月颁布的《晋冀鲁豫边区政府施政纲领》的第3条,1942年10月颁布的《对于巩固和建设晋西北的施政纲领》的第4条,1943年1月颁布的《晋

察冀边区目前施政纲领》的第6条以及1944年2月颁布的《山东省战时施政纲领》的第3条等。在各地的施政纲领中，具有代表性的是党中央所在地的陕甘宁边区制定的《陕甘宁边区施政纲领》，共计22条。其中对新闻传播法的产生与发展具有重大影响的是关于抗日人民的各项自由权利的条款："保证一切抗日人民的人权、政权、财权及言论、出版、集会、结社、信仰、居住、迁徙之自由权。"1942年2月，边区政府专门发布《陕甘宁边区保障人权财权条例》以使《陕甘宁边区施政纲领》得以贯彻实施。

进入解放战争时期后，各解放区继续在宪法性文件中规定了新闻法制内容。如1946年4月，在延安召开的陕甘宁边区第二届会议通过了《陕甘宁边区宪法原则》的第二部分专门规定"人民权利"。这一时期，解放区人民政府制定的具有根本法性质的施政纲领的共同特点体现在对包括言论自由以及出版自由在内的各种权利的保护。此外，解放区政权还颁布了管理新闻事业的专门法规，如1949年2月颁布的《北平市报纸、杂志、通讯社登记暂行办法》和1949年6月颁布的《华北人民政府新闻发布办法》。它们的颁布，标志着党领导的根据地政权新闻法制的进步。

（二）新中国新闻传播法发展大致脉络

新中国新闻传播法制建设经历了一个复杂而曲折的过程，与国家的命运、经济的建设、社会的发展、人民的生活密不可分，新中国成立后的新闻传播法制建设大概经历了五个阶段：

1. 第一个阶段是1949年到1956年间。

1949年，第一届中国人民政治协商会议通过的具有临时宪法性质的《中华人民政治协商会议共同纲领》以及1954年全国人民代表大会制定的《宪法》。这两部法律为建国初期新闻事业以及新闻法制建设的发展提供指导以及立法依据。我国迄今为止唯一明确规定保护新闻自由的一项条款是《中华人民政治协商会议共同纲领》（以下简称《共同纲领》）第49条规定："保护报道真实新闻的自由。禁止利用新闻以进行诽谤，破坏国家人民的利益和煽动世界战争。发展人民广播事业。发展人民出版事业，并注重出版有益于人民的通俗书报。"

根据《共同纲领》以及1954年的《宪法》，我国陆续又颁布了多项新闻法规。如1949年12月颁布的《关于发布中央政府以及所属各机关重要新闻暂行办法》，1950年4月发布《关于建立广播收音网的决定》，1952年颁布的《管理书刊出版业印刷业发行业暂行条例》和《期刊登记暂行办法》，1955年颁布的《关于处理违法的图书杂志决议》等。

此阶段，我国的新闻传播法已经初具轮廓。在新闻立法的对象上，包括纸质媒体以及电子媒体；在新闻立法的内容上，包括对新闻自由的保护，也有对新闻活动的管理。但是我国的新闻法制观念并不成体系，新闻传播法在实际的运用实施过程中效果并不好。

2. 第二个阶段是1956年到1966年间。

这一时期，我国的新闻传播事业受“左”的思想的影响，走过一些弯路。毛泽东在1957年的反“右”派斗争中，突出强调了新闻媒体在阶级社会中的阶级性，是一定社会的经济基础通过新闻手段的反映，是阶级斗争的工具。本身这个论断是没有问题的，但是在贯彻的过程中被推向了极端。“阶级斗争工具论”在宣传的过程中，直接导致了新闻界一系列左的思潮，直至“文化大革命”对新闻科学的完全扼杀。[14] 这一阶段我国的新闻法制建设遭受到破坏。

3. 第三个阶段是1966年到1976年“文革”期间。

十年“文革”期间，我国的新闻法制度建设陷入到了停顿甚至说是严重倒退状态。法律虚无主义盛行，我国法学和法制在此时期受到严重挫折和破坏，司法也未能向专业化和法律化方向发展。尽管此前“有法可依，有法必依，执法必严，违法必究”的原则已被正式提出，但在这一时期，有法不依、立法停滞、司法以打击批斗形式运转、政治运动不断等现象普遍存在，直至最终出现“砸烂公、检、法”。法律虚无主义思潮与这种法学凋零、法制荒芜的现象互为因果、交互促进，并且成为一种渐行渐强并延续持久的社会思潮。这样的局面直到十一届三中全会才得以扭转。

4. 第四个阶段是1976年到1986年间。

1976年10月粉碎“四人帮”，“文革”结束。人们痛定思痛，对“阶级斗争工具论”提出了质疑。党和国家领导人总结经验教训，重新认识到法律建设的重要性。我国的新闻传播法开始进入快速发展期。这一阶段我国新闻法制发展的发端是1982年《宪法》。该法中多项条款与新闻事业有关，第22条规定了国家发展为人民服务、为社会主义服务的新闻广播电视事业和出版发行事业；第35条规定了我国公民有言论、出版自由的权利等；第41条规定了我国公民对国家机关和国家工作人员有提出批评建议的权利等。我国学者公认这些条款是我国新闻法制建设的指导原则和各项新闻活动的最高法律依据，虽然这些条款未明确提出“新闻自由”等字样。1982年后，我国新闻法制进入稳步发展的时期。

1984年，我国的新闻立法工作正式启动，新闻传播法起草小组由全国人大教科文卫委员会牵头成立。1986年1月，广播电影电视部成立法规领导小组并在部政策研究室成立法规处。此阶段的新闻传播事业取得了很大的成就，恢复和加强批评报道，开创了良好的舆论环境。

5. 第五个阶段是1986年至今。

在这个时期，我国的新闻传播法制建设进入新的发展阶段，颁布了许多与新闻

---

〔14〕 童兵、陈杰：“围绕‘五论’的六十年争论——新中国成立以来的新闻学理论研究管窥”，载《中国地质大学学报》（社会科学版）2009年第6期。

活动有着密切关系的法律,如 1986 年的《民法通则》、1991 年的《著作权法》、1994 年的《广告法》以及 1997 年的《刑法》。

但是在这一时期最为活跃的却是行政法规和部门规章层面的新闻立法。这一层面的新闻立法主要集中在以下五个方面。第一,关于纸质媒介管理的法规与规章;第二,关于电子媒介管理的法规与规章;第三,关于取缔、打击非法出版物的法规与规章;第四,关于新闻队伍建设的法规与规章;第五,关于著作权管理的法规与规章。

除了与新闻活动有关的立法、行政法规和部门规章层面的立法,地方也很重视本地区的新闻立法。各个地方根据宪法精神以及新闻立法的指导原则并结合地区的实际,组织起草了地方性新闻法规与规章。如《贵州省实施〈广播电视设施保护条例〉细则》、《广东省书报刊印管理办法》等。

(三)中国现行新闻传播法律体系

改革开放以来,我国社会主义法制建设取得举世瞩目的发展,中国特色的社会主义法律体系的框架已经基本形成。这些法律涵盖了宪法及宪法相关法、民商法、行政法、经济法、社会法、刑法、诉讼及非诉讼程序法等七个法律部门。2013 年,全国人大常委会又制定法律 2 部,废止法律 2 部,修改法律 21 部;国务院制定行政法规 6 部,废止行政法规 4 部,修改行政法规 48 部;国务院各部委制定或修改了部门规章 100 余件;有立法权的地方人大和地方政府制定或修改了 700 余件地方性法规和大量的政府规章。现行的许多法律法规都与新闻传播活动密切相关,其中有一部分行政法规和规章是专门针对新闻传播活动、新闻媒体和新闻从业人员的。以上法律性文件构成了我国新闻传播法的渊源。

1. 宪法

宪法是国家的根本大法,是制定普通法律的法律基础。具有最高的法律权威和效力。宪法当然也是我国新闻传播法的基本渊源。从广义上来说,我国现行《宪法》(1982 年)的主要内容,如我国的社会制度和政治制度,发展社会主义市场经济、发展社会主义民主和健全社会主义法制的基本原则等,指导和制约着新闻传播活动,新闻传播活动从内容到活动方式都不得同《宪法》的基本内容和基本精神发生任何抵触。从狭义上来说,《宪法》有些条款是直接规范新闻传播活动的,如第 35 条关于公民有言论、出版自由的规定等。

2. 法律

(1)基本法律:是包括刑事、民事、国家机构和其他调整社会生活中重大社会关系的基本原则和基本制度的法律,由全国人民代表大会制定和修改。我国现行法律体系中三组最重要的基本法律:《刑法》和《刑事诉讼法》,《民法通则》和《民事诉讼法》,《行政诉讼法》和《行政处罚法》,同新闻传播活动都有着十分密切的关系。刑法作为最高的禁止性规范,包含了对新闻传播活动的约束和对妨害新闻传播活动犯罪的制裁。《民法通则》中关于公民人格权的规定对新闻传播过程中的公民权利的保障有着重要的实践意义。

(2)由全国人大常委会制定和修改的法律,主要调整某一方面的社会关系的具体内容和具体实施方法。有许多法律同新闻传播活动有不同程度的关系。如关于新闻传播活动中的知识产权的《著作权法》、关于广告活动的《广告法》。不过,至今还没有一部专门规范新闻传播活动或者规范某一类大众传播媒介的法律。

3. 行政法规

行政法规作为新闻传播法的渊源有三种类型:

(1)管理新闻媒介的行政法规。

例如,《音像制品管理条例》(1994 年)、《电影管理条例》(1996 年)、《出版管理条例》(1997 年)、《广播电视管理条例》(1997 年)、《互联网信息管理办法》(2000 年)等。这些行政法规覆盖了所有传播媒介的管理,在现行新闻传播法中占有很大的比重。

(2)管理新闻传播活动的行政法规。

例如,《关于严禁淫秽物品的规定》(1985 年)、《关于严厉打击非法出版活动的通知》(1987 年)、《外国记者和外国常驻新闻机构管理条例》(1990 年)、《有线电视管理暂行办法》(1990 年)、《卫星电视广播地面设施管理规定》(1993 年)等。

(3)其他行政法规中与新闻传播活动有关的规定。

例如,1994 年颁布的就大众传媒公布气象预报作了规定的《气象条例》和 1997 年颁布的就报刊发表证券、期货投资咨询文章、评论、报告作了规定的《证券、期货投资咨询管理暂行办法》。

4. 地方性法规、自治条例和单行条例

(1)直接规范新闻传播活动的地方性法规。例如,《上海市图书报刊市场管理条例》(1989 年制定、1997 年修改)、《北京市图书报刊音像市场管理条例》(1990 年)、《云南省出版条例》(1989 年)等。

(2)非直接规范新闻传播活动的地方性法规,其中有的内容同新闻传播活动相关。这一点体现在不同法律对新闻传播活动主体应该享有的权利以及承担的义务的规定中。

5. 规章

包括部门规章和地方政府规章。长期以来,由于没有专门规范新闻传播活动的法律,新闻传播法的建设是从部门规章开始的,至今,规章在规范新闻传播活动方面仍然具有重要作用。主要是国家新闻出版广播电影电视总局(如前所述,2013 年大部制改革后由原广播电影电视总局、新闻出版署合并组建)、国务院新闻办公室等部门根据有关法律规定制定公布的有关报刊、广播、电视、网络的专门规章。主要体现在以下三个方面:

（1）对行政法规所管理的大众传媒再分类制定管理规则。

例如，《出版管理条例》是管理印刷媒介的，《期刊管理暂行规定》是管理期刊的，《报纸管理暂行规定》是管理报纸的，而《广播电视管理条例》是管理广电媒介的。对互联网服务中最需要加强管理的电子公告和登载新闻这两项分别作了规定的是《互联网电子公告服务管理规定》和《互联网站从事登载新闻业务管理暂行办法》。

（2）对法律、行政法规有关规定再制定操作性的细则。

例如，新闻出版署公布的《关于认定淫秽及色情出版物认定标准的暂行规定》（1988 年）、《关于部分应取缔出版物认定标准的暂行规定》（1989 年）。

（3）对法律、行政法规未涉及的具体事项制定规则。

例如，《出版管理条例》只对由依法登记的出版单位正式出版的出版物制定管理规范，新闻出版总署公布《内部资料性出版物管理办法》（1998 年），对管理非正式出版物作了补充。1999 年颁布的《报刊刊载虚假、失实报道处理办法》，把处理报道失实纳入行政法的管理范围。

6. 特别行政区的法律、法规

香港、澳门回归祖国建立特别行政区后，根据基本法的规定，当地大多数法律、法规继续有效，根据形势的发展制订的新的法律、法规中涉及新闻传播的内容也属于我国新闻传播法的一部分。如 1987 年制定的香港《诽谤条例》，对于完善内地的新闻侵权法，有很大参考价值。

7. 我国和外国缔结或参加的国际条约中与新闻传播活动有关的内容

例如，我国于 1992 年加入《世界版权公约》和《伯尔尼保护文学艺术作品公约》。1997 年 11 月我国签署了《经济、社会、文化权利国际公约》。

总之，虽然我国至今还没有一部专门的规范新闻传播活动或规范某一类新闻传播媒介的法律，但并不等于新闻传播活动无法可依。随着社会主义法治建设的发展，各个法律部门日趋健全，新闻传播活动在事实上已经进入了法治轨道。有法可依，尚不完备，可以基本反映我国新闻传播法的现状。

从我国的在改革开放新时期新闻传播法的发展可以看出，我国新闻传播法的发展存在以下几点问题。第一，我国的新闻法律体系不完备。新的亟待制定，旧的有待完善。第二，新闻基本法缺失，行政法规和部门规章为我国新闻法律体系的主导。行政法规和部门规章其自身局限性决定其无法对新闻传播活动作全面有效的规范。第三，我国现行新闻传播法对新闻传播活动主体的限制多于对其保护。这些问题的存在若不及时解决，将阻碍我国的新闻传播事业的进一步发展。要解决上述问题，我们必须突破旧的思想观念的桎梏。一方面，抛却传统的“人治”观念，树立“法律至上”的观念；另一方面，正确认识新闻自由的意义，认识到新闻立法的益处是大于弊端的。

本章小结

1 各国的新闻传播法的产生以及发展均受到经济发展状况、思想水平和政治条件等各方面因素的制约。

2 大陆法系国家和英美法系国家新闻传播法各自有其历史发展脉络和特点。大陆法系国家的新闻传播法以法国、德国的新闻传播法以及深受其影响的日本新闻传播法为代表，英美法系国家的新闻传播法以英国、美国为主要代表。

3 我国古代自殷商时期就存在新闻活动法律规范，我国可能是世界历史上最早出现新闻法律规范的国家。但我国现代新闻传播法较之西方发达国家的新闻传播法要落后很多。

4 我国近代新闻立法活动以法令形式颁布的主要有《大清印刷物专律》(1906)、《大清报律》(1908)、北洋政府《报纸条例》(1914)、北洋政府《出版法》(1914)、北洋政府《管理新闻营业条例》(1925)、南京国民党政府《出版法》(1930)及《修正战时新闻检查标准》(1940)、《军事新闻发布实施暂行办法》(1948)等，其主要任务为控制舆论，为维护统治服务。

5 新中国成立后，以《宪法》为核心，主要通过拟定、发布法规、规章等方式对新闻传播事业进行管理。自1980年起，就有专家、学者倡导通过立法来加强和规范中国的新闻舆论监督，呼吁尽快制定《新闻法》。《新闻法》的制定也进入中国的新闻立法规划。

关键词

基本条件　大陆法系　英美法系《独立宣言》《帝国宪法》《大宪章》宪法第一修正案　判例

复习问题

1 新闻传播法产生和发展的基本条件有哪几点？
2 法国大革命与新闻传播法发展之间的关系是什么？
3 英国新闻法制是如何确立的？其中著名的判例有哪些？
4 “曾格案”在美国新闻传播法发展过程中有什么意义？
5 英美法系新闻传播法发展，对我国新闻传播法的完善有何启示？
6 大陆法系和英美法系新闻传播法发展有何不同？
7 如何评价清末新闻传播法？
8 如何评价国民党统治时期的新闻统制政策？

思维训练

1 判例在英美新闻传播法发展过程中起到怎样的作用？其优势在哪里？
2 国民党统治时期宣传“以党治报”的方针，建立了以“新闻统制”为核心的新闻法律制度。有人认为此举是正确的，对此你怎么看？

第三章　新闻传播与国家安全法律制度

本章目的

随着传播技术的飞速发展,传统概念上的捍卫国家主权以及维护国家安全已经发生了很大变化,主权的行使已经不再局限于一个国家的领土、领海和领空范围。跨越国界的卫星直播广播电视、计算机通信网络等新闻传播方式给维护国家安全带来了新的挑战。本章介绍了新闻传播中涉及国家安全的信息将如何处理的相关法律制度。

通过本章的学习,学生能够掌握以下问题:

1. 英、美、法、日等国家对危害国家安全行为的法律监管措施
2. 我国维护国家安全的相关法律制度和涉及危害国家安全的传播活动有哪些
3. 何为国家秘密和新闻传播中的保密制度

本章要点

1. 国家安全
2. 国家安全的法律监管
   A. 国外的法律监管　　B. 我国的法律监管
3. 我国维护国家安全的相关法律制度
   A.《宪法》　　B.《刑法》
   C.《保守国家秘密法》　　D.《广播电视管理条例》
4. 涉及危害国家安全的传播活动
   A. 新闻传播活动涉及"煽动罪"　　B. 泄露国家秘密
5. 新闻传播中的保密制度
   A. 国家秘密的概念和范围　　B. 泄露国家秘密罪及其法律责任
   C. 新闻单位的保密制度
6. 新闻单位保密制度
   A. 新闻出版保密审查制度
   B. 通过内部途径反映涉及国家秘密信息的制度
   C. 采访涉及国家秘密事项的批准制度
   D. 新闻发布制度

第一节 新闻传播与维护国家安全

维护国家安全,涉及国家的领土完整、主权独立和社会制度的巩固,对国家的政治、经济和社会的稳定影响巨大。维护国家安全,就是维护全体国民的根本利益,也是国家繁荣兴盛的根本。因此,世界上任何一种制度的国家都把维护国家安全作为首要任务,通过一系列立法,并以严苛的刑罚来保障国家安全,禁止任何危害国家安全的行为。对于新闻传播也不例外,因为新闻传播的特殊需求有时会同国家安全发生冲突,且影响广泛,所以对新闻自由往往会因维护国家安全的需要而设定一些限制条款。

新闻报道和国家安全的冲突是多方面的。

首先,资讯的公开化,可能泄露国家秘密。空前发展的新闻出版业,在一定程度上增加了外国及境外情报机关通过公开发行的书籍、报刊和播出的广播电视节目搜集本国情报的可能,有些在本国属于保密的信息。国家秘密如果被新闻媒体报道了,可能给国家带来危害。且有些新闻媒体为了迎合受众而一味地抢新闻、挖深度,致使泄露国家秘密的事件屡屡发生。随着资讯公开化程度的提高,尤其是随着互联网快速发展,这种新闻传播与维护国家安全之间的矛盾越来越突出,冲突事件越来越多。

其次,新闻工作者有时难以把握国家安全的界限。新闻从业人员更换比较快,刚进入新闻队伍中的人对保密工作的重要性、严肃性缺乏认识,对保密制度和传统应对手段不熟悉,新闻报道的尺度也就掌握不准,致使新闻报道容易涉及国家秘密。

最后,新闻记者有时是国家安全部门的一种掩护性职业。一些敌对国家或其他政治组织往往为了政治、军事或经济目的,利用敌对国家的开放条件或保密意识不强的现实,派人以记者名义潜入敌对国家或组织刺探、窃取以及非法收集对己有利的秘密和情报,损害敌对国家或组织的利益和形象。

新闻传播与国家安全间的冲突当然不止上述这些,现实中更多更复杂,因此,世界各国采取一系列措施来限定新闻传播以维护国家安全。

一、国外对危害国家安全行为的监管

因为新闻报道的特殊要求可能会与国家安全相互冲突,所以每个国家都采取了防范性措施,并制定了一系列的惩处法规。

(一)法国的法律监管

法国人权宣言规定了"在权利方面,人们生来是而且始终是自由平等的",但

同时又强调:“自由使之有权从事无损于他人,不超过法律规定限度的言论、行为和著述等。”1881 年通过的《出版自由法》第 4 章规定了新闻及其出版途径的重罪和轻罪,其中针对妨害国家安全罪的主要是“煽动”(煽动重罪和轻罪):煽动从事《刑法》第 75～101 条规定的妨害国家安全罪者,一般处以罚款或者监禁,或者罚款和监禁并处。法国法律还规定煽动公民武装反抗政府的反叛行为,处以终身监禁。法国《刑法》规定:“以交付给外国及其机关为目的,不论以任何方式确保占有应被视为国防秘密的情报、物品、文件及工程的,为叛逆罪。”

(二)美国的法律监管

《美国法典》第 18 篇第 2381～2391 条对滥用言论、集会、结社等权利危害国家安全的行为规定了严厉的惩罚措施。其中第 2385 条规定:“任何蓄意鼓吹、煽动、劝说或讲授推翻或摧毁美国政府的行为,包括为此而印刷、出版、发表、出售、分发或公开展出任何书写或印刷品,均要处以 20 年徒刑或 2 万美元罚款,抑或两者并罚。”依据美国联邦法院历来在判例中的解释,言论自由的运用以不致妨害美国宪法的规定为限,任何出版物的刊行以不得诽谤政府或者企图颠覆政府的存在为限。

在新闻传播媒体与政府长期博弈的过程中,逐步形成了对新闻传播媒体的限制和约束:其一是立法性禁止。例如,里根政府 1982 年说服国会作出规定:“任何人如果公布他们有理由知道将会泄露合众国情报人员身份的任何事情,即使他们的原始资料是公开或非保密的信息,都构成一种联邦犯罪。”其二是战时新闻管理。国家在战争状态下,对新闻传播进行管制是一种例行做法。其三是政府的举证责任。政府必须要向事先限定某一个它认为有损国家安全的报道,承担证明使用该限制实属正当的举证责任。

(三)英国的法律监管

英国法律规定:“以口头或书面言论或者著作煽动对英王、政府、英国宪法、上下两院、司法机关的仇视或不满,挑动臣民以非法手段改变法律规定的教会和国家事务,煽动人们施行扰乱治安的犯罪行为,都要处以监禁或者罚金。”

为实现维护国家安全的目的,英国还对媒体报道采取了一系列禁止性约束,主要体现在保守国家秘密上。1911 年制定,历经 1920 年、1939 年、1989 年三次修订的《官方保密法》规定:“禁止获取、收集、记录或向他人传递可能或旨在对敌方有用的任何情报;任何服务于政府部门、在国王政府内担任公职,或与政府有合同者,利用其职务或特有的合同,将任何情报传递给其未授权传递者,皆属犯罪。”另外,英国还以著名的“D”通知的形式来防止保密内容在新闻传播媒体泄露。由政府官员和新闻界代表组成的“防务、新闻和广播委员会”,把属于秘密的不能发的材料列出单子来,以“D”(英文防务“Defense Notice”一词的缩写)通知的形式发给新闻媒体,新闻界如有不同意见可提出,由该委员会讨论。这一制度虽无法律效力,但在实践中比较成功,大大减少了有关新闻界触犯保密法的诉讼案件数量。

（四）日本的法律监管

日本的相关法律体现了一个鲜明的特点，即保密的约束对象主要是有特定身份的公务员。首先，在日本现行法中，以秘密保护为目的的法律是《安全保障条例·刑事特别法》第6条和《MSA秘密保护法》，但这两部法的目的是保护驻日美军的秘密而不是旨在保护日本国家秘密。其次，虽然《国家公务员法》、《地方公务员法》和《自卫队法》都规定了保密义务，但这种保密义务没有延伸到新闻媒体和一般人。1985年，自民党政府向国会提交了有关防范涉及国家秘密的间谍行为的法案，即国家秘密法案，旨在对防务上的秘密、外交上的秘密等情报加以法律保护，但因其涉嫌将“保守国家秘密”的约束对象延伸到自然人而遭到以日本新闻协会为首的媒体界、法律界和市民团体的强烈反对，最终成为废案。

上述可知，对于媒体泄露国家秘密，日本并无据以制裁的一般性法律存在，只是对国家公务员规定了保守秘密的义务。但根据《国家公务员法》、《地方公务员法》和《自卫队法》，媒体若有教唆或帮助泄露国家秘密的，也有受刑事制裁的可能性。美国“9·11”事件之后，日本修改《自卫队法》，承认防卫厅长官可将一定的“我国防卫上有特别隐匿之必要”的相关资讯，指定为“防务秘密”，泄露此类防卫秘密的人员应受刑罚制裁，其教唆者或者煽动者也要受到刑罚制裁。因此，媒体因其报道威胁国家安全，致可能受制裁者，仅仅限于教唆他人违反上述法定守密义务等行为的记者或编辑遭受起诉等情况。

总体来看，在以国家安全的名义对媒体的报道进行限制的时候，国际上通行的做法体现出以下几个特点：

一是在保障国家安全和保护信息传播自由两者之间，力求达到一种合理的平衡；

二是一般放弃事前审查而采取事后追惩的方式；

三是更多地倾向于将维护国家安全义务的承担对象转化为政府及其公务员；

四是将对媒体的限制内容规定在明确可控的范围内，尽可能压缩政府等权力部门以国家安全的名义对报道范围进行自由裁量的空间和可能性。

这不仅仅是从外国立法上体现出来的特点，从国际公约上看，同样体现出这些特点，例如《国际新闻自由公约草案》和《公民权利和政治权利国际公约》。

《国际新闻自由公约草案》由1948年在日内瓦举行的联合国新闻自由会议通过。该公约草案包含三个公约在内，第一公约是《国际新闻采访及传递公约》，其着重于发展国家间相互采访与新闻传递的自由。第二公约是《国际新闻错误更正权公约》，其目的是限制滥用新闻自由，防止歪曲、虚构新闻的传播。第三公约是《新闻自由公约》，其对新闻自由的定义、原则及限度作了详尽的解释与具体规定。第三公约第2条规定了新闻传播媒体的十项“责任与限制”，如有违反，应予以法律明文规定的处罚。这十项责任与限制是：

(1)为国家安全应守秘密之事项;

(2)意图煽动他人以暴力变动政府制度或扰乱治安者;

(3)意图煽惑人民犯罪者;

(4)发表不洁、有害于青年的文字或供青年阅读的出版物者;

(5)妨碍法庭审判之公正进行者;

(6)侵犯著作权及艺术权利者;

(7)意图毁损他人名誉或有害于他人无益于公众者;

(8)违反因由职业、契约关系或其他法律关系而产生的法律责任者,包括泄露因职业上或官方资格而获得的机密消息;

(9)有意欺骗者;

(10)有计划的传播足以损害人民或国家间友好关系之虚构或曲解新闻者。

《公民权利和政治权利国际条约》于1966年由联合国大会通过,并于1976年3月生效。它在充分肯定新闻自由的前提下,对一些新闻传播予以禁止,如第20条规定,任何鼓吹战争的宣传,应以法律加以禁止;任何鼓吹民族、种族、宗教仇恨的主张,构成煽动歧视、敌视或强暴者,应以法律加以禁止。

对一些包括新闻权利在内的行为,明确其"带有特殊的义务和责任",如第19条第3款规定,自由发表意见的权利(包括寻求、接受和传递各种信息和思想的自由,而不论国界,也不论口头的、书写的、印刷的、采取艺术形式的或通过任何其他媒介)的行使带有特殊义务和责任,因此得受某些限制,但这些限制只应由法律规定并为下列条件所必需:

一是尊重他人的权利或名誉;

二是保障国家安全、公共秩序、公共卫生或道德,或他人的权利和自由。

对于该《公约》,我国政府于1998年10月5日在联合国总部签署,但是由于《公约》与我国现行法律有诸多冲突之处,[1]因此该公约还无法在我国全面实施。不过,2004年,全国人大将"国家尊重和保障人权"写入宪法,使人权保护上升为宪法原则,并先后通过了《国家赔偿法》、《监狱法》、《法官法》、《检察官法》、《人民警察法》、《律师法》等一系列法律,分别对《刑事诉讼法》和《刑法》作出了重要的修订和修改,积极推进司法体制改革,建立法律援助制度,废除强制收容遣送制度,收回死刑复核权,深入推广警务、检务、审判及狱务公开制度,制定了一系列便民措施。以上对公民权利和政治权利的法律保护,为中国批准《公约》及其后的履约创造了良好条件。目前,该公约在中国香港和澳门适用,有关规定通过香港特别行政

〔1〕 比如,关于死刑的适用范围,如公约规定只有"最严重犯罪"才可以判处死刑,其中要排除财产犯罪、经济犯罪和政治犯罪,"但根据我国1997年《刑法》,一共规定了68种犯罪可以适用死刑",其中有半数与政治、经济犯罪有关。

区和澳门特别行政区的法律予以实施。

二、我国维护国家安全的相关法律制度

在我国,《宪法》直接对新闻传播活动的范围和内容进行限制和约束的是第54条:"中华人民共和国公民有维护祖国安全、荣誉和利益的义务,不得有危害国家安全、荣誉和利益的行为。"另外第52条规定:"中华人民共和国公民有维护国家统一和全国各族人民团结的义务。"

根据宪法原则,立法机关制定了一系列维护国家安全的法律。《刑法》第103条关于组织、策划、实施分裂国家、破坏国家统一,煽动分裂国家、破坏国家统一的行为,第105条关于造谣、诽谤、或者其他方式煽动颠覆国家政权、推翻社会主义制度的行为,第249条关于煽动民族仇恨、民族仇视等犯罪行为,都可能通过新闻传播媒体来实施,犯上述罪行的,应受法律惩处。

1988年,《保守国家秘密法》公布并于次年实施,对国家秘密的范围以及泄露国家秘密应承担的法律责任作了系统规定。此外,有关国防、军事的法律法规,也同维护国家安全相关。这类法律法规有1990年通过的《军事设施保护法》、1995年《军事情报条例》和1997年颁布实施的《国防法》。与此相配套,1993年2月全国人大常委会制定和通过了《国家安全法》,1994年国务院发布了《国家安全法实施细则》,形成了一整套维护国家安全的较为科学、严谨、完备的法律法规。

在有关新闻传播活动的法律制度中,也有很多禁止对国家安全造成直接威胁的煽动性和泄密性内容。如国务院于1997年发布的《广播电视管理条例》规定,禁止制作、播放有下列内容的节目:危害国家的统一、主权和领土完整的;危害国家的安全、荣誉和利益的;煽动民族分裂,破坏民族团结的;泄露国家秘密的。

相关的条例还有2000年颁布的《全国人大常委会关于维护互联网安全的决议》第二条的第一至四项。

为了维护国家安全和社会稳定,对有下列行为之一,构成犯罪的,依照刑法有关规定追究刑事责任:

第一,利用互联网造谣、诽谤或者发表、传播其他有害信息,煽动颠覆国家政权、推翻社会主义制度,或者煽动分裂国家、破坏国家统一;

第二,通过互联网窃取、泄露国家秘密、情报或者军事秘密;

第三,利用互联网煽动民族仇恨、民族歧视,破坏民族团结;

第四,利用互联网组织邪教组织、联络邪教组织成员,破坏国家法律、行政法规实施。

此外,还有2002年国务院发布的《出版管理条例》、2005年国家新闻出版总署发布的《报纸出版管理规定》和《期刊出版管理规定》等,涉及报刊、广播电视、网络、书籍等一切与新闻传播相关的领域。

还有一项规定得比较细致。中央台湾工作办公室、中央宣传部、新闻出版总署在《关于不得擅自出版、发行涉及对台工作秘密史料的通知》规定："凡涉及我党对台工作和国共两党秘密接触的档案史料、回忆录、访问记等，特别是有关组织系统、工作纪律、策略手段以及各方人士中的点线和秘密党员的活动、工作方法等方面的材料、报刊、书籍及音像制品一律不准公开发表。""因对台工作或专题研究需要而编辑出版的内部材料，应经中央台办批准，文稿应送中央台办、中央宣传部和中央党史研究室审定。未经批准，不得以任何形式发表。"

根据我国刑法，危害国家安全的行为所构成的犯罪，就是危害国家安全罪。危害国家安全罪侵犯的客体是国家安全，即危害中华人民共和国的主权、领土完整和安全、危害社会主义制度。危害国家安全的主体是自然人，即凡达到刑事责任年龄具有刑事责任能力的人，可以是中国人，也可以是外国人。客观方面表现为实施危害国家安全的行为，主观方面表现为故意。所谓故意，就是明知自己的行为会发生危害社会的结果，并且希望或放任其发生，希望的心理状态为直接故意，放任的心理状态称为间接故意。

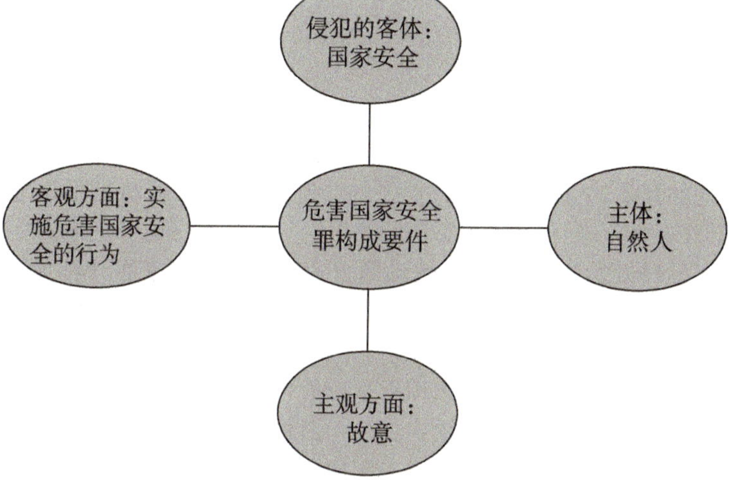

图 3.1　危害国家安全罪的构成要件

三、涉及危害国家安全的传播活动

涉及危害国家安全的传播活动形式、内容多种多样，比较繁杂。而与新闻传播活动有关的危害国家安全的罪行，主要是"煽动罪"和"泄密罪"。

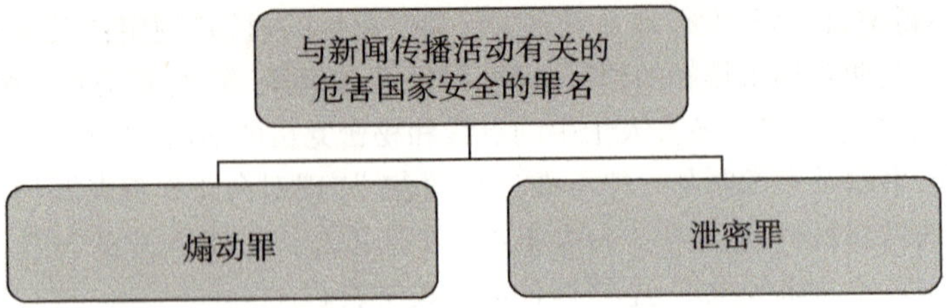

图 3.2 与新闻传播活动有关的危害国家安全的罪名

（一）煽动罪的规定和法律责任

煽动，即煽惑、鼓动。它是指通过语言、文字公然宣传，或借助于广播、影视、戏剧、书画等方式鼓吹自己的观点，以达到其非法的目的。

相比于一般言论，煽动具有以下四个特点：

第一，表达方式的非理性。一般用浮夸的、情绪化的、蛊惑性的语言。

第二，内容的非事实性。一般表现为造谣诽谤，虚张声势，夸大其事。

第三，表现形式的公开性。它直接面向公众，公然散布。

第四，有激发他人反常情绪的目的。煽动的目的，就是希望激起他人反常性狂热，采取不利于社会的行动。

虽然煽动也是一种表达思想的方式，但却是反常的，病态的，邪恶的，它违背新闻传播活动的真实性原则和客观公正原则。当然，必须将煽动犯罪和所谓的“思想言论犯罪”区别开来，不能将正常的学术讨论与煽动性的刑事犯罪混为一谈。

按照我国《刑法》的相关规定，煽动罪分为煽动分裂国家罪、煽动颠覆国家政权罪、煽动民族仇恨、民族歧视罪、煽动群众抗拒法律实施罪和煽动军人逃离部队罪。

煽动国家分裂罪，是指煽惑、挑动群众分裂国家、破坏国家统一的行为。本罪的客观方面表现具体指行为人以语言、文字、图像等方式对他人进行鼓吹煽动，意图使他人接受或相信所煽动的内容或去实施所煽动的分裂国家的行为，而并非行为人自己实施，这是煽动分裂国家罪与分裂国家罪的根本区别。煽动的对象可以是一人或众人。

分裂国家、破坏国家统一是指窃据地方权力，抗拒中央领导，脱离中央，搞地方割据或地方独立，或者制造民族矛盾和民族分裂，破坏统一的多民族国家。只要行为人进行以分裂国家、破坏国家统一为宗旨的煽动行为，不管其煽动的对象是否接受或相信所煽动的内容，也不管其是否去实施了所煽动的行为，即不论煽动行为是否得逞，是否造成严重后果，都应构成犯罪既遂。对于犯本罪应承担的刑事责任，《刑法》第 103 条第 2 款规定处五年以下有期徒刑、拘役、管制或者剥夺政治权利；首要分子或者罪行重大的，处五年以上有期徒刑。同时《刑法》还规定了犯本罪的附加刑和从重处罚原则，第56条和113条规定："犯本罪的，应当附加剥夺政治权利，可以并处没收财产。"106条规定："与境外机构、组织、个人相勾结进行分裂国家犯罪和煽动分裂国家犯罪的，从重处罚。"这说明，犯煽动分裂国家罪的，必须剥夺政治权利。

煽动颠覆国家政权罪，是指以造谣、诽谤、或者其他方式煽动颠覆国家政权、推翻社会主义制度的行为。所谓造谣，是指为了达到颠覆国家政权、推翻社会主义制度的目的而无中生有，捏造事实，迷惑群众；所谓诽谤，是指为达到上述目的而散布有损于国家政权和社会主义制度的言论，以损害国家政权的形象。与煽动分裂国家罪一样，该罪只要实施了造谣、诽谤或其他方式煽动颠覆国家政权、推翻社会主义制度的行为的，不问是否得逞，不问是否造成严重后果，均构成犯罪既遂。

在认定煽动颠覆国家政权罪时，应注意把煽动的方式与那些一时不明真相的群众轻信、误传小道消息或出于善意对某些政府行为或领导人进行批评、发牢骚相区别，不能将这些情况也按照犯罪处理。

关于煽动颠覆国家政权罪的法律责任，《刑法》105条规定："犯本罪的，处以五年以下有期徒刑、拘役、管制或者剥夺政治权利；首要分子或者罪行重大的，处以五年以上有期徒刑。"同时依第56条和113条规定："犯本罪的，应当附加剥夺政治权利，可以并处没收财产。"

煽动民族仇恨、民族歧视罪，是指煽动民族仇恨、民族歧视，情节严重的行为。本罪在主观上一定表现为故意，且以激起民族仇恨、民族歧视为目的，它侵犯的客体是民族平等原则。所谓民族仇恨，是指基于种族、肤色、世俗的原因而产生的强烈憎恨。民族歧视是指基于种族、肤色、世俗的理由而对人们进行区别、排斥、限制，意图损害其他民族平等地位以及其他合法权益。本罪的行为方式一般有散布、公开陈列、张贴、放映或以其他方式使他人获得文书，鼓吹暴力或种族仇恨的行为。与本罪相关的需要明确的是民族平等的含义。我国《宪法》第4条规定："中华人民共和国各民族一律平等。国家保障各少数民族的合法权利和利益，维护和发展各民族的平等、团结、互助关系。禁止对任何民族的歧视和压迫，禁止破坏民族团结和制造民族分裂的行为。"民族平等是宪法在民族政策方面的体现，有两个层次上的含义：一是各民族权利平等，即各个民族在政治上、法律上的平等。二是各民族间事实上的平等，即各个民族在经济、文化等发展水平上的一致。现阶段我们说各民族平等即是第一个层面上的，具体指各民族在我国都是祖国统一大家庭中的一员，享有平等的政治权利，以及法律规定的公民享有的其他合法权益。煽动民族仇恨、民族歧视侵犯的民族平等权利，也就是这个意义上的平等权利。

煽动民族仇恨、民族歧视只有情节严重才构成犯罪，"情节严重"的界限，一般指有以下情形：(1)动机十分卑劣的，如为了掩盖自己的违法、犯罪行径而煽动民族仇恨、歧视的；(2)煽动手段恶劣的，如使用侮辱、造谣等方式；(3)多次进行煽动的；

(4)煽动行为造成严重后果或者影响恶劣的;(5)煽动群众的人数较多,煽动性大的。

关于煽动民族仇恨、民族歧视罪的法律责任,《刑法》第249条规定:“处三年以下有期徒刑、拘役、管制或者剥夺政治权利;情节特别严重的,处三年以上十年以下有期徒刑。”

煽动群众抗拒法律实施罪,是指故意以语言、文字、图像等方式公然诱惑、鼓动群众暴力抗拒国家法律、行政法规实施的行为。本罪侵犯的客体是社会管理秩序,主观上往往出于不同的动机,并不一定具有危害国家安全的目的,但在客观上会造成国家的一些法律法规不能顺利贯彻施行,从而破坏法律尊严和法律秩序,对国家安全形成潜在的威胁。在客观方面,本罪必须是以语言、文字等方式煽动群众采取暴力来抗拒国家法律的实施,这里所说的“国家法律”是广义上的,包括国家各级立法机关、行政机关、司法机关依法制定的一切具有法律约束力的规范性文件。在现实生活中,煽动暴力抗拒国家法律的行为时有发生,如煽动抗税、煽动抗拒查处非法出版物等。

关于煽动群众抗拒法律实施罪,《刑法》第278条规定:“处三年以下有期徒刑、拘役、管制或剥夺政治权利;造成严重后果的,处三年以上七年以下有期徒刑。”本罪也是行为犯,即行为人只要实施了上述的煽动行为,极可能扰乱社会秩序,可能产生很大的社会危害,就可以构成本罪。至于群众是否听信,是否造成实际危害后果,不影响本罪成立。如果“造成严重后果”,即由于煽动行为,导致群众错误听信后使用暴力抗拒国家法律的实施,使工作、生产、教学、科研活动不能正常进行,造成十分恶劣的社会影响,则应依法处以更重的刑罚。但必须明确一点,如果只是一般地指责某些法律,发表对某些法律不满的言论,即使是错误的,也不能构成犯罪。

煽动军人逃离部队罪,指煽动军人逃离部队,情节严重的行为。这里的煽动,是指以口头、书面形式通过某种媒体传播,鼓动正在服役的军人不经过领导批准,擅自离开部队,或者经批准离队后拒不归队,逃避兵役义务。本罪侵犯的客体是国家的国防利益。客观方面的行为是煽动军人逃离部队,且情节严重。行为人只要实施煽动行为,不管受煽动的军人是否听信,是否采取逃离部队,都构成本罪。构成本罪必须符合“情节严重”,情节严重包括:战时煽动军人逃离部队,煽动指挥人员、作战部队人员或者负有重要职责的人员逃离部队;多次煽动或者煽动多人逃离部队;因煽动军人逃离部队影响部队完成任务;煽动军人逃离部队后予以窝藏;煽动军人逃离部队进行其他违法活动等。

关于煽动军人逃离部队罪,《刑法》第373条规定处三年以下有期徒刑、拘役或管制。

(二)有关新闻传播活动涉及“煽动罪”的规定

上述五种直接或间接危害国家安全的犯罪,都有可能利用新闻传播媒体加以实施，所以，《国家安全法实施细则》第 8 条特别对《国家安全法》第 4 条所称“危害国家安全”的“其他破坏活动”作出具体解释：“捏造、歪曲事实，发表、散布文字或者言论，或者制作传播音像制品，危害国家安全”，这就包括利用出版物或其他新闻传播媒体进行煽动犯罪。因此，我国新闻传播领域的行政法规作出了一系列禁止言论煽动危害国家安全的规定。如《出版管理条例》第 25 条规定的出版物禁载内容就有“反对宪法确定的基本原则的”、“危害国家统一、主权和领土完整的”、“危害国家的安全、名誉和利益的”、“煽动民族分裂、侵害少数民族风俗习惯、破坏民族团结的”等。

《广播电视管理条例》第 31 条规定的电台、电视台禁播内容有“危害国家的统一、领土和主权的完整的”、“危害国家的安全、名誉和利益的”、“煽动民族分裂、破坏民族团结的”等。

《电信条例》第 57 条规定的任何组织或者个人不得利用电信网络制作、复制、发布、传播含有“反对宪法所确定的基本原则的”、“危害国家安全，泄露国家秘密，颠覆国家政权，破坏国家统一”、“损害国家名誉和利益”等事项的信息。

《互联网站从事登载新闻业务管理暂行规定》第 13 条规定：互联网站登载的新闻不得含有“反对宪法所确定的基本原则的”、“危害国家安全，泄露国家秘密，颠覆国家政权，破坏国家统一”、“损害国家名誉和利益”、“煽动民族仇恨、民族歧视，破坏民族团结”等事项。

利用出版物或者其他新闻传播媒介传播危害国家安全的违禁内容，将依法受到刑事处罚或者行政处罚。1998 年最高人民法院发布《关于审理非法出版物刑事案件具体应用法律若干问题的解释》第 1 条规定：“明知出版物中载有煽动分裂国家、破坏国家统一或煽动颠覆国家政权、推翻社会主义制度的内容，而予以出版、印刷、复制、发行、传播的，依照《刑法》第一百零三条第二款或者第一百零五条第二款的规定以煽动分裂国家罪或煽动颠覆国家政权罪处罚。”这一司法解释明确了实施这两项犯罪的行为主体，即在出版活动中，不仅提出煽动言论的人构成此两项罪名，如果参与了传播过程的其他人明知出版物中含有上述违禁内容而仍予以出版、印刷、发行、销售的，同样构成本罪。即使后者并无分裂国家、颠覆国家政权的目的，而是出于营利等其他动机，对危害国家安全的违禁言论采取放任自流的态度而导致其散布流传，罪名仍然成立。

对于上述规定，不能不分青红皂白就定罪，认定煽动罪，应谨慎区分罪与非罪的界限。前面说到的五项煽动罪的主观前提必须是故意的，过失行为不构成犯罪。如果新闻传播媒体的把关人出于疏忽大意致使书报刊上、广播中、电影电视画面上、新闻网站上出现不利于国家安全的内容，就不应该认定责任人构成危害国家安全犯罪，而应作为严重失职处理，给予适当的行政处罚。另外，在客观方面，煽动犯罪所实施的行为也有一定的规格，煽动颠覆国家政权罪，在言辞中必须有推翻人民民主专政政权和社会主义制度的明确表示。在认定言论性犯罪时，一定要区分学术问题和政治问题的界限、政治上的错误和刑事犯罪的界限，不能简单推理，泛化对犯罪行为的界定范围。

必须注意的是，我国《宪法》规定了我国公民对于任何国家机关和国家工作人员，有提出批评和建议的权利，对于任何国家机关和国家工作人员的违法失职行为，有向有关国家机关提出检举、控告和申诉的权利，但是不得捏造或者歪曲事实进行诬告陷害。这意味着，我国公民具有批评建议权，对煽动罪的界定，不能侵犯公民的批评、建议权。而新闻传播媒体的舆论监督具有影响大、约束力强等特点，因此在现实生活中，通过新闻传播媒体进行舆论监督是公民行使批评、建议权最为有效、最直接的方式。所以在合理的范围内，无论是公民还是新闻传播媒体，行使批评、建议权的，不构成煽动罪，要注意仔细区分依法行使批评建议权与煽动性诽谤两种行为，既要保障公民批评建议权的正当行使，防止以保护国家安全之名而泛化对合法言论的非法管制，又要将公民的言论自由限制在维护国家安全的范围之内，禁止任何煽动危害国家安全的行为。

第二节　新闻传播中的国家秘密

新闻传播活动中常常会遇到保密问题，这也是各国新闻传播活动面临的共同问题。新闻传播主体却总是希望能将国家公权机关的行为、活动尽可能多地提供给公众，实际上越是涉密内容越容易引起人们的好奇，新闻传播的内容越是鲜为人知，越具有新闻价值。但是，任何一个国家或政府都会有一些在一定时限内不应公开的事项，此类事项一旦公开，就可能会给国家利益造成损害，严重的还可能威胁到国家安全。所以，世界各国都在法律上对国家秘密作出了限制传播的规定。新闻传播活动具有传播信息范围广泛、传播速度迅速的基本特征，新闻工作者相对有更多机会接触到国家秘密，因此，许多国家特别强调新闻媒介要增强保守国家秘密的意识，防止新闻媒介泄密。

一、国家秘密

国家秘密，并不是某个国家独有的，世界各国都有国家秘密，也都有严格禁止泄露国家秘密的相关规定。这是因为国家秘密与国家安全是紧密联系在一起的，一旦国家秘密被泄露，就很可能产生国家安全问题。处于对本国安全和利益的考虑，各国政府都对国家秘密制定严格的保密制度。

（一）国家秘密的概念和范围

我国《保守国家秘密法》第 2 条对国家秘密的界定是：“国家秘密是关系国家

安全和利益,依照法律程序确定,在一定时期内只限一定范围的人员知悉的事项。”根据上述定义可知,国家秘密应当具备三个要件:第一,关系国家安全和利益。即并不是任何事情都能够定位为国家秘密,必须是关系到国家安全和利益的事项,才有可能定位为国家秘密。如果一个事项,尽管在国内的影响很大,但是它本身并不会影响国家安全,也不会损害国家利益,就不宜定位为国家秘密。例如,2005 年国家保密局和民政部明确表示,过去把自然灾害死亡人数规定为国家秘密,现在予以解密。因为公开自然灾害死亡人数,显然不会影响国家安全,也不会损害国家利益。第二,依照法律程序确定。依照法律程序确定,是指国家赋予一定管理职权的单位,根据国家秘密及其密级具体范围的规定,对该事项履行确定密级的手续后,该事项才能作为国家秘密受到有关法律法规的认可和保护,特殊情况下,需经有关保密部门审定后,确定是否为国家秘密以及属于哪种密级。没有经过法律程序确定的,都不属于国家秘密。第三,一定的时间内只限一定范围的人员知悉。首先,国家秘密是有一定保密期限的,其期限就是国家秘密信息载体上标明的发生法律效力的时间。有些事项超过保密期限,就可以宣布解密。其次,在一定期限内只能由一定人员知悉,擅自公开或者擅自扩大接触范围就是泄密。

关于国家秘密的范围,《保守国家秘密法》第 8 条确定为以下几种:

(1)国家事务的重大决策中的秘密事项;

(2)国防建设和武装力量活动中的秘密事项;

(3)外交和外事活动中的秘密事项以及对外承担保密义务的事项;

(4)国民经济和社会发展中的秘密事项;

(5)科学技术中的秘密事项;

(6)维护国家安全活动和追查刑事犯罪中的秘密事项;

(7)其他经国家保密工作部门确定应当保守的秘密事项。

该条还规定:“政党的秘密事项中符合本法第 2 条规定的,属于国家秘密。”此外,《科学技术保密规定》、《军事设施保护法》等对一些专门领域的特殊秘密事项作了严密的规定。

国家秘密分为不同的密级,按照不同的国家秘密泄露后使国家安全和利益遭受损害的不同,分为“绝密”、“机密”、“秘密”三个密级。根据《保密法》和《保密法实施办法》的规定,国家秘密及其密级的具体范围,由国家保密工作部门分别会同外交、公安、国家安全和其他中央有关部门规定。国防方面的国家秘密及其密级的具体范围,由中央军事委员会规定。各级国家机关、单位对所产生的国家秘密事项,应当按照国家秘密及其密级具体范围的规定确定密级。对于是否属于国家秘密和属于何种密级不明的事项,则由各级保密工作部门确定。“绝密”级由国家保密局确定,“机密”级由省、自治区、直辖市的保密局或上级保密局确定,“秘密”级由省、自治区、所在地的市或国务院批准的较大的市的保密局或上级保密局确定。

对是否属于国家秘密和属于何种密级有争议的,由国家保密局或省、自治区、直辖市的保密局确定。

按照《保守国家秘密法实施办法》第4条的解释,某一事项泄露后会造成下列后果之一的,应当列入国家秘密及其密级的具体范围:

(1)危害国家政权的巩固和防御能力;

(2)影响国家统一、民族团结和社会安定;

(3)损害国家在对外活动中的政治、经济利益;

(4)影响国家领导人、外国要员的安全;

(5)妨害国家重要的安全防护工作;

(6)使保护国家秘密的措施可靠性降低或者失效;

(7)削弱国家的经济、科技实力;

(8)使国家机关依法行使职权失去保障。

具体定密级的方法依据上述的确定密级的规定实施。

(二)泄露国家秘密罪及其法律责任

第二次世界大战后,随着民主自由运动的开展、知情权概念的提出以及各国知情权运动的蓬勃兴起,要求制约政府权力的呼声日益高涨,信息公开制度不断在各国建立,使人们不断探索信息公开与秘密制度的关系,从而推动了保密制度的变革。我国法律对保守国家秘密有非常系统的规定。《宪法》第53条明确规定:"公民必须遵守宪法和法律中的保密规定。"从建国初国务院公布《保守国家机密暂行条例》(1951年)到1997年《刑法》将泄露国家重要机密罪改为泄露国家秘密罪,我国先后颁布了《保守国家机密暂行条例》、《保守国家秘密法》、《保守国家秘密法实施办法》、《关于惩治泄露国家秘密犯罪的补充规定》、《刑法》等一系列法律法规,这些法律法规都对新闻传播活动具有规范作用和约束力。

在系统的保守国家秘密法律体系下,泄露国家秘密要承担相应的法律责任。所谓泄密是指国家机关工作人员违反保守国家秘密的规定,故意或者过失泄露国家秘密情节严重的行为。违反《国家保密法》和其他法律法规,致使国家秘密泄露的,责任人应当承担法律责任,包括刑事责任和行政责任。《刑法》对泄露罪及其法律责任作了明确规定,这些规定大致包括泄露国家秘密罪、向境外提供国家秘密、情报罪和非法获取或非法持有国家秘密罪三种。

泄露国家秘密罪,《刑法》第398条规定:"国家工作人员违反保守国家秘密法的规定,故意或过失泄露国家秘密,情节严重的处三年以下有期徒刑或者拘役;情节特别严重的,处三年以上七年以下有期徒刑。"要注意的是,本罪属于渎职罪,不属于危害国家安全罪,本罪的主体是特殊主体,即国家工作人员。且无论是故意还是过失,都构成本罪,故意的恶性大于过失。同时,该条第2款规定:"非国家机关工作人员犯前款罪的,依照前款的规定酌情处罚。"对不构成犯罪的新闻泄密,主要按《保密法》和其他法律法规的规定给予行政处罚或行政处分。对泄密的单位，根据情节轻重由省级以上新闻出版管理部门给予警告、没收违禁品、罚款，直至吊销营业执照的处罚。

向境外提供国家秘密、情报罪，《刑法》第 111 条规定："为境外的机构、组织、人员窃取、刺探、收买、非法提供国家秘密或者情报的，处五年以上十年以下有期徒刑，情节特别严重的，处十年以上有期徒刑或无期徒刑；情节较轻的，处五年以下有期徒刑、拘役、管制或者剥夺政治权利。"本罪属于危害国家安全罪，犯罪主体是一般主体，侵犯的客体是国家安全即人民民主专政的政权和社会主义制度。主观方面必须出于故意，即明知是国家秘密或情报而非法向境外提供，因过失而被境外人员窃取自己所保管的国家秘密或情报，不构成本罪。本罪与其他危害国家安全罪的不同在于，行为人主观上并不一定有危害国家安全的直接目的，其主观动机可以是牟利，或者碍于朋友情面，或者只是为了抢发独家新闻，主观动机的差别不影响本罪的成立。特别注意的是对"境外"的理解，虽然香港、澳门已经回归祖国，但是在司法实践上，香港、澳门还是同我国台湾一起连同外国作为"境外"对待。因为从学理上，可以把"境外"解释为我国司法管辖区外的地区。按照"一国两制"，香港、澳门司法机关依照港澳当地法律行使审判权，并且享有司法终审权，不受中国内地管辖。

非法获取或非法持有国家秘密罪，《刑法》第 282 条规定："以窃取、刺探、收买方法，非法获取国家秘密的，处三年以下有期徒刑、拘役、管制或剥夺政治权利；情节严重的，处三年以上七年以下有期徒刑。""非法持有属于国家绝密、机密文件、资料或者其他物品，拒不说明来源与用途的，处三年以下有期徒刑、拘役或者管制。"本罪属于妨害社会管理秩序罪，犯罪主体为一般主体，主观方面是故意，侵犯的客体是国家的保密制度。

非法获取国家秘密罪与非法持有国家秘密罪有一定的区别。首先，两者的行为对象不完全相同：非法持有国家绝密、机密的行为对象仅指属于国家绝密、机密的文件、资料或其他物品；非法获取国家秘密罪的行为对象除此之外，还包括第三密级的国家秘密，即行为对象范围上，非法获取国家秘密罪大于非法持有国家秘密罪。其次，两者的行为方式不同，非法持有国家秘密罪的行为方式是持有行为，而非法获取国家秘密罪的行为方式表现为窃取、刺探或收买，是一种积极的行为方式。

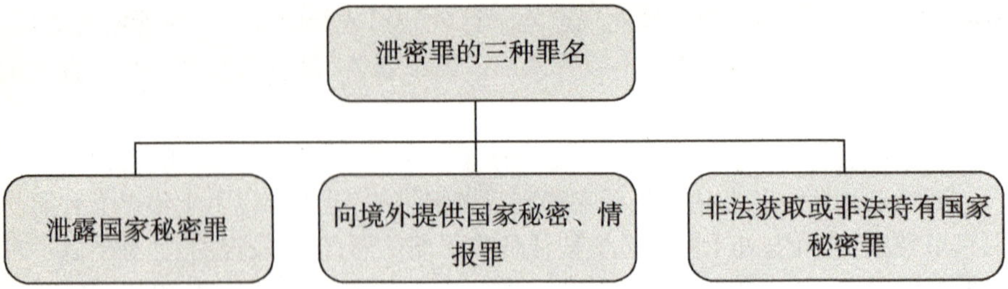

图 3.3　泄密罪的三种罪名

参阅资料：

上网泄露国防工程秘密

作者　周　祚

1999 年 7 月，国家安全、公安部门破获了一起在互联网上泄露国防重点工程秘密案。1999 年 5 月 19 日，当时的四川电子科技大学国家安全小组联络员在互联网上发现一篇介绍某国防重点工程研制情况的文章，立即将该文下载并报告成都市安全局。经保密部门鉴定后认定为严重泄密。据泄密者原航空工业总公司人员郭健后来交代，1999 年 5 月 7 日，他在家中上网，看到有关该工程的一些内容，抱着“别人的信息都不准确，自己从事过这项工作应当有责任发表一篇最权威的文章”的心理，编写并在网上发表了该文。最后，郭健以泄露国家机密罪被判处有期徒刑 8 个月。

参阅资料：

美军士兵曼宁泄密案将宣判　最高或判无期

中新网编辑　李夏君

中新网 7 月 30 日电　据法新社报道，美军士兵曼宁对“维基解密”泄密案将于美国当地时间 30 日宣判，负责审理该案的军事法庭法官林德(Denise Lind)将在美国马里兰州宣读裁决。分析指出，林德的判决将决定曼宁到底是“泄密者”还是“叛国者”。若曼宁面临的最严重指控“资敌罪”被法官宣布成立，曼宁可能会被判终身监禁。

7 月 25 日，美军士兵曼宁涉嫌向“维基解密”泄露军方机密一案在法庭进入结案陈词阶段。检方曾在法庭上表示，曼宁“不是揭秘者，而是叛徒”。

分析称，曼宁此前已承认 10 项较轻的间谍、不实储存机密信息等罪行，但美国检方认为，曼宁犯有“资敌罪”，若这一较重罪名成立，最高可判终身监禁。

此前，曼宁一直声称有必要向世界公开他工作上接触的机密，以证明伊拉克和阿富汗战争的真实代价。但美国军方指责曼宁违反职权，称他明知泄露的机密会被基地组织取得。军方称，已故基地组织领导人本·拉登曾要求下属从维基解密下载该批机密。

负责此案审理的军事法庭法官林德29日称，计划于美国当地时间30日宣读裁决。法新社指出，林德的裁决将决定，曼宁究竟会被视为“泄密者”还是“叛国者”，这一判断将决定曼宁的命运。

参阅资料：

美国军事法庭今天将对有史以来最大的泄露国家机密案宣判

上海东方卫视“看东方”栏目2013年7月30日相关报道的新闻截图

二、新闻单位的保密制度

新闻传播活动与保守国家秘密不是互相矛盾、互相排斥的，新闻自由也不是毫无限制、绝对无条件的。历年来，新闻报道泄露国家秘密的事件时有发生，出于维护国家安全和利益对新闻传播活动进行一定的限制，是十分必要的。换句话说，保守国家秘密，是新闻自由的底线。

从近年来新闻泄密的情况看，泄密的“多发区”主要有五个方面。第一，有些媒体热衷于抢先报道党和政府及有关领导机关在研究中和尚未公开的重大决策、方针，抢先报道按照有关规定应当统一发布的重大政治新闻，这类信息有权发布者正式发布以前一般属于国家秘密。第二，国防和军队建设的重大方针和规则，军事领导机关的重大决策，重要军事会议、军队的组织编制、实力、设防部署、军事调动、军事演习等，都属于重要情报。第三，擅自披露公安侦破手段、公安机关实力和其他工作秘密、案件审判过程的研究情况等。第四，轻易披露正在研究或尚未公布的经济政策和经济决策，报道未经有关部门正式公布的计划数字、统计数字和国家经济情况等。第五，详细报道我国处于世界领先地位或先进水平的重大科技成果，特别是能够反映高新技术领域突破的、反映国家防御和治安实力的科技成果。

鉴于新闻传播活动比起其他形式的泄密影响更大，危害更严重，新闻工作者和新闻媒体在保守党和国家秘密的问题上负有更多的责任。1992 年 6 月 12 日国家保密局、中央对外宣传小组、新闻出版总署、广播电影电视部联合公布了《新闻出版保密规定》（下称《规定》），建立了具体的保密制度。

第一，新闻出版保密审查制度。《规定》第 6 条规定："新闻出版保密审查实行自审与送审相结合的制度。"

自审，就是新闻出版单位和提供信息的单位，对拟公开出版、报道的消息，根据有关保密规定自己进行审查。从新闻单位角度说，自审也就是按照国家保密规定来判断有关新闻是否属于或含有国家秘密，是否适宜发表，这是新闻单位编辑责任的延伸。

送审，就是对是否涉及国家秘密界限不清的信息，送交有关主管部门或其上级机关、单位审定。有关机关、单位应指定有权代表机关、单位的审稿机构和审稿人，负责对送审稿件是否涉及国家秘密进行审定。自审和送审相结合的制度实际上是新闻传播活动中的预防制同追惩制相结合在保密制度中的运用。自审与送审相结合的制度同新闻检查制度的不同在于，前者不是全面对新闻进行事先的审查，而是首先要求自审，经过自审不能确认是否涉密时，才实行送审。

第二，通过内部途径反映涉及国家秘密信息的制度。据《规定》第 8 条，新闻单位及其采编人员，需向有关部门反映或通报涉及国家秘密的信息，应当通过内部途径进行，并对反映或通报的信息按照规定作出国家秘密的标志。这也就是新闻单位编印"内部参考"的制度。

第三，采访涉及国家秘密事项的批准制度。据《规定》第 9 条、第 10 条，被采访单位、被采访人想向新闻单位提供有关信息时，对其中确因工作需要而又涉及国家秘密的事项，应当事先经过批准，并向采编人员申明。新闻单位对被采访单位、被采访人申明属于国家秘密的事项，不得公开报道。对涉及国家秘密但确实需报道的信息，新闻机构应当向有关主管单位建议解密或者采取删节、改编、隐去等保密措施，并经有关主管部门审定。新闻机构采访涉及国家秘密的会议或活动，应经主办单位批准。主办单位应当验明采访人员的工作身份，指明哪些内容不能报道，并对新闻进行审定。

另外，据《规定》第 14 条，个人拟向新闻单位提供公开报道的信息，凡涉及本系统、本单位业务工作的或对是否涉及国家秘密界限不清的应当事先经过单位或上级机关、单位审定。

第四，新闻发布制度。据《规定》第 11 条，为了防止泄露国家秘密而又有利于新闻活动的正常进行,中央国家机关各部门和其他有关单位,应当根据各自的业务工作的性质,加强与新闻单位的联系,建立提供信息的正常渠道,健全新闻发布制度,适时通报宣传口径。

在新闻出版工作中,各有关单位因有关信息是否属于国家秘密发生争执的,由保密工作部门会同有关部门依据保密法规定确定。

自由是伴随着义务的,新闻自由的权利也伴随有媒体应承担的义务或责任。《新闻出版保密规定》规定新闻出版单位的保密制度,正是为了既能维护国家安全,又能发挥新闻媒体的最大作用,使新闻媒体能够承担起更多的责任。从宏观方面看,新闻自由权利的行使要对国家、对民族、对他人承担相应的责任与义务,先要考虑国家和民族的利益,应以大局为重,树立责任意识,任何情况下都不得以新闻自由为借口损害国家安全和利益。但在不损害国家安全、不泄露国家秘密的条件下,新闻自由还应该为促进社会经济、政治的发展以及与之相适应的根本制度服务。

参阅资料:

吴士深、马涛为境外人员非法提供国家秘密案

案情

被告人:吴士深,男,31岁,浙江省镇海县人,原系新华通讯社国内新闻编辑部编辑。1992年11月6日被逮捕。

被告人:马涛,女,29岁,四川省武胜县人,原系中国健康教育研究所《中国健康教育通讯》杂志社编辑,吴士深之妻。1992年11月6日被逮捕。

1992年3月,被告人吴士深与前来北京采访七届人大五次会议新闻的香港《快报》记者梁慧珉相识。梁为了获取中共十四大的报告稿,唆使呈士深进行搜集。同年10月4日上午,吴士深利用工作之便,将本单位有关人员内部传阅的《在中国共产党第十四次全国代表大会上的报告》送审稿(绝密级)私自复印一份,携带回家。当日下午,吴士深指使被告人马涛按事先约定的地点将该"报告"非法提供给梁慧珉。尔后,梁慧珉使用私自安装的传真机将此"报告"全文传回香港《快报》报社。10月5日,香港《快报》全文刊登了这个"报告"。10月21日,梁慧珉与吴士深、马涛在约定地点见面,梁付给吴士深人民币外汇兑换券5000元。案发后,吴士深、马涛的认罪态度较好,所得的赃款已被查获。

上述事实,有证人闵凡路、吴锦才、彭川平等人的证言、梁慧珉的认罪书、密级鉴定结论以及起获的赃款在案证实,吴士深、马涛分别对其主要犯罪事实也供认不讳。

审判

北京市人民检察院分院以被告人吴士深、马涛犯为境外人员非法提供国家秘密罪，向北京市中级人民法院提起公诉。北京市中级人民法院依法不公开开庭审理了此案。该院认为，被告人吴士深、马涛身为国家工作人员，为谋私利，违反国家保密法规，为境外人员非法提供国家核心机密，危害国家安全，两被告人的行为均已构成为境外人员非法提供国家秘密罪。其犯罪性质恶劣，情节、后果特别严重。吴士深是本案的策划者，系主犯，应依法从重处罚。马涛在共同犯罪中情节较轻，系从犯，且能认罪悔罪，应比照主犯减轻处罚。该院依照全国人民代表大会常务委员会《关于惩治泄露国家秘密犯罪的补充规定》、《刑法》第53条第1款、第52条、第22条第1款、第23条、第24条、第60条的规定，于1993年8月30日判决如下：

一、被告人吴士深犯为境外人员非法提供国家秘密罪，判处无期徒刑，剥夺政治权利终身。

二、被告人马涛犯为境外人员非法提供国家秘密罪，判处有期徒刑六年，剥夺政治权利一年。

三、查获的赃款予以没收。

超级链接：

找法网，http://china. findlaw. cn/falvchangshi/xingshibianhu/whgjaqz/whgjaqzal/2011/0514/50180. html

本章小结

1. 尽管我们承认新闻自由，但是也正因为新闻的特殊要求有时会同国家安全发生冲突，且影响广泛，所以对新闻自由往往也会因维护国家安全而规定一些限制。
2. 以国家安全的名义对媒体的报道进行限制是国际上通行的做法。
3. 涉及危害国家安全的传播活动形式、内容多种多样，比较繁杂，而与新闻传播活动有关的危害国家安全的罪行，主要是“煽动罪”和“泄密罪”。
4. 新闻传播活动中常常会遇到保密问题，这也是各国新闻传播活动面临的共同问题。许多国家特别强调新闻媒介要增强保守国家秘密的意识，防止新闻媒介泄密。
5. 《新闻出版保密规定》建立了具体的保密制度。该制度包括：新闻出版保密审查制度，通过内部途径反映涉及国家秘密信息的制度，采访涉及国家秘密事项的批准制度和新闻发布制度。

关键词

国家安全　危害国家安全罪　煽动罪　犯罪的构成要件　国家秘密　泄露国家秘密罪　新闻保密制度　新闻发布制度

复习问题

1. 何谓国家安全？维护国家安全的重要意义何在？
2. 何谓危害国家安全罪？其种类有哪些？
3. 新闻媒体危害国家安全罪的法律责任是什么？
4. 何谓国家秘密？国家秘密的范围是什么？
5. 我国新闻媒体的保密制度有哪些？新闻泄密的法律责任是什么？

思维训练

1. 朱利安·阿桑奇，他是美国国防部的眼中钉，是互联网上的“罗宾汉”，也有人叫他“新闻界的007”；他一而再、再而三地公布不能说的秘密，把美国及其盟友一次次推向舆论的风口浪尖。结合阿桑奇案例说明，怎么在互联网信息自由与国家安全之间找到平衡点？
2. 现派你去采访一个重大突发性新闻事件。由于相关管理部门工作的疏忽，其给新闻媒体所提供的资料中有一些涉密内容，并没有注明。作为记者，你对拿到手里的资料如何处理？如果这些涉密内容被媒体公布，其相关后果如何？谁来承担相应的法律责任？

第四章　新闻传播与社会秩序法律制度

本章目的

新闻传播活动以社会生活中的经济活动、政治活动、思想活动为基础而产生，又反过来对其施以影响，进而影响社会秩序。本章着重介绍了在大众传播领域我国对淫秽色情、暴力以及封建迷信等传播物品的认定标准，并解读了相关的法律规范。

通过本章的学习，学生能够掌握以下问题：

1. 淫秽色情出版物的法律认定标准

A. 对淫秽色情的法律认定　　B. 淫秽色情出版物的层次

2. 我国对传播淫秽色情出版物行为的法律规范

A. 刑事处罚　　B. 行政处罚

3. 暴力恐怖出版物以及封建迷信出版物的认定标准

4. 我国对宣扬暴力和封建迷信行为的法律规范

5. 邪教的认定标准以及对宣传邪教行为的法律规范

6. 禁止传播宣扬民族歧视、破坏民族团结的内容

本章要点

1. 美国制裁淫秽物品的司法演变过程

   A. 希克林准则　　B. 罗思－梅莫瑞斯准则

   C. 米勒准则

2. 淫秽色情出版物的认定标准

   A. 概念　　B. 认定标准　　C. 三个层次

3. 比较传播淫秽物品牟利罪和传播淫秽物品罪

   A. 构成要件　　B. 刑罚

4. 反对邪教宣扬活动

   A. 对邪教的认定标准　　B. 对宣扬邪教的法律管制

5. 我国对维护民族平等团结方面的法律规定

第一节　对淫秽色情出版物的法律规范

自媒体改革以来，新闻低俗化问题一直是传播主管机关和大多数媒体所头疼的事情。媒体的利益诉求使一些淫秽色情的内容有机可乘地进行传播。对此，国家有关部门积极地进行治理和规范。本节主要对淫秽色情出版物的认定标准及其法律规范进行介绍。

自法国1819年颁布实施世界上第一部反淫秽法以来，世界各国一直重视禁止淫秽色情出版物的出版与发行，但是也时常为如何界定淫秽出版物而头痛。

一、淫秽色情出版物的认定标准

（一）各国对淫秽色情出版物的法律认定

目前在英国，1959年和1964年的两部《淫秽出版物法》属于现行有效的法律。1959年的《淫秽出版物法》强调淫秽物品必须"整体上试图使那些思想容易受到这种不道德影响的人堕落与腐化"，并与严肃作品相区别。1964年《淫秽出版物法》沿用了这一标准。在美国，尽管法律禁止销售与传播淫秽资料，如1873年的《康姆斯托克法》禁止其进行进口和邮寄，但现行的法律缺乏对淫秽色情内涵的界定。美国是具有判例法传统的国家，其制裁淫秽、色情物品的立法大部分就是判例法，即通过对案件的审判而确立的司法准则。美国制裁淫秽物品的司法经过了一个较长的历史演变过程。大致可以分为以下三个阶段：第一阶段，"希克林准则"时期（1873年），当最高法院被要求对邮政法中关于淫秽的法律含义进行解释时，高院才匆忙从英国借用来了"希克林准则"。这个判例准则宣布，如果一个作品有可能导致读者发生堕落和腐化的危险，那么它的就是淫秽的。美国法院在适用这条规则时认定，只要一本书、剧本、杂志或其他作品的一部分是淫秽的，那么整个作品就是淫秽性的。该司法原则被广泛地运用了约75年时间，在20世纪20、30、40年代，它使对淫秽、色情的审判相当容易，司法的成功又使官方检查员在清除"猥亵"和"淫秽"方面颇具侵略性，因而遭到了不少异议。1957年，美国最高法院正式宣布"希克林准则"违宪。第二阶段，"罗思－梅莫瑞斯准则"（1957年），该准则的确立主要起因是具有里程碑意义的"罗思对美国"案。罗思因贩卖"令人厌恶的材料"，被地方法院根据联邦关于淫秽的法令判罪，上诉法庭也确定了其罪状。但罗思不服，向最高法院提出了上诉。最高法院以五比四的多数票支持了对罗思的判决。1966年，在"梅莫瑞斯对马萨诸塞州"案件中，最高法院修正了"罗思准则"，关于"淫秽色情"出版物的定义明确了三点：其一，作品的主题从总体上说必须是能引起淫欲的兴趣；其二，明显违反当代描写和表达性事的社会习惯；其三，没有任何社会价值。[1] 从而，构成了美国制裁淫秽、色情的著名司法原则“罗思－梅莫瑞斯准则”。它被认为是一个自由主义的标准，在美国运用了十多年。第三阶段，“米勒准则”时期(1973年和1974年)，“米勒准则”是在“米勒对加利福尼亚州”案的审理中确立的。加州的玛威·米勒主动寄送五本小册子到该州新港海滩的一家饭馆，小册子刊登了四本色情书和一部电影片子的广告，其中有男女进行各种性行为的照片和图画。邮件的接收者向警察局报案。米勒被控告违犯了加州的刑事法典，并被州有关当局判刑。那个时候，有些销售商强制或胁迫人们购买他们的黄色书刊，官方有意立法来禁止色情书刊的泛滥。

在米勒案件中，最高法院首席法官伯格纠集了另外四名法官形成关于淫秽的多数意见，即“米勒准则”。新准则修正了“罗思－梅莫瑞斯准则”，并规定淫秽必须具备下列条件：第一，对于普通人来说，根据当代地方的社会标准，能证明作品从总体上看会引起淫欲的兴趣。第二，作品对性行为的描写显然特别地违反了当地州有关法律的规定。第三，作品缺乏严肃的文学、艺术、政治或科学价值。[2]

与其他国家一样，我国也不断尝试对淫秽色情物品进行法律界定。我国最早明确“淫秽”内涵的行政法规是1985年4月17日国务院颁布的《关于严禁淫秽物品的规定》。根据第2条规定，淫秽可理解为“具体描写性行为或露骨宣扬色情淫荡形象的录像带、录音带、影片、电视片、幻灯片、照片、图画、书籍、报刊、抄本，印有这类图像的玩具、用品，以及淫药、淫具”。这个“规定”注意到必须划分淫秽物品和非淫秽物品的界线，提出“夹杂淫秽内容的有艺术价值的文艺作品，表现人体美的美术作品，有关人体的生理、医学知识和其他自然科学作品，不属于淫秽物品的范围，不在查禁之列”。1990年12月28日，第七届全国人大常委会公布了《关于惩治走私、制作、贩卖、传播淫秽物品的犯罪分子的决定》，其中对淫秽物品的定义，基本上采用了《关于严禁淫秽物品的规定》的内容，区别仅在于对“露骨宣扬色情”增加了“诲淫性”的目的限制。后来被1997年修订的《刑法》第367条完全采用。2009年2月28日修订的《刑法》第367条规定：“淫秽物品，是指具体描绘性行为或者露骨宣扬色情的诲淫性的书刊、影片、录像带、录音带、图片及其他淫秽物品。有关人体生理、医学知识的科学著作不是淫秽物品。包含有色情内容的有艺术价值的文学、艺术作品不视为淫秽物品。”

(二)淫秽色情出版物的层级

按照新闻出版总署有关规章，涉及淫秽、色情的出版物分三个层级：淫秽出版物、色情出版物、夹杂淫秽内容的出版物。

---

〔1〕 黄瑚：《新闻法规与职业道德教程》，复旦大学出版社2005年版，第165页。

〔2〕 郭自立：“美国犯罪原因初探”，载《当代法学》1999年第3期。

1. 淫秽出版物,必须取缔

构成淫秽出版物有三个要件:第一,在整体上宣扬淫秽行为,不是指一件作品的每一段话、每一个情节、每一个镜头都在宣扬淫秽内容,而是指整个作品的制作目的、主体、基本格调和基本倾向是宣扬淫秽行为的;第二,挑逗人们的性欲,诱导人发生性错误、性犯罪,甚至性变态而不能自拔,足以对普通人造成腐化堕落的影响,尤其是对生理和心理尚不成熟的未成年人;第三,没有艺术价值或者科学价值,通篇是赤裸裸的性爱、性交场面的描写。淫秽出版物包括以下7种:

(1)淫亵性的具体描写性行为、性交及其心理感受;

(2)公然宣扬色情淫荡形象;

(3)淫亵性的描绘或者传授性技巧;

(4)具体描写轮奸、强奸或者其他性犯罪的手段、过程或者细节,足以诱发犯罪;

(5)具体描写少年儿童的性行为;

(6)淫亵性的具体描写同性恋的性行为或其他性变态行为,或者具体描写与性变态有关的暴力、虐待、侮辱行为;

(7)其他令普通人不能容忍的对性行为的淫亵性描写。

在对淫秽出版物进行判定的时候,应当从整体上进行分析,避免断章取义、脱离作品的整体、以偏概全用某一情节来代表整部作品。淫秽出版物对社会的影响巨大,成年人在淫秽出版物的影响下堕落腐化,在性自由以及性放纵中迷失自己,最终走向反面道路,威胁社会秩序。

2. 色情出版物,必须取缔

色情出版物是指在整体上不是淫秽的,但其中一部分有以上(1)~(7)项规定的内容,对普通人特别是未成年人的身心健康有毒害,而缺乏艺术价值或者科学价值的出版物。色情出版物部分宣扬淫秽色情行为,作品虽自有其主题,但其中包含的色情内容破坏了作品的基本格调,整体上缺乏科学价值和艺术价值,毒害普通人特别是未成年人的身心健康发展。

3. 夹杂淫秽内容的出版物,事先备案或应予取缔

夹杂淫秽内容的出版物是指尚不能定性为淫秽、色情出版物,但是夹杂有以上规定内容的出版物。《关于部分应取缔出版物认定标准的暂行规定》对此列出以下六种情况:

(1)描写性行为、性心理,着力表现生殖器官,会使青少年产生不健康意识的;

(2)宣传性开放、性自由观念的;

(3)具体描写腐化堕落行为,足以导致青少年仿效的;

(4)具体描写诱奸、通奸、淫乱、卖淫的细节的;

(5)具体描写与性行为有关的疾病,如梅毒、淋病、艾滋病等,令普通人厌

恶的；

(6)其他刊载的猥亵情节，令普通人厌恶或难以容忍的。

对于夹杂淫秽色情内容的出版物处理方式分为两类：第一，有艺术价值的文学作品，如需要安排出版，地方出版单位必须事先上报省、自治区、直辖市新闻出版局审核批准并报新闻出版总署备案，中央出版单位必须事先报新闻出版总署审核批准。在印数和发行范围上要有必要的限制。第二，低级庸俗，妨碍社会公德，缺乏艺术或科学价值，公开展示或阅读会对普通人特别是青少年身心健康产生危害，甚至诱发青少年犯罪的出版物，应予取缔。

在淫秽色情内容上，对于电影、电视等表现视觉动态形象的媒体，控制更严格。1997年广电部《电影审查规定》和1999年广电总局《电视剧审查暂行规定》都有对夹杂淫秽色情内容应当删减、修改的条款。2008年3月3日，国家广电总局向各省、自治区、直辖市广播影视局，各电影制片单位，中国电影合作制片公司，电影频道节目中心发出《广电总局关于重申电影审查标准的通知》中要求："夹杂淫秽色情和庸俗低级内容，展现淫乱、强奸、卖淫、嫖娼、性行为、性变态、同性恋、自慰等情节及男女性器官等其他隐秘部位；夹杂肮脏低俗的台词、歌曲、背景音乐及声音效果等的电影片应删减修改。"

二、我国对传播淫秽色情出版物行为的法律规范

当今社会，淫秽色情出版物的传播日趋严重。尤其是随着网络技术的发展，网络淫秽色情的传播更加猖獗。据中新网2014年6月20日的报道，"净网2014"已关闭、处理淫秽色情网站1222家，尚有一些网站重新开设或"复活"。淫秽色情出版物多引导人们走向犯罪的道路，从而威胁到社会秩序。性犯罪在青少年犯罪中所占比重一直居高不下，几乎所有的性犯罪参与者都接触过黄色音像制品。所以，对传播淫秽色情内容的非法出版物必须坚决抵制，依法处罚。

我国政府一直很重视对淫秽出版物的控制，颁布了大量的禁止淫秽出版物传播的法律法规。对于违反法律法规的淫秽色情出版物，除了依法取缔外，对相关责任人还要依法制裁。

(一)对传播淫秽出版物行为的刑事处罚

我国现行《刑法》规定的有关罪名包括走私淫秽物品罪(第152条)、制作、复制人、出版、贩卖、传播淫秽物品牟利罪(第363条第1款)、为他人提供书号出版淫秽书刊罪(第363条第2款)、传播淫秽物品(第364条第1款)、组织播放淫秽音像制品(第364条第2款)。

其中根据行为人传播淫秽物品主观上是否具有牟利目的为标准，《刑法》的第363条和第364条，分别规定了传播淫秽物品牟利罪和传播淫秽物品罪。制作、复制、出版、贩卖、传播淫秽物品牟利罪的主体是一般主体，包括自然人和单位，本罪侵犯的客体是社会管理秩序。本罪要注意两点：一是客观方面，主体实施了制作、复制、贩卖、传播淫秽物品的行为;二是主观方面,主体传播淫秽色情出版物是故意的,以获取利益为目的。本罪的处罚分为三级。一般处三年以下有期徒刑、拘役或管制;情节严重的,处三年以上,十年以下的有期徒刑,并处罚金;情节特别严重的处十年以上有期徒刑或无期徒刑,并处以罚金或没收财产。传播淫秽物品罪指传播淫秽的书刊、影片、音像、图片或者其他淫秽物品。本罪的主体是一般主体,包括自然人和单位,本罪侵犯的客体是社会管理秩序。本罪要注意两点:一是客观方面,主体有传播淫秽的书刊、影片、录像带、录音带、图片或者其他淫秽物品的行为;二是主观方面,表现为故意,但行为人不必出于牟利目的。本罪处二年以下有期徒刑、拘役或者管制。向不满十八周岁的未成年人传播淫秽物品的,从重处罚。由上我们可以知道,传播淫秽物品牟利罪与传播淫秽物品罪之间最根本区别就于行为人主观上是否有牟利的目的。

（二）对传播淫秽出版物行为的行政处罚

在行政处罚方面,可以分为两类:一类是对妨害社会管理秩序的行为的处罚,若属情节显著轻微尚不构成犯罪的制作、贩卖、传播淫秽出版物的行为,公安机关可以根据《治安管理处罚条例》第 32 条规定,处以 15 日以下的拘留,可以单处或并处 3000 元以下的罚款或实行劳动教养。另一类是对违反大众传播媒介管理秩序的行政处罚,如大众传媒刊播了禁载内容,有关大众传播管理机关可以根据相应的管理条例中关于违反禁载禁播的制裁条款给予处罚。按《出版管理条例》第 46 条规定,对出版单位除没收出版物和违法所得外,并处违法所得 3 倍以上 10 倍以下的罚款,情节严重的,责令停业整顿、吊销许可证。按《广播电视管理条例》第 49 条规定,对广播电视单位除责令停止制作播放、收缴节目载体外,并处 1 万元以上 5 万元以下罚款,情节严重的,吊销许可证。

对于色情出版物,也应该进行相应的处理。根据新闻出版总署颁布的《关于重申严禁淫秽出版物的规定》,虽不属于淫秽物品,但是色情内容突出,毒害青少年身心健康的,一律不得出版、印刷、贩卖、出租、窝藏。若有违反,应该给予单位一项或者几项处罚,包括停印、停售、没收全部收入、罚款、停业整顿、吊销社号刊号或营业执照。

第二节　对宣扬暴力和封建迷信行为的法律规范

在新闻传播活动中,宣传暴力、恐怖、凶杀等内容不利于社会良好风气的建立,同时容易引导犯罪行为,威胁社会的稳定。所以国家颁布相关的法律,禁止媒介刊载传播这些内容。

一、认定标准

对于在出版物上宣扬暴力、迷信等内容的认定标准，新闻出版总署制定的《关于部分应取缔出版物认定标准的暂行规定》作了具体规定。

（一）宣扬凶杀暴力的出版物的认定标准

宣扬凶杀暴力的出版物，是指以有害方式描写凶杀等犯罪活动或暴力行为，足以诱发犯罪，破坏社会治安的出版物。

宣扬凶杀暴力的出版物具体包括：

第一，描写罪犯形象，足以引起青少年对罪犯同情或赞赏的；

第二，描述罪犯践踏法律的行为，唆使人们蔑视法律尊严的；

第三，描述犯罪方法或细节，会诱发或鼓动人们模仿犯罪行为的；

第四，描述离奇荒诞、有悖人性的残酷行为或暴力行为，令普通人感到恐怖、会对青少年造成心理伤害的；

第五，正面肯定抢劫、偷窃、诈骗等具有犯罪性质的行为的。

（二）宣扬封建迷信的出版物的认定标准

宣扬封建迷信的出版物，是指除了符合国家规定传播的宗教出版物外，其他违反科学、违反理性，宣扬愚昧迷信的出版物，其内容包括：

（1）以看相、算命、看风水、占卜为主的；

（2）宣扬求神问卜、驱鬼治病、算命相面以及其他传播迷信、谣言、荒唐信息，足以蛊惑人心，扰乱公共秩序的。

二、对宣扬暴力和封建迷信行为的法律规范

我国对于暴力及封建迷信等内容的传播有严格的规范。1989 年，中共中央办公厅颁布《严厉打击犯罪活动的通知》，明确规定宣扬迷信、凶杀暴力等内容应予以取缔。1997 年的《出版管理条例》、《广播电视管理条例》中，也把宣扬迷信、渲染暴力列为禁止刊载的内容。1999 年中宣部和新闻出版总署发布《关于不得出版宣扬愚昧迷信和伪科学内容出版物的通知》。据该通知，所有出版社不能出版借气功练功健身之名，散布荒诞言论和歪理邪说，宣传愚昧迷信和伪科学的出版物。同时该通知也规定所有出版社不得出版借研究民俗、传统文化之名，宣扬看相、算命、占卜、看风水等愚昧迷信、伪科学的出版物以及不得刊载法律、法规和有关出版管理规定禁止的内容。

在考虑到传播暴力以及封建迷信等内容对社会的影响时，尤其要关注该类宣传品对我国未成年人的身心健康发展的影响。正是出于对保护未成年人的考虑，我国的《未成年人保护法》和《预防未成年人犯罪法》也对该内容作了严格的限制。《预防未成年人犯罪法》第 30 条规定："以未成年人为对象的出版物，不得含有诱发未成年人违法犯罪的内容，不得含有渲染暴力、色情、赌博、恐怖活动等危害未成年人身心健康的内容。"据我国《出版管理管理条例》第 27 条，若出版物是以未成

年人为对象的，则其不得含有诱发未成年人模仿违反社会公德的行为和违法犯罪的行为的内容，不得含有恐怖、残酷等妨害未成年人身心健康的内容。《出版管理条例》第56条规定：有下列行为之一，触犯刑律的，依照刑法有关规定，依法追究刑事责任；尚不够刑事处罚的，由出版行政部门责令限期停业整顿，没收出版物、违法所得，违法经营额1万元以上的，并处违法经营额5倍以上10倍以下的罚款；违法经营额不足1万元的，并处1万元以上5万元以下的罚款；情节严重的，由原发证机关吊销许可证。

《电影管理条例》第56条规定："摄制含有本条例第25条禁止内容的电影片，或者洗印加工、进口、发行、放映明知或者应知含有本条例第25条禁止内容的电影片的，依照刑法有关规定，依法追究刑事责任；尚不够刑事处罚的，由电影行政部门责令停业整顿，没收违法经营的电影片和违法所得；违法所得5万元以上的，并处违法所得5倍以上10倍以下的罚款；没有违法所得或者违法所得不足5万元的，并处20万元以上50万元以下的罚款；情节严重的，并由原发证机关吊销许可证。"

除此之外，我国对该内容作了规定的还有《电影管理条例》第25条、《电影剧本〈梗概〉备案、电影片管理规定》第14条、《电影管理条例》第56条等。

参阅资料：

影视作品和文学作品过分渲染凶杀暴力诱发青少年打架斗殴

三秦都市报　2002年8月17日

记者　青　云　　　实习生　谭迎春

近日，法院调查发现，由于社会风气和教育方面存在的一些问题，青少年打架斗殴引起损害赔偿案件呈逐年上升趋势，在损害赔偿案件中已占到11%。

由于好多影视作品和文学作品中过分渲染武力及个人英雄主义，描写帮派活动，歌颂所谓"讲义气"行为，一些青少年受其影响，不分是非，盲目仿效，拉帮结派，组成各种各样的小团体。当其中一人受到别人欺负时，其他人马上"拔刀相助"，以暴力为之报仇。

学校、家长教育不当与青少年打架斗殴也有很大的关系。应试教育的存在，使许多学校片面追求升学率、重分数轻思想道德教育。对成绩差的学生不帮助、不引导，甚至歧视，使一些学生厌学以至于逃学、流散社会，受不良分子引诱胁迫，走上歧途。有的家长对孩子过分娇惯，养成了其固执、蛮横的霸道性格，有理无理都以武力解决；有些家长忙于工作和生产经营，对孩子放任自流，不加管教，还有些家长自身行为不检，为孩子起了反面示范作用。

如今,社会上存在诸多不良风气,许多人缺乏社会公德,遇到青少年打架斗殴不但不阻止,还围观、教唆,使虚荣心正强的青少年越打越凶,往往造成严重后果。

法院认为,要解决这一问题,需要大家的共同努力。司法机关要重视做好教育、感化、挽救工作,做好说服教育、进行法制宣传,坚持反对单纯惩办主义。要加强对文化市场的管理,坚决取缔暴力、凶杀等不健康影视作品或书籍,净化社会环境。学校应加强对学生思想品质方面的培养,家长也要切实负起责任,言传身教,为孩子做好榜样。

参阅资料:

车载电视画面"闹鬼"吓坏6岁女童

合肥晚报 2010年3月3日

作者 韦 勇

昨晚7:12,在127路公交车上,6岁的雯雯被电视画面吓得不知所措。公交车上的移动电视原本是为了调剂乘客心情的,但却播放起了惊悚节目,吓得雯雯直往妈妈怀里躲。

昨晚7:12,市民石女士带着6岁的女儿雯雯坐127路公交车回家。正当母女俩看车载电视看得津津有味时,一个古装电视剧宣传片出现了。记者看到,在短短几十秒的画面中,接连出现不少惊悚甚至恐怖的镜头:一女子端坐化妆镜前,突然镜子中出现一个身着白衣、黑发披散、看不清脸面的人物;在一荒地处,一灯如豆,一男子拿着铁锹在往坑里填土,镜头一转显出坑里躺着一白衣女子……这些惊悚恐怖的画面在低沉压抑的音乐烘托下,令记者顿时觉得毛骨悚然。在转脸不敢看时,正好看到了刚刚还笑嘻嘻的雯雯已经是满脸惊吓,直往妈妈的怀里钻,口中念叨,"妈妈,鬼!鬼!"

"要单讲这电视,我也不会这么生气,但是公交车是公共场所啊,肯定会有未成年孩子乘坐的,这节目的播放怎么也不考虑下小孩子的感受呢,关键是我们还都只能被动接受播放的节目,不能自己选择。"石女士认为在公交车等公共场所里,最好还是播放一些健康益智的节目,"哪怕就是公益广告也不错啊。"

记者随即采访了多位乘客,他们对车载电视的部分内容也很反感,有时也感到电视声音太吵人,"乘车时看一些令人放松和愉快的节目还可以,但恐怖暴力的内容肯定不适合。"

第三节　对宣扬邪教行为的法律规范

宗教在世界上任何一个国家和民族都存在。宗教属于意识形态的领域，无可避免的它影响着经济基础，同时它与上层建筑中的其他领域有着密切的关系。宗教有其存在的必要性，社会上的人应该予以理解和尊重。但是现如今，邪教借着宗教的外衣，组织、宣传其活动。邪教不仅已发展成主权国家严重的社会问题之一，而且显然也已构成对人类社会的共同威胁。一些极端、狂热的邪教组织曾制造了震惊世界的悲剧。如 1999 年，日本臭名昭著的“奥姆真理教”策划并制造了震惊世界的东京“沙林”毒气事件，造成 12 人死亡，5500 多人中毒。1997 年，美国加利福尼亚州圣地亚哥的一个邪教组织“天堂之门”教派，组织包括教主在内的 39 人集体自杀。2000 年，乌干达邪教组织“恢复上帝十戒运动”制造了骇人听闻的教徒集体自焚事件，530 多名教徒被集体烧死。

当今世界邪教问题严重，各国邪教组织不仅种类繁多，而且参与者甚众。据统计，全球邪教组织约有 3000 多个，信徒多达上亿人。美国、日本、加拿大、德国、澳大利亚、英国等国家都存在邪教问题。就我国而言，世纪之交，以“法轮功”为典型的邪教组织猖獗肆虐，影响恶劣，为我国历史上罕见。2012 年以来，我国一些地区先后发生“全能神”邪教组织非法聚集、散发反动传单和宣传品事件，邪教分子造谣煽动，蛊惑人心，不少被“诱骗”加入邪教的群众深受其害。

邪教组织不仅摧残了广大信徒的身心健康，危害他们的生命安全，而且严重扰乱了社会秩序，对公共安全和国家政权造成威胁。这些异端邪说对青少年毒害尤其深刻。因此，对邪教进行严厉打击是十分必要的。

一、邪教的认定标准

我们现在所使用的“邪教”概念，虽然沿用的传统词汇，但却已经赋予其新的含义。“邪教”并非宗教概念，而是社会法律概念，特指那些在非传统化的非理性信仰和秘密结社状态下采取极端的、邪恶的、破坏的手段达到反人类、反社会、反科学目的社会异己群体。1999 年 10 月通过的《最高人民法院最高人民检察院关于办理组织和利用邪教组织犯罪案件具体应用法律若干问题的解释》对邪教的含义进行了界定。“邪教组织”，是指冒用宗教、气功或者其他名义建立，神化首要分子，利用制造、散布迷信邪说等手段蛊惑、蒙骗他人，发展、控制成员，危害社会的非法组织。这一司法解释区分了邪教与宗教以及其他非法组织间的区别。

由邪教的概念，我们可以看出邪教组织的共同特征以及其丑恶的本质。其一是邪教并非宗教、气功但是却冒充宗教、气功的名义，邪教往往违反传统的教规教义，玷污宗教的名声。如“法轮功”宣称其为“最高佛法”，而我国前任佛教协会会长赵朴初曾明确表示：“法轮功”不是佛法，不是宗教，不是气功，而是与佛法根本对立的歪理邪说，是带有邪教性质的非法组织。其二是神化首领，使信徒对其疯狂膜拜，只有这样，邪教才能存在。其三是用制造、散布迷信邪说等手段蛊惑、蒙骗他人。邪教组织传播“末日论”、“地球大爆炸”等言论，引起思想的混乱是邪教首领蛊惑群众的常用手段。其四是发展、控制信徒，秘密结社。邪教控制的不止是信徒的思想，还有信徒的身体。其五是危害人民生命安全，破坏社会稳定。

参阅资料：

公安机关专项打击“全能神”邪教组织 抓获犯罪嫌疑人近千人

新华网 北京8月19日电

在公安部统一部署下，全国公安机关6月开始在全国范围内开展了对“全能神”邪教的专项打击行动。行动开展两个月来，全国共破获案件500余起，抓获犯罪嫌疑人近千人，有力打击了“全能神”邪教的嚣张气焰。

据介绍，山东招远发生“全能神”邪教组织成员故意杀人的恶性案件后，社会各界对邪教组织的极端暴力行为深感震惊，要求严打邪教的呼声高涨。公安部对此高度重视，会同有关部门部署自6月起在全国开展对“全能神”等邪教组织违法犯罪活动的专项打击行动。

专项打击行动开展以来，抓获犯罪嫌疑人近千人，其中包括组织指挥的“全能神”重要头目和骨干成员近百人。河北、安徽、河南、内蒙古、江苏、山东等地公安机关破获了一批“全能神”邪教组织团伙案件。

在依法严厉打击“全能神”邪教组织违法犯罪活动的同时，对受骗加入“全能神”邪教组织的群众，各地党委政府组织开展了耐心细致的帮扶教育，帮助他们认清“全能神”的邪教本质，摆脱邪教精神控制，回归正常生活。

宗教界人士、公众媒体和社会各界也主动站出来，揭露“全能神”的邪教本质和社会危害，帮助群众提高识别、抵御邪教的能力，营造了全社会反邪教的良好舆论氛围。大量群众向公安机关举报“全能神”邪教活动情况。

“全能神”是冒用宗教名义欺骗群众，非法敛财、破坏法律实施的邪教组织，近年来，在全国制造了多起危害公民人身财产安全和社会稳定的案件。在山东招远发生“5·28”案件之前，河南、河北、湖北等地曾发生多起“全能神”人员杀害亲属、伤害无辜群众的恶性案件。党和政府对此高度重视，公安机关多次开展专项打击行动，依法予以严厉打击。

另据了解,7月21日,山东省烟台市人民检察院已对招远“5·28”案件犯罪嫌疑人张立冬、张帆、张航、吕迎春、张巧联5人以故意杀人和利用邪教组织破坏法律实施两项罪名提起公诉。近期,广西、江苏、重庆、河北等地人民法院审结了一批“全能神”邪教组织人员犯罪案件,有效震慑了“全能神”邪教组织犯罪活动。

超级链接:

法律界,http://news.xinhuanet.com/2014-08/19/c1112144046.htm

二、对宣传邪教行为的法律规范

对邪教组织以及邪教活动,我国采取的一直都是严厉打击的态度。而且打击力度随着邪教猖獗的形势而不断加强。邪教的发展壮大建立在其广泛的宣传歪理邪说的基础上,所以在新闻传播领域采取管制手段以禁止宣传邪教,是遏制邪教发展的有效途径。

以我国对“法轮功”的打击为例。早在1996年,我国就开始打击“法轮功”了。1996年年底,我国的新闻出版总署就因为《转法轮》一书存在严重的封建思想以及反科学倾向,宣布查封《转法轮》及其相关书籍。1996~1999年间,新闻出版总署五次作出决定,认定有关《法轮功》的一些书及音像制品假借传授气功的名义,宣传迷信及伪科学内容,予以收缴查禁,并对违规的出版社作了处罚。

1999年10月第九届人大常委会第十二次会议作出《取缔邪教组织、防范和惩治邪教活动的决定》。同时,最高人民法院和最高人民检察院发布《关于办理和组织利用邪教组织犯罪案件应用法律若干问题的解释》[以下简称《解释(一)》],2001年6月又发布《关于办理和组织利用邪教组织犯罪案件应用法律若干问题的解释(二)》[以下简称《解释(二)》]。至此,取缔宣扬邪教内容出版物以及禁止制作、传播邪教宣传品都有了明确的法律依据。

最高人民法院和最高人民检察院两次发布的司法解释,在对宣扬邪教内容行政制裁的基础之上,又增加了刑事制裁。具体的规定有两项:第一,《解释(一)》规定:“出版、印刷、复制、发行宣扬邪教内容出版物,以及印刷邪教组织标志的”,依照《刑法》第200条第1款的规定定罪处罚;第二,《解释(二)》规定:“制作、传播邪教宣传品,宣扬邪教,破坏法律、行政法规实施”的行为,按《刑法》同一条款处罚。

我国《刑法》第300条第1款规定:“组织和利用会道门、邪教组织或者利用迷信破坏国家法律、行政法规实施的,处三年以上七年以下有期徒刑;情节特别严重的,处七年以上有期徒刑。”本罪属于“妨害社会管理秩序罪”,其主体是一般主体。其主观方面是故意的,当然这种故意可以是直接故意的,也可以是间接故意的。所谓直接故意即行为人就是以组织和宣传邪教为目的,所谓间接故意即行为人并非

是邪教成员故意,但是为了利益目的而明知故犯。该罪的侵犯客体是社会公共秩序。其客观方面的行为特征包括:

《解释(一)》规定的6项犯罪行为内容;

《解释(二)》根据邪教宣传品的不同种类和社会危害程度不同,达到规定的数量标准;

不符合《解释(二)》规定的情节标准,即对于未达到规定的数量标准的,但具有某些严重情节的,也应该定罪;

《解释(二)》对"情节特别严重"作出了解释。"情节特别严重"分为两种形式,其一是制作、传播邪教宣传品数量达到规定数量标准的五倍;其二是未达到五倍数量,但造成特别严重的社会危害。

第四节 对破坏民族平等和民族团结行为的法律规范

自古以来,我国就是一个统一的多民族国家。为了处理好各民族之间的关系,实现祖国的统一繁荣,我国一直坚持民族平等、民族团结、各民族共同繁荣的民族政策,这是关系我国前途命运的大事。因此,在新闻传播活动中要积极促进民族平等和民族团结,避免破坏民族关系。本节将将对民族平等和团结的含义、对破坏民族平等和团结行为的法律规范进行介绍。

一、民族平等和民族团结的含义

民族平等和民族团结是我国政府处理民族关系的基本原则和根本政策,在我国宪法以及有关法律中得到明确的规定。《宪法》规定:"中华人民共和国各民族一律平等。国家保障各少数民族的合法权利和利益,维护和发展各民族平等、团结、互助关系。禁止对任何民族的歧视和压迫,禁止破坏民族团结和制造民族分裂的行为。"

所谓民族平等是指各民族不论人口多少,经济社会发展程度高低,风俗习惯和宗教信仰异同,都是中华民族大家庭的平等一员,具有同等的地位,在国家社会生活的一切方面,依法享有相同的权利,履行相同的义务,反对一切形式的民族压迫和民族歧视。而民族团结是指各民族在社会生活和交往中平等相待、友好相处、互相尊重、互相帮助。

只有坚持民族平等和团结,我国才能顺利进行社会主义现代化建设,社会才能稳定发展。

二、禁止传播宣扬民族歧视、破坏民族团结的内容

新中国成立前,中国历代政府在处理民族关系上都有一套政策和制度,但是均

未实现民族的真正平等。一直到1949年新中国成立，党和国家采取了许多有力措施，促进少数民族政治、经济、文化的全面发展，取得了举世瞩目的成效。

1984年，全国人民代表大会制定通过了《民族区域自治法》（2001年进行了修订），总结和概括了党和国家长期实行民族区域自治的经验，是正确处理国家和自治地方、汉族同少数民族以及少数民族之间相互关系，实施宪法规定的民族区域自治制度的基本法律。这部法律有专章对民族自治地方的自治机关的自治权作了规定，关于新闻传播活动，该法第38条规定："民族自治地方的自治机关自主地发展具有民族形式和民族特点的文学、艺术、新闻、出版、广播、电影、电视等民族文化事业。"现在，全国少数民族文字出版的报纸杂志已有100多种，中央人民广播电台和地方广播电台，每天用21种少数民族的语言进行广播。

多年来，大众传播媒介在党和国家促进民族平等和团结和热爱社会主义祖国、坚决维护祖国统一方面，发挥了重要的作用。所以在民族关系以及民族政策的宣传方面，对大众传播的行为进行一些规范是必要的。

我国立法禁止传播宣扬民族歧视、破坏民族团结的内容。为了保障民族平等，加强民族团结，党和国家积极地开展对各民族团结的教育宣传活动，鼓励新闻传播出版物中体现民族平等团结的精神，反对民族压迫以及民族歧视，尤其是大民族主义。同时，我国立法机关、政府相关部门针对新闻出版和文艺作品出现损害民族关系的内容制定了相关禁止性规定。1955年全国人大常委会《关于处理违法的图书杂志的决定》中，就把"煽动对民族和种族的歧视和压迫，破坏国内各民族团结"列为禁载内容。《出版管理条例》禁载规定有"煽动民族分裂、侵害少数民族风俗习惯，破坏民族团结"一项。煽动民族分裂、侵害少数民族风俗习惯、破坏民族团结的内容，一贯为我国法律法规所禁止。

国际人权公约始终禁止鼓动民族、种族之间的歧视、仇恨。《公民权利和政治权利国际公约》第20条规定："任何鼓吹民族、种族或宗教仇恨的主张，构成煽动歧视、敌视或暴力者，应以法律加以禁止。"因为亵渎他民族宗教信仰而引发的动乱事件很多，如2005年9月，丹麦《日德兰邮报》刊登亵渎伊斯兰教先知穆罕默德的漫画，而后被欧洲一些报刊转载，引发穆斯林社会的全球性抗议浪潮，在个别地区甚至导致骚乱。

在20世纪80年代中期，在一些作品和出版物中不断出现歪曲、丑化少数民族形象，不尊重少数民族风俗习惯和宗教信仰等破坏民族关系的内容。例如，1987年《人民文学》第一、二期合刊上刊登小说《亮出你的舌苔或空空荡荡》，是一篇丑化、侮辱藏族同胞的作品。作品用耸人听闻的语言，肆意歪曲西藏地区的风貌，丑化藏族同胞的形象，造成了十分恶劣的影响。小说一发表，就引起了公众特别是藏族人士的普遍不满和义愤。有关主管部门对此作出严肃处理，新闻出版总署决定一律收回销毁，经济损失由《人民文学》杂志社承担，《人民文学》编辑部公开作严肃深刻检查,主编停职检查。

各民族无论是在风俗习惯还是在生活方式等方面产生的不同,均是由多方面原因造成的,且民族差异体现在服饰、语言、习惯、风俗等多方面。要做到尊重少数民族,就要做到尊重他们的风俗习惯等,不可恶意丑化。国家对少数民族保持或者改革民族习惯的权利加以保护。《宪法》规定:“各民族都有使用和发展自己的语言文字的自由,都有保持或者改革自己的风俗习惯的自由。”除此之外,在大众媒体传播内容不尊重少数民族事件频发的背景之下,《出版管理条例》特别规定“侵害少数民族风俗习惯”的内容予以禁载。

参阅资料:

上海文化出版社和山西希望书刊社《性风俗》事件

作者 张广麟

1989年3月,上海文化出版社和山西希望书刊社一并发行了《性风俗》一书,引起不少地区穆斯林的愤慨与不满。5月6日,国家新闻出版署以违背党和国家宗教政策及有关出版管理法规为由,认为该书污辱了伊斯兰教,严重伤害了穆斯林感情,责令该书立即停售;成书及纸型立即销毁,不准重印;对出版《性风俗》一书的上海文化出版社和山西希望书刊社停业整顿,并吊销营业执照,对《性风俗》一书的作者,责任编辑和发行此书的有关人员停职检查,实施行政拘留。

当年5月,乌鲁木齐、兰州、北京、西宁、呼和浩特等地发生了穆斯林上街游行事件,抗议《性风俗》以极其卑劣下流的笔调,恶毒歪曲污蔑伊斯兰教教义,诋毁《古兰经》,恶毒诽谤伊斯兰教和广大穆斯林。在抗议活动中,穆斯林要求政府严惩《性风俗》一书的作者和编者,并公开致歉。(根据原文整理编写)

超级链接:

中国知网,http://mall. cnki. net/magazine/Article/ZGMS198904008. htm

对宣扬民族歧视、破坏民族团结的行为,我国立法进行禁止。《刑法》第249条规定了煽动民族仇恨、民族歧视罪。《刑法》第250条还规定了出版歧视、侮辱少数民族作品罪:“在出版物中刊载歧视、侮辱少数民族的内容,情节恶劣,造成严重后果的,对直接责任人员,处三年以下有期徒刑、拘役或者管制。”本罪的犯罪构成要件有:犯罪主体是自然人,包括作者和负有责任的编辑者、出版者;犯罪侵犯客体是少数民族群体的人格尊严;犯罪的主观方面必须出于故意,即明知作品内容有歧视、侮辱少数民族的性质,仍然故意印制出版,而不论其动机是招揽读者、提高发行量、牟取经济利益还是出于其他目的;犯罪的客观行为是在出版物中刊载了贬低、嘲弄、蔑视、羞辱少数民族人格、风俗习惯或民族传统的内容,同时必须是情节恶劣、造成严重后果,这是指严重伤害了少数民族同胞的感情和自尊心,破坏了民族之间的和睦关系,甚至引起民族纠纷等。

本章小结

1 涉及淫秽、色情的出版物分三个层级:淫秽出版物、色情出版物、夹杂淫秽内容的出版物。

2 对传播淫秽色情内容的非法出版物必须坚决抵制,依法处罚。

3 在新闻传播活动中,宣传暴力、恐怖、凶杀等内容不利于社会良好风气的建立,同时容易引导犯罪行为,威胁社会的稳定。所以国家颁布相关的法律,禁止媒体刊载传播这些内容。

4 邪教的发展壮大建立在其广泛的宣传歪理邪说的基础上,所以在新闻传播领域采取管制手段以禁止宣传邪教,是遏制邪教发展的有效途径。

5 我国立法禁止传播宣扬民族歧视、破坏民族团结的内容。

关键词

认定标准 淫秽色情 暴力 封建迷信 邪教 民族平等 民族团结 法律制裁 社会秩序

复习问题

1 淫秽出版物的概念是什么?其认定标准是什么?

2 淫秽色情出版物分为哪三个种类?

3 传播淫秽物品牟利罪和传播淫秽物品罪区别在哪里?

4 国家对宣扬邪教内容的出版物严厉管制的必要性在哪里?

5 我国刑法关于危害民族团结方面的罪名有哪些?

思维训练

1 比较淫秽色情和艺术中相关镜头展示的不同。

2 关于凶杀暴力案的报道,怎样平衡受众知情权与相关作案细节展示的关系?

3 为什么我国特别注重对少数民族传统文化、风俗习惯的尊重?

4 阅读我国关于电视剧电影审查规定,思考我国传播制度还有何不完善的地方。

第五章 特殊信息的发布与规范

本章目的

新闻传播中的特殊信息是需要谨慎处理的。本章介绍了信息公开制度、新闻发言人制度，解读了《政府信息公开条例》，并对重要政务信息和主要国家领导人作品的发布、灾害信息与气象信息的发布、证券信息的发布进行介绍。

通过本章的学习，学生能够掌握以下问题：

1.《政府信息公开条例》的制定目的、主要内容和意义

2. 新闻发言人制度的兴起和我国新闻发言人制度的设立、作用与不足

3. 重要政务信息和主要国家领导人作品的发布途径

4. 灾害与气象信息的含义、范畴与发布规范

5. 证券信息的管理与发布规范

本章要点

1. 特殊信息

   A. 重要政务信息和主要国家领导人作品　B. 灾害信息与气象信息

   C. 证券信息

2. 政府信息公开条例

   A. 目的　　B. 意义　　C. 主要内容

3. 新闻发言人制度

   A. 西方的新闻发言人制度

   B. 我国新闻发言人与发布会制度的设立

   C. 新闻发言人与发布会制度的效能

   D. 新闻发言人制度的不足

4. 重要政务事件

5. 主要国家领导人的作品

6. 灾害信息与气象信息

   A. 含义　　B. 范畴

   C. 发布制度　　D. 法律责任

7. 证券信息

A. 证券信息的特殊性　　B. 证券信息的发布途径

C. 证券信息的发布要求

第一节　信息公开制度

政府信息公开是指行政机关依照法定程序，以法定形式公开与社会成员利益相关的信息，允许社会成员通过查询、阅览、复制、摘录、下载等方式予以充分利用的行为。

一、《政府信息公开条例》解读

为了保障公民知情权，我国《政府信息公开条例》（以下简称《条例》）于 2008 年 5 月 1 日开始施行。

（一）制定《条例》的目的及意义

1. 制定《条例》的目的

推行政府信息公开，是提高科学执政、民主执政、依法执政能力和水平，构建社会主义和谐社会的必然要求；是推进社会主义民主，建设法治政府的重要举措；是建立行为规范、运转协调、公正透明、廉洁高效的行政管理体制的重要内容。

为了统一规范政府信息公开工作，强化行政机关公开政府信息的责任，明确政府信息的公开范围，畅通政府信息的公开渠道，完善政府信息公开工作的监督和保障机制，国务院制定了《条例》。

2. 制定《条例》的意义

《条例》的出台有深远的意义：

一是可以使行政机关的职责权限、办事程序、办事结果、监督方式等为人民群众广泛知晓，有利于规范行政权力的正确行使，确保行政权力不被滥用，实现依法行政；

二是有利于加强反腐倡廉的制度建设，从制度上遏制和预防腐败，避免行政行为暗箱操作，填补权力运行机制中的漏洞，减少腐败行为发生的机会；

三是有利于强化社会监督，拓宽人民群众参与社会经济事务管理的渠道，切实保障人民群众的知情权、参与权和监督权，提高行政机关工作人员廉洁奉公的自觉性；

四是有利于行政机关更好地做到立党为公、执政为民，聚民意、集民智、凝民心，有利于转变政府职能，加强机关作风建设，不断提高行政水平和工作效率。

(二)《条例》确立的主要内容

1. 政府信息公开工作的主管部门

政府信息公开工作作为一项行政工作,必须有相应的主管部门。《条例》第3条规定国务院办公厅是全国政府信息公开工作的主管部门。县级以上地方人民政府办公厅(室)或者县级以上地方人民政府确定的其他政府信息公开工作主管部门负责本行政区域的政府信息公开工作。

政府信息公开涉及大量的繁杂的事务,必须落实到具体机构承办。因此,《条例》第4条规定政府部门应当指定机构负责本行政机关政府信息公开的日常工作,并对指定机构的具体职责作了明确规定。

2. 政府信息公开的主体

《条例》规定的政府信息公开主体主要是行政机关和法律法规授权的具有管理公共事务职能的组织。各级政府及县级以上政府部门要建立健全本行政机关的政府信息公开工作制度,并指定政府信息公开工作机构,负责本行政机关政府信息公开的日常工作。

此外,教育、供水、供电、供气、供热、环保、医疗卫生、计划生育、公共交通等与群众利益密切相关的公共企事业单位在提供社会公共服务过程中也制作、获取了大量社会公共信息。这些单位应当参照《条例》,公开其在提供社会公共服务过程中制作、获取的信息,具体办法由国务院有关主管部门或者机构制定。

3. 政府信息公开的范围

政府信息公开范围是《条例》的核心内容。为了切实保证人民群众的知情权、参与权和监督权,《条例》从三个方面对政府信息公开的范围作了规定:

一是明确了行政机关主动公开政府信息的范围。

行政机关对符合下列基本要求的政府信息应当主动公开:

(1)涉及公民、法人或者其他组织切身利益的;

(2)需要社会公众广泛知晓或者参与的;

(3)反映本行政机关机构设置、职能、办事程序等情况的;

(4)其他依照法律、法规和国家有关规定应当主动公开的。

各行政机关要按照上述要求,确定主动公开政府信息的具体内容。

二是确立了依申请公开政府信息的制度。

除行政机关主动公开的政府信息外,公民、法人或者其他组织还可以根据自身生产、生活、科研等特殊需要,向国务院部门、地方各级政府及县级以上地方政府部门申请获取相关政府信息。对政府信息公开申请的形式、答复方式和时限要求,《条例》也作了规定。

三是明确了不予公开的政府信息范围。

这是各国政府信息公开立法普遍采取的做法。行政机关公开政府信息,不得危及国家安全、公共安全、经济安全和社会稳定。行政机关不得公开涉及国家秘密、商业秘密、个人隐私的政府信息。

4. 政府信息的发布

为保证公民、法人或者其他组织方便、及时获取政府信息,《条例》从以下四方面作了规定:

第一,行政机关应当将主动公开的政府信息通过政府公报、政府网站、新闻发布会以及报刊、广播、电视等方式公开;

第二,各级人民政府应当在国家档案馆、公共图书馆设置政府信息查询场所,配备相应的设施、设备;

第三,行政机关可以根据需要设立公共查阅室、资料索取点、信息公告栏、电子信息屏等场所、设施公开政府信息;

第四,行政机关应当编制、公布政府信息公开目录和政府信息公开指南并及时更新,对属于主动公开范围的政府信息原则上应当在其形成或者变更之日起20个工作日内予以公开。

5. 多种方式公开政府信息

为保障公民、法人或者其他组织及时、准确地获取政府信息,行政机关要根据实际,采用多种方式公开政府信息:

一是行政机关应当及时、准确地公开政府信息,发现影响或可能影响社会稳定、扰乱社会管理秩序的虚假或不完整信息的,应当在其职责范围内发布准确的政府信息予以澄清;

二是行政机关应当建立健全政府信息发布协调机制,发布政府信息涉及其他行政机关的,应当与有关行政机关进行沟通、确认,保证行政机关发布的政府信息准确一致;

三是行政机关应当通过政府公报、政府网站、新闻发布会以及报刊、广播、电视等便于公众知晓的方式公开政府信息;

四是各级政府应当在国家档案馆、公共图书馆设置政府信息查阅场所,配备相应的设施、设备,为公民、法人或其他组织查阅、获取政府信息提供方便;

五是行政机关可以根据需要设立公共查阅室、资料索取点、信息公告栏、电子信息屏等场所、设施,公开政府信息;

六是行政机关应当编制、公布政府信息公开目录和政府信息公开指南,并及时更新。

6. 对政府信息公开的监督和保障

公开政府信息是坚持和发展社会主义民主,建设社会主义民主政治的有效形式,是加强政府自身建设、建立健全惩治和预防腐败体系的重要内容,必须通过加强制度建设积极稳妥地推动政府信息公开,使政府信息公开成为政府施政的一项

基本制度。为此,《条例》建立了政府信息公开工作的监督和保障制度:

一是各级政府应当建立健全政府信息公开工作考核制度、社会评议制度和责任追究制度,定期对政府信息公开工作进行考核、评议;

二是政府信息公开工作主管部门和监察机关负责对行政机关政府信息公开的实施情况进行监督检查;

三是各级行政机关定期公布本行政机关政府信息公开工作年度报告;

四是公民、法人或其他组织认为行政机关不依法履行政府信息公开义务的,可以向上级行政机关、监察机关或政府信息公开工作主管部门举报,收到举报的机关应予调查处理;

五是公民、法人或其他组织认为行政机关在政府信息公开工作中的具体行政行为侵犯其合法权益的,可以依法申请行政复议或提起行政诉讼。

此外,《条例》对违反相关规定,未建立健全政府信息发布保密审查机制的、不依法履行政府信息公开义务的、违反规定收取费用等行为还设置了相应的法律责任,"由监察机关、上一级行政机关责令改正;情节严重的,对行政机关直接负责的主管人员和其他直接责任人员依法给予处分;构成犯罪的,依法追究刑事责任"。

二、新闻发言人制度

新闻发言人制度,是对内容涉及政府的重大事项、重要活动、社会关注的热点问题、海内外关注的问题、重大突发事件、公共政策、公共服务、政府决策等所有与公众利益直接相关的问题,针对这些内容提供的一种接受公众公开咨询、质询和问责的制度安排。

(一)西方的新闻发言人制度

1. 西方新闻发言人制度的萌芽

西方新闻发言人制度最早可以追溯到美国总统新闻发言人的出现。

19 世纪 20 年代,美国普通民众获得了选举权;19 世纪 30 年代,便士报出现。新闻发言人正是诞生在这样一个政治改革、经济增长、传媒大众化的年代。

19 世纪 30 年代担任美国总统的安德鲁·杰克逊最早聘用了新闻发言人,不过当时的新闻发言人作为总统的私人助理,并不能称之为白宫新闻发言人。直到 1900 年,当时的美国总统威廉·麦金利为了应付每天守候在白宫大门和周围街道的众多记者,专门任命了一位助手每天向这些记者做一次简报。这便是最初的白宫新闻发言人。

2. 西方新闻发言人制度的开端

1909 年,美国第 27 任总统威廉·霍华德·塔夫脱上任。为了改变前任与新闻界的不和谐关系,他安排了每周两次定期的记者招待会。这是第一位举办正式的定期记者招待会的总统。但是,这一制度没有坚持下来。

1913 年,美国第 28 任总统伍德罗·威尔逊总统上任后,新闻发言人制度才正式出现。他先恢复了定期的新闻发布会,但却没有任命相应人员,总统自己担任了新闻发言人的角色。但其寡言少语的个性和干瘪的语言词汇导致与新闻界的沟通很不和谐,直到发生“卢西塔尼亚号邮轮事件”。

“卢西塔尼亚号邮轮”是英国丘纳德轮船公司在大西洋航线上最大的客轮。1915 年 5 月 7 日,该船在爱尔兰海岸附近被德国潜艇击沉。船上 1924 名乘客中 1198 人遇难,其中有 114 名美国乘客。噩耗传来,美国举国震惊,引起了强烈公愤。迫于舆论压力,威尔逊总统正式任命他的秘书约瑟夫·P. 图马尔蒂担任政府的新闻发言人,负责与新闻界沟通,定期举办、主持记者招待会。这就是现代新闻发言人制度的发端。这一制度被后来的继任者哈丁、柯立芝、胡佛、罗斯福等总统继续沿用。[1]

3. 西方新闻发言人制度的确立

20 世纪 50 年代,美国在白宫设立了新闻办公室和发言人,标志着新闻发言人制度在美国正式成为一种政治制度。

在美国政府建立新闻发言人制度的同时,美国民间的类似做法也发展起来。一些社会团体、大型企业乃至于社会名流、电影明星等纷纷雇用新闻代理人,为他们处理越来越多的与新闻界的联系事务,比如安排接受记者采访、回答问题等。

目前,新闻发言人制度在西方已十分普遍。据美国全国政府传播者协会估计,“如今的美国,各级政府大约有 4 万名新闻发言人。稍有规模的企业都会设立专职的新闻发言人,即使是十来个人的小企业,也会有兼职的新闻发言人。”[2]

(二)中国新闻发言人制度的设立

在民国初期中国就出现了记者招待会。上海《申报》1912 年 5 月 24 日报道:“国务院于前陆军贵胄学堂内特设新闻记者招待所。18 日下午 2 时特邀在京新闻记者在国务院开第一次谈话会,唐总理及各国务员均出席,新闻记者共到 20 余人。首由唐总理宣言,每日下午 2 时派秘书 2 人于招待所接待,遇有可以发表之文件,即交新闻记者带回,诸君遇有质问之事,亦随时可以质问等云。”唐总理指当时南京临时政府第一任国务总理唐绍仪。

新中国成立至改革开放初期,中国较少使用新闻发言人的形式来发布新闻。这期间只举行过少数几次记者招待会,比较有影响的是:1965 年 9 月 29 日,时任外交部长的陈毅同志在人民大会堂举行记者招待会,驳斥美苏超级大国对我国实行军事包围,有三百多名中外记者进行了采访。[3]

---

〔1〕 艾唐:“美国总统的公关术”,载《国际公关》2012 年第 43 期。

〔2〕 宋念申:“新闻发言人是一种制度　第一时间传递政府声音”,载《环球时报》2003 年 11 月 10 日。

〔3〕 《新闻发言人制度》,http://baike.baidu.com/view/1214131.htm,最后访问日期:2014 年 4 月 25 日。

中共中央宣传部、中央对外宣传领导小组1983年2月联合发文《关于实施〈设立新闻发言人制度〉和加强对外国记者工作的意见》，要求外交部和对外交往较多的国务院各部门建立制度，定期或不定期地发布新闻。1983年3月1日，新任外交部新闻司司长齐怀远被正式任命为第一任外交部新闻发言人，并举行了首次新闻发布会。1983年4月23日，中国记者协会首次向中外记者介绍国务院各部委和人民团体的新闻发言人，正式宣布我国建立新闻发言人制度。

外交部新闻发言人、每年"两会"的新闻发言人等都是在改革开放以后出现的。特别是2003年SARS疫情过后，从2003年4月初到6月24日，卫生部连续举办了67次新闻发布会，是举办新闻发布会最密集的时期，也是我国全面建立新闻发言人制度的标志。"7·23"甬温线动车追尾事故发生后，新闻发言人的表现与角色定位屡屡成为舆论的关注焦点。

（三）新闻发言人制度的效能

在面对各种突发事件、判断国际局势、应对国内外事务等方面，新闻发言人基本能够迅速及时地作出反应，为媒体提供权威性的信息，保持与公众的信息通畅，满足公众的知情权，引导社会舆论，促进社会稳定。关于新闻发言人制度的实际效能体现在如下几方面：

1. 满足公众知情权，实现公众的民主权利。

政府信息公开的主要动力源于公众知情权的需求。公众知情权是现代民主政治的根本要求，是监督公共权力的有效手段，也是新闻发言人制度赖以存在的法理基础。

公民通过新闻媒体获得和传播国内外信息，参与国家政治生活和社会生活；通过新闻媒体对国家的重大事务、国家工作人员实行监督。政府的一切行为，除涉及国家安全、保密等特殊原因，都要公开。满足公众知情权的方式有很多，部门公告、公众主动询问、领导发表讲话等，但新闻发言人制度是最便捷、及时、有效的方式。它可以较短的时间、最快的速度、最有效的方式，向最广大的公众传达政府的信息。

2. 引导舆论，协调政府与社会公众沟通之间的矛盾。

政府借助媒介平台与公众沟通，为公众提供信息，在公众中塑造良好形象，获取公众的参与和支持，新闻发言人制度成为现代高效政府施政的重要方式。新闻发言人可以协调政府机构想要在相对保密的环境下工作和新闻记者及公众要求充分披露政府信息之间的冲突。从西方国家的实践来看，新闻发言人制度就是一种有限的信息源，作为一种润滑剂，协调政府、媒体和公众的关系，同时，在此基础上引导舆论。从传播学角度看，新闻发言人制度是通过议程设置对舆论进行控制。

3. 促进政府形象的建设，提高政府在公众中的美誉度和公信力。

政府形象是公众进行评价的，政府在公众中的美誉度是根据公众的赞赏度来衡量的。新闻发言人制度的建立，正是政府信息公开的一种实践，它本身就体现了政府的开放形象。政府的开放程度影响到公众对于政府的廉洁、勤政、效能的具体评价。由此看来,新闻发言人制度的建立,本身就是塑造政府形象的一种途径。

(四)新闻发言人制度的不足

政府开展新闻发布会,让新闻发言人统一发布事件的真相与处理结果,是社会进步的体现,是一个负责任政府的体现。然而我国新闻发言人制度的实行在给社会、公众带来积极意义的同时,也存在不成熟、不完善的地方。

1. 政府信息公开的内容有限

形式上公开多,实质上公开少;结果公开多,过程公开少;原则方面公开多,具体内容公开少;公众被动接受的多,主动参与的少;公开政府"正面"信息多,公开政府"负面"的信息少。一些政府部门和官员甚至认为,公开那些涉及政府决策失误、吏治腐败、官场歪风等负面信息,会损害党和政府的形象,影响社会安定,总是想方设法掩盖起来。

2. 缺乏系统战略,信息收集工作相对薄弱

一些政府部门的新闻发言人制度是迫于行政命令的压力而建立的,没有将信息公开看作是系统化的、需要整个部门通力合作、相互配合的工作,而只着眼于如何应付记者、回答问题上。同时由于长期的部门分工,在信息收集过程中没有完整的信息系统可以利用,新闻发言人能获得的信息也存在局限性,容易造成发布的内容笼统模糊,难有全面、清晰、明确的信息和中肯的分析。

3. 缺乏有效的互动机制

目前我国大多数建立新闻发言人制度的政府部门在与公众双向互动沟通的环节上相对薄弱,更多关注向媒体发布信息,忽略媒体反馈的公众意见,不知道公众关注什么,需要什么,对政府的政策法规支持与否。下情上达的作用没有很好的体现。

对此,我国各级政府及其新闻发言人也在积极探索,以寻找有效地与公众进行沟通的渠道。如有些政府设定了网络新闻发言人,保持对外发布政府的网络新闻和政务信息,并就网络媒体上公众关心的相关问题进行答复。卫生部新闻发言人毛群安曾提出了新闻发言人"黄金三原则":第一,要不断地更新信息发布;第二,用最简单的语言说出核心信息,说太多了记者抓不住重点;第三,对解决问题的决心与办法做重点说明,好话不怕重复说,处理好与媒体之间的关系,公开和积极响应的态度会得到媒体的支持。

总之,为满足公众知情权,实现政府现代化行政,新闻发言人制度还要不断地进行自我完善和改进,在这个过程中需要保持一定的规范性、实效性、稳定性、连续性,以探索具有中国特色的新闻发布制度。

第二节　重大政务新闻和有关国家领导人作品的发布

国家重大政务信息以及主要国家领导人的作品,因其各自具有特殊地位而受到公众的广泛关注。为了不因新闻媒体的报道差异而引起社会公众的猜测及误会,我国对这两个方面内容的报道进行了规范。

一、重大政务新闻

(一)重大政务新闻的含义

关于重大政务新闻,自新中国成立以来一直实行的就是新华通讯社统一发布的制度,以确保在重大问题上有一个统一的发布口子和口径,避免多种版本的报道引起社会的猜测和流言,以保证政务新闻的权威性、真实性和准确性。

1987 年,中宣部等部门颁布的《关于改进新闻报道的若干问题的意见》(以下简称《意见》)指出,重大政务新闻主要是指:党和政府的重大决策、决定;重要文件;重要会议新闻;中央领导人的重要讲话;中央领导人会见外宾、会谈时发表的涉及国内国际重大问题的谈话;重要人事任免;领导人去世等。

同时,《意见》还对重大政务新闻的时效作了规定,所有的重大政务新闻报道力争在外电外台之前。领导人和知名人士的去世,应尽可能的在当天对内对外进行报道。凡有外国记者在场或涉及外国人的事件,都应及时报道,并力争发在外国记者之前。

(二)重大政务新闻发布与报道的途径

在重大政务新闻的发布方面,我国新中国成立初,中央人民政府政务院[4]及有关部门就颁布了一系列法律法规文件,确立了重大新闻由新华通讯社统一发布的原则与制度。

中央人民政府政务院 1949 年 12 月 9 日颁布了《关于统一发布中央人民政府及其所属各机关重要新闻的暂行办法》规定,一切公告及公告性新闻,均由新华通讯社统一发布。于 1950 年 1 月 1 日又颁布了《关于中央人民政府所属各机关发表

---

[4] 中央人民政府政务院是 1949 年 10 月 21 日至 1954 年 9 月 27 日期间中华人民共和国"国家政务的最高执行机关",是中央人民政府的一个机构。政务院的规模要远远小于 1954 年之后的中华人民共和国国务院,其职权也远远小于国务院。政务院并非是国家最高行政机关,而是国家政务的最高执行机关。而国务院,也称中央人民政府,是最高国家行政机关。其间政务院总理为周恩来。

公告及公告性文件的办法》,除进一步明确重大新闻由新华通讯社统一发布的原则,又增加了《人民日报》负责刊载的内容。对于中央人民政府所属各机关发表公告及公告性文件的报道,一切以新华通讯社和《人民日报》刊载的内容为准。办法具体内容如下:

1. 关于法令。

凡公告全国人民周知的重要法令,经政务院核定交新华通讯社发布后,《人民日报》应按其内容和重要性分别在各版发表;如有必要按一定日期刊出者,由政务院秘书厅注明。

如公布次要的法令,如《人民日报》篇幅紧张,则在其增刊发表;其中如有注明限期者必须如期刊出;未注明限期者,从接到稿件之日起,必须在一周之内刊出。

仅与一部分人或一部分地区有关的法令,而无普遍周知之意义者,除由政务院指定新华通讯社通知有关地方的报纸全文发表外,得由《人民日报》在增刊发表或摘要发表。

2. 关于报告。

凡政务院指定要《人民日报》发表的重要报告,《人民日报》应依其内容性质和重要性分别在各版刊载或增刊刊载。其有限期者,应如期发表。

一般的工作总结、报告等,由《人民日报》摘要写成新闻或改为论文等形式发表;但因发布机关的工作需要而提出要求时,亦得由《人民日报》在增刊上全文发表。

3. 关于任命名单。

凡中央人民政府委员会会议通过的任命名单(连同履历),《人民日报》应于一周内增刊全部发表。

政务院政务会议通过的任命名单,一般的不在《人民日报》上发表;其重要者,经政务院批注,《人民日报》应照批注日期在新闻版或增刊上发表。

中央人民政府政务院秘书厅根据各机关执行有关新闻法律法规的情况,于1951年发布了《关于严格遵照统一发布新闻的通知》,在对上述原则制度进行重申的基础上,提出凡中央人民政府所属各机关发表公告及公告性文件,在送发之前要经过机关首长批准,而重要的文件送发,须经过主管首长签送总理批准后才可以发布。

无论之后颁布的法律法规进行了怎样的改变,但是在新中国成立初确立的基本原则一直没有改变。在《关于严格遵照统一发布新闻的通知》之后的几十年里,国家根据实际情况发布了一些新的法律法规,以保证完善和发展重大新闻由新华社发布的制度。1987年发布的《关于改进新闻报道若干问题的意见》,重申了新华社作为党和国家发布新闻机关的地位。发展到现在,新华社要根据相关法律及时发布的重大政务信息内容包括所有党和政府的重大政策、决策、重要文件、重要会议新闻、中央领导人的重要活动和同外宾会见、会谈时发表的涉及国内国际重大问题的谈话、重要人事任免、领导人去世等新闻，以及中共中央政治局会议和书记处会议决定中一些可以公开报道的内容。

二、有关主要国家领导人的作品

（一）主要国家领导人的范畴

所谓的有关党和国家主要领导人作品是指描写、记述或涉及主要党和国家领导人工作和生活情况的图书、报刊文章、音像制品、电影及电视作品等。发表有关党和国家主要领导人的作品要于发表前送审。

根据1990年由中共中央宣传部颁布的《关于对描写党和国家主要领导人的出版物加强管理的规定》以及1993年新闻出版总署颁布的行政规章《关于发表和出版党和国家主要领导人工作和生活情况作品的补充规定》，党和国家主要领导人包括：现任或曾任中共中央政治局常委，国家主席、副主席，国务院总理，中央军委主席，全国人大常务委员会委员长，全国政协主席。

（二）有关党和国家领导人作品的发布途径

对于有关党和国家主要领导人的作品的发布，《关于对描写党和国家主要领导人的出版物加强管理的规定》和《关于发表和出版党和国家主要领导人工作和生活情况作品的补充规定》两部规范性文件对此作了详细的规定。

由《人民日报》、新华社、中央电视台，中央人民广播电台发表的，按照各自的审批程序报批；由其他中央或地方重要新闻单位发表的，报送党和国家主要领导人指定的部门或人员审批。

由中央级报刊发表的，报主管部门审核，由主管部门提出意见后提交新闻出版署审批；由地方报刊发表的，报省级政府主管部门审核，由主管部门提出意见，并经省、自治区、直辖市党委宣传部同意后，报新闻出版署审批。新闻出版署审批过程中，可根据具体情况，将送审作品转请中央文献研究室、中央党史研究室以及军事科学院等部门协助审核。特别注意的是，发表和出版涉及健在的领导人的作品，包括报道领导人的活动和其谈话内容，都必须征得本人同意。

当报纸、期刊发表或转载有关国家主要领导人的作品时，要注意与各自的性质、分工相符合，否则不允许刊载。根据相关法律、规章，对违反送审规定者，由新闻出版署以及当地新闻出版局予以行政处罚。如果内容可以发表，但未按规定送审的，没收全部利润。若内容也有问题的，除了没收利润和罚款外，还将追究出版单位和责任者的责任，甚至撤销出版单位。

第三节　灾害新闻与气象信息的发布

灾害性事件的新闻以及气象信息的发布对人们的生活产生重大的影响，甚至影响到人类的生存与发展，人们对这类新闻信息的关注度要高很多。虽然灾害本身和一些突发的气象是负面的，但是这些灾害新闻和信息的发布应该具有其正面的导向作用。灾害新闻以及气象信息的发布方面要正规、严肃，遵守国家的相关法律规范。

一、灾害新闻与气象信息的含义

灾害事件主要指火灾、水灾、工程交通事故以及治安刑事案件等猝发的难以预料的重大事件。灾害事件大致可以分为自然灾害和人为灾害。自然灾害指的是来自自然界的、人类不可抗拒的力量或非人为因素而导致的重大事故或其他自然灾害，而人为灾难是指由人为因素或各种社会矛盾而导致的重大突发性事件。总之，无论是自然灾害事件还是人为灾害事件，一般都是突发性的。灾害事件一般会造成或者可能造成重大人员伤亡、财产损失、生态破坏和严重的社会危害，危及公共安全。

那么所谓的“灾害新闻”就是对这些灾害事件进行的报道。灾害具有突发性、破坏性和冲击性等特点，对灾害事件的报道具有较高的新闻价值。在灾害事件突发时，民众的认知状态失衡，产生对信息的强烈需求。因此，灾害新闻报道是否科学、准确关系着社会是否稳定等诸多方面。

我们所说的气象信息主要是指气象预报以及灾害性天气的警报。应用大气变化的规律，根据当前及近期的天气形势，对某地未来一定时期内的天气状况进行预测就是我们所说的天气预报。灾害天气的警报则是对可能对人民生命财产有严重威胁，对工农业和交通运输会造成重大损失的天气进行警示预报。天气预报以及灾害天气预警是涉及整个国民经济建设、社会生活和千家万户日常生活的重要的信息。目前我国正在积极建设灾害天气预警绿色通道，以更快速有效地应对灾害，减少损失。

二、灾害信息与气象信息的发布与规范

在我国，灾害信息以及气象信息的发布均由国家指定的部门统一发布，未经许可新闻传播媒体不得擅自报道。国家颁布相关法律、法规对此进行规范，以保证灾害信息以及气象信息的精确，避免失实的信息影响社会的安定与秩序，造成民众的恐慌。

对于灾害信息的发布制度，我们主要从地震信息的发布、传染病疫情信息的发

布来学习。

（一）地震信息的发布

自1988年以来，我国先后颁布了一系列法律、法规，成为世界上唯一对地震新闻与信息的发布施行法制化管理的国家。1988年8月9日，国务院批准、国家地震局颁布了《发布地震预报的规定》；1997年，第八届全国人大常委会通过了《防震减灾法》；1998年，国务院发布《地震预报管理条例》，废除《发布地震预报的规定》。

根据预报时期长短不同，地震预报可以分为长期、中期、短期、临震预报四种。

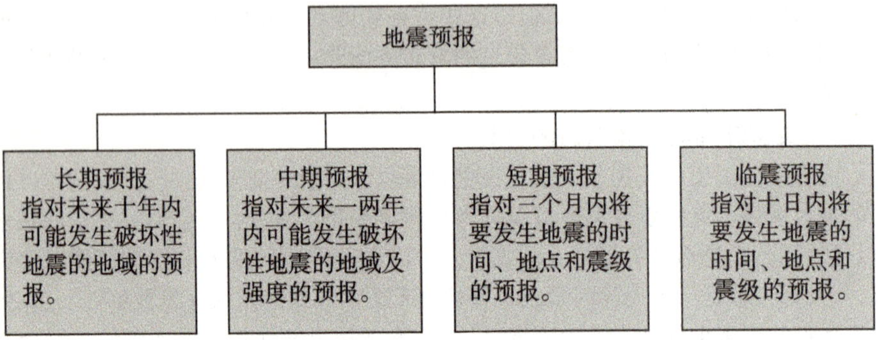

图5.1　地震预报的种类

我国《防震减灾法》（2008年修订，2009年5月1日施行）对地震信息的发布有了更详细的规定。第25条规定，“国务院地震工作主管部门建立健全地震监测信息共享平台，为社会提供服务”。第29条规定，“国家对地震预报意见实行统一发布制度。全国范围内的地震长期和中期预报意见，由国务院发布。省、自治区、直辖市行政区域内的地震预报意见，由省、自治区、直辖市人民政府按照国务院规定的程序发布。除发表本人或者本单位对长期、中期地震活动趋势的研究成果及进行相关学术交流外，任何单位和个人不得向社会散布地震预测意见。任何单位和个人不得向社会散布地震预报意见及其评审结果”。第44条第4款规定，“新闻媒体应当开展地震灾害预防和应急、自救互救知识的公益宣传”。第52条规定，“地震灾区的县级以上地方人民政府应当及时将地震震情和灾情等信息向上一级人民政府报告，必要时可以越级上报，不得迟报、谎报、瞒报。地震震情、灾情和抗震救灾等信息按照国务院有关规定实行归口管理，统一、准确、及时发布”。

除了上述国家有关机关外，其他任何组织或者个人不得发布地震预报。而对于报刊、广播、电视、网络等新闻媒体刊登或者播发地震预报消息，国务院颁布的《地震预报管理条例》第14条规定，“以国务院或者省、自治区、直辖市人民政府发布的地震预报为准”，实事求是地进行地震工作的宣传报道。有关地震短期和临震预报的宣传报道，在发表之前应该征得国家或者省级地震部门的同意。如果新闻媒体得到有关与地震有关的异常情况的反映，应该在与当地政府以及地震部门联系后，再决定是否报道。在地震发生后，应该从政府及地震部门获取有关震情和灾情的可靠信息进行报道。有关地震的谣言，要与地震部门积极配合，开展辟谣工作。

2012 年 8 月 28 日修订的《国家地震应急预案》对地震信息发布有了进一步规定："各级抗震救灾指挥机构按照分级响应原则，分别负责相应级别地震灾害信息发布工作，回应社会关切。信息发布要统一、及时、准确、客观。"

2013 年 10 月 25 日，国务院办公厅《突发事件应急预案管理办法》第 21 条规定："自然灾害、事故灾难、公共卫生类政府及其部门应急预案，应向社会公布。对确需保密的应急预案，按有关规定执行。"

参阅资料：

为博点击率竟造谣成都有 9.2 级地震

《成都日报》官方微博　2013 年 4 月 27 日

芦山地震发生 4 小时后，互联网上出现"成都将发生 9.2 级地震"的信息。经查，该信息是一网民为提高其网站点击量编造的，成都警方已对违法嫌疑人处以行政拘留 10 天的处罚，并有可能对其进一步追究刑事责任。昨晚的央视《焦点访谈》节目，对该事件予以了关注。

（腾讯微博）

（二）传染病疫情信息的发布

根据 1989 年 2 月 21 日颁布的《传染病防治法》和同年 11 月 8 日卫生部颁布的《关于授权公布传染病疫情的通知》等，"国务院卫生行政部门应当及时、如实通报和公布本行政区域的疫情"。

《传染病防治法》（2004 年修订，2013 年修正）第 30 条规定："疾病预防控制机构、医疗机构和采供血机构及其执行职务的人员发现本法规定的传染病疫情或者发现其他传染病暴发、流行以及突发原因不明的传染病时，应当遵循疫情报告属地管理原则，按照国务院规定的或者国务院卫生行政部门规定的内容、程序、方式和时限报告。"第 38 条规定，"国家建立传染病疫情信息公布制度。国务院卫生行政部门定期公布全国传染病疫情信息。省、自治区、直辖市人民政府卫生行政部门定期公布本行政区域的传染病疫情信息。传染病暴发、流行时，国务院卫生行政部门负责向社会公布传染病疫情信息，并可以授权省、自治区、直辖市人民政府卫生行政部门向社会公布本行政区域的传染病疫情信息。公布传染病疫情信息应当及时、准确。"

依照《传染病防治法》的规定，特别是针对2003年防治非典型肺炎工作中暴露出的突出问题，《突发公共卫生事件应急条例》着重解决突发公共卫生事件应急处理工作中存在的信息渠道不畅、信息统计不准、应急反应不快、应急准备不足等问题，旨在建立统一、高效、有权威的突发公共卫生事件应急处理机制。其第三章第19～25条集中规定了突发事件的报告与信息发布制度。第21条规定："任何单位和个人对突发事件，不得隐瞒、缓报、谎报或者授意他人隐瞒、缓报、谎报。"第25条规定："国家建立突发事件的信息发布制度。国务院卫生行政主管部门负责向社会发布突发事件的信息。必要时，可以授权省、自治区、直辖市人民政府卫生行政主管部门向社会发布本行政区域内突发事件的信息。信息发布应当及时、准确、全面。"

根据《传染病防治法》和《突发公共卫生事件应急条例》（以下简称应急条例）等法律法规的规定，卫生部制定了《突发公共卫生事件与传染病疫情监测信息报告管理办法》、《卫生部关于法定传染病疫情和突发公共卫生事件信息发布方案》等，进一步落实了有关传染病疫情的新闻与信息发布制度。

2013年10月25日，国务院办公厅以国办发〔2013〕101号印发《突发事件应急预案管理办法》第21条规定："自然灾害、事故灾难、公共卫生类政府及其部门应急预案，应向社会公布。对确需保密的应急预案，按有关规定执行。"

根据《气象法》、《气象灾害预警信号发布与传播办法》、《气象预报发布与刊播管理办法》，国家对气象预报和灾害性天气警报实行统一发布制度。各级气象主管机构所属的气象台站按职责向公众发布。

各级气象主管机构所属的气象台站按照职责向社会发布公众气象预报和灾害性天气预报。各级广播、电视台站和省级政府的指定的报纸应安排专门的时间或者版面，每天刊播公众气象预报或者灾害性天气警报。广播、电视、报纸、电信等媒体必须使用气象主管机构所属的气象台站提供的实时气象信息，并标明发布时间和气象台站名称。

第四节 证券信息的发布

我国证券市场经过几十年的发展，在多方面取得了进步。证券市场在我国经济发展的过程中发挥着不可替代的作用。证券市场是资源配置的重要场所，同时也是信息的集散地。证券市场的"公开、公平、公正"的原则，必须通过一整套信息提供、信息传递、信息评价、信息监管的信息披露制度来实现。其中，信息监管贯穿于信息披露制度各个环节。

一、证券信息概述

(一)证券与证券信息

证券是多种经济权益凭证的统称,用来证明持券人有权按其券面所载内容取得应有权益的书面证明。按其性质不同可将证券分为证据证券,凭证证券和有价证券。人们通常所说的证券即有价证券。有价证券是一种具有一定票面金额,证明持券人或证券指定的特定主体拥有所有权或债权的凭证。如股票、企业债券、政府债券以及金融债券等。我国的证券市场在改革开放的大时代背景下应运而生。1981 年财政部首次发行国库券,揭开了新时期中国证券市场新发展的序幕。上海证券交易所、深圳证券交易所成立后,国内证券交易开始逐步规范化。1992 年年底,国务院证券委员会和中国证券监督委员会成立,并开始建立政府监管制度。

随着证券市场的发展,证券信息与新闻的发布与报道,成为我国新闻传播活动的一项新的重要内容。证券信息与新闻是不同的两个概念。我们所说的证券信息是指证券管理部门、证券交易所、上市公司及其他机构按照法定程序发布的有关证券的发行、交易及其相关活动的信息以及证券经营机构、证券咨询机构等依法向公众提供预测证券市场走势等可能影响证券市场价格的分析报告、评论等。证券新闻是新闻媒体对证券市场新近发生的事实的报道,对投资者乃至整个社会都有着重要影响。当然证券交易所也会在独自或者联合创办的报刊上进行证券新闻发布。1987 年上海出版的《新闻报》率先刊登证券行情,每月一次,1990 年 7 月开办"证券市场专版",这是国内第一个定期的证券新闻专版。1991 年 6 月,上海证券交易所创办内部专刊《上海证券》,这是全国第一张专业性的证券类报纸。1993 年 1 月,上证所与新华社上海分社联合主办的正式报纸《上海证券报》创刊,向社会公开发行。同时,由新华社主办的《中国证券报》在北京创刊,1994 年从周刊改为日刊。1993 年 11 月,《证券时报》在深圳创刊。在这之后,证券类报刊大量涌现。除了报刊,广播电台、电视台以及网络媒体等,几乎没有不设股市专版、专栏和专题节目的。

(二)证券信息的特殊性

证券信息、新闻的发布有一定的特殊性,主要体现在其专业性和功能的特殊性上。对于其专业性的特点在此就不赘述。

功能的特殊性主要体现在,证券信息和新闻的发布与报道,除了具有宣传教育、服务指导、信息传播、舆论监督等功能外,由于报道题材的特殊性,其还体现出指定信息公开披露和舆论监督的功能。"信息披露制度"可以充分的体现该功能特点。对于"信息披露制度",我们在后文会有详细介绍。

二、证券信息的发布与规范

(一)发布证券信息的途径

早在 1993 年,我国就开始对证券信息的披露以及传播进行规范与管理了。

1993 年 4 月，国务院发布《股票发行与交易管理暂行条例》对证券信息披露和新闻传播的内容作了规定。同年 6 月，中国证券监督委员会颁布第一部专门规范股市信息披露的部门规章，即《公开发行股票公司信息披露实施细则》。8 月，国务院证券委员会经国务院批准发布了《禁止证券欺诈行为暂行办法》。1993 年 12 月，第八届全国人大常委会第五次会议通过《公司法》，对各种公司包括上市公司的组织和行为制定了完整的法律规范，同时为规范证券信息的披露和传播提供了法律依据。1997 年 3 月，第八届全国人大第五次会议通过修订后的新《刑法》，明确规定了包括与信息披露和新闻传播活动有关的编造并传播虚假信息罪、内幕交易、泄露内部信息罪等在内的有关证券犯罪的罪行。同年，国务院证券委员会经国务院批准发布《证券、期货投资咨询管理暂行办法》，同时中国证监会、新闻出版署等六部门又联合发布《关于加强证券期货信息传播管理的若干规定》，对刊发和传播证券信息的媒体的范围、分析股市行情、提供具体投资建议的作者的资格等事项作了严格规定。除此之外我国证监会通过多次发布规范性文件，加强对证券信息披露和传播监管。1998 年 12 月 29 日第九届全国人民代表大会常务委员会第六次会议通过了《证券法》（2005 年 10 月 27 日，第十届全国人民代表大会常务委员会第十八次会议修订了《证券法》，2013 年 6 月 29 日第十二届全国人民代表大会常务委员会第三次会议修正了《证券法》）。《证券法》是对以往行政法规、规章中有关证券信息和新闻的发布与报道内容的总结。该法律与以前的法规、规章中仍然有效的部分，共同构成了我国证券信息和新闻传播活动的比较完整的法律规范。2008 年 4 月 25 日，中国证券监督管理委员会还公布了《证券期货监督管理信息公开办法（试行）》，于 2008 年 5 月 1 日正式实行。

（二）证券信息的发布要求

1. 公开、公平、公正

对于公开、公平、公正的要求，我国相关的法律作了明确的规定。根据《证券法》第 3 条规定，在证券发行以及交易的活动中，必须实行公开、公平、公正的原则。公开发行证券，按照《证券法》第 10 条规定，必须符合法律、行政法规规定的条件，并依法报经国务院证券监督管理机构或者国务院授权的部门核准。未经依法核准的程序，任何单位和个人不能公开发行证券。所有的证券公司在首次公开发行证券时，要按照相关法律、法规规定，如实披露有可能影响投资者作出决定的所有信息。对于国务院证券监督管理机构依法核准股票发行申请的程序和国务院授权部门对审批公司债券发行申请的程序要公开。发行人在证券核准或者审批后公开发行前，发行的募集文件除了公告以外，还要将该文件置备于指定场所，供公众查阅。上市公司或公司债券发行人也应该把依法须公告的文件置备于指定场所供公众查阅，等等。《证券法》第 64 条规定：“经国务院证券监督管理机构核准依法公开发行股票，或者经国务院授权的部门核准依法公开发行公司债券，应当公告招股说明书、公司债券募集办法。依法公开发行新股或者公司债券的，还应当公告财务会计报告。”信息公开义务贯穿于证券发行和证券交易的全过程，还包括发行公开和发行后的持续信息公开。

当然，商业秘密、证监会在调查违法行为过程中获得的非公开性信息和文件以及法律、法规规定可以不披露的信息和文件，可以不公开。当发生可能对上市公司股票交易价格产生较大影响，且不为投资者所知的重大事件时，上市公司应当立即向证监会上报临时报告并予以公告。报告以及公告中要说明事件的起因、现状以及可能产生的法律后果。证券发行人在披露信息时，要通过国务院证券监督管理机构指定的媒体。同时，公布的信息还要置备在公司住所、证券交易所，以供公众阅读。同时，为了提高中国证券监督管理委员会的监管透明度，中国证监会也应该公开监管信息，且监管信息的公布应该在其形成或者变更之日起的20个工作日内。若是其他法律、行政法规对公开的期限另有明确规定，则从其具体规定。中国证监会应该公开的监管信息包括：中国证监会及其派出机构的机构设置、工作职责；证券期货规章、规范性文件；证券期货市场发展规划、发展报告；纳入国家统计指标体系的证券期货市场统计信息；行政许可事项、依据、条件、数量、程序、期限、材料目录、审批机构和核准结果等。

相关法律对证券市场中各类重大信息和文件的发布都有明确的时间限制，这样使投资者能够尽可能均等获取信息。如招股书在发股前2～5日发布，上市公告在上市前5日发布，公司年度报告应当在每一会计年度的结束之日的4个月内公告，中期报告在2个月内公告，临时发生的重大事件立即报告，收购事件在3个工作日内公告，等等。对于临时发生的可能对上市公司股价产生重大影响的事件，超过一个工作日内隐匿不报的就要受到处罚。若该重大事件同时不被投资者所知，必须在证券交易所和证监会获知后，由相关媒体同时公开发布。而对于商业秘密，任何知情人不得公开或泄露。

2. 真实、准确、完整、及时

《证券法》第63条规定：“发行人、上市公司依法披露的信息，必须真实、准确、完整，不得有虚假记载、误导性陈述或者重大遗漏。”《证券法》第171条第4款也规定，投资咨询机构及其从业人员从事证券服务业务不得“利用传播媒介或者通过其他方式提供、传播虚假或者误导投资者的信息”。可见，依法真实、准确、完整和及时地披露信息，是发行人应尽的法定义务，也是证券市场正常运行的重要前提。

真实是指公开的信息必须具有客观性、一致性和规范性，不得作虚假陈述。客观性是公开的信息所反映的事实必须是公司经营活动中实际发生的，禁止为了影响市场价格而编造的虚假信息；一致性是指公开信息所根据的标准具有一贯性，如有所变动应作出说明；规范性是指所公开的证券信息必须符合《证券法》所规定的对不同性质信息的真实性的不同判断标准。

准确是指所公开的证券信息必须准确无误，不得以模糊不清的语言使公众产生误解，不得有误导性陈述。信息的发布者和信息的接收者之间对同一信息以及各个信息接收者之间对同一信息在理解上是一致的。

证券信息必须是完整的，依照法律法规和证券监管机构、证券交易所的指令，不得有重大遗漏。信息的完整性有质和量两方面的限定。在性质上必须是重大信息，是能够影响到公司证券市场价格的信息；在数量上必须达到一定的标准，足以使投资者在通常的情况下能够据此作出适当的投资判断。

证券信息的公开要及时，在合理的时间内要尽可能迅速地公开其应公开的信息，不得延迟。无论怎样正确的信息，如果其公开的时间迟滞，为投资判断的有用性必然减退，所以，及时性的要求是十分必要的。上市公司的经营、财务状况、最新状态等都应及时公布给公众，不能给公众过时、陈旧的消息。

参阅资料：

证监会披露三起证券市场违法违规案件

记者　陶俊洁　赵晓辉

新华社北京8月3日电　证监会3日披露了三起证券市场违法违规案件，分别是彩虹精化信息披露违法违规案、亚星化学信息披露违法违规案及正源和信所违法违规案、ST天润信息披露违法违规案。

根据监控发现的线索，2011年4月，证监会对深圳市彩虹精细化工股份有限公司信息披露违法违规行为立案调查。经查，彩虹精化存在未及时披露可能给彩虹精化带来巨额利润的合同事项，以及未及时披露彩虹绿世界与深圳绿世界商谈变更合同主体事项。

证监会决定：对彩虹精化给予警告，并处以30万元罚款；对相关人员陈永弟给予警告，并处以20万元罚款；对李化春给予警告，并处以10万元罚款；对郭健、王明章给予警告，并分别处以5万元罚款；对刘科给予警告，并处以3万元罚款。

根据日常监管发现的线索，2010年11月，证监会对潍坊亚星化学股份有限公司信息披露违法违规行为立案调查。经查，亚星化学存在与控股股东潍坊亚星集团有限公司之间存在直接的非经营性资金往来未予及时披露，未作账务处理。同时，亚星化学未及时披露重大担保事项。

证监会决定：责令亚星化学改正，给予警告，并处以50万元罚款；对时任董事长陈华森给予警告，并处以20万元罚款；对时任董事张福涛、王志峰和汪波给予警告，并分别处以5万元罚款；对时任董事周建强、唐文军、刘建平、段晓光、鄢辉、周洋和独立董事韩俊生、王维盛、陈坚给予警告，并分别处以3万元罚款。

此外，为亚星化学2009年年报进行审计的山东正源和信有限责任会计师事务所也被处以责令改正，没收业务收入35万元，并处以35万元罚款；对两名签字注册会计师刘守堂、贺业政给予警告，并分别处以3万元罚款的惩罚。

证监会同时披露了湖南天润实业控股股份有限公司挪用募集资金等违法违规行为。经查，ST天润使用募集资金归还银行借款未及时披露，公告内容存在虚假记载。同时，未经批准擅自改变募集资金用途、重大仲裁事项未及时披露。

证监会决定：责令ST天润改正违法行为，给予警告，并处以30万元罚款；对赖淦锋、彭朝辉给予警告，并分别处以10万元罚款；对戴浪涛、罗林雄给予警告，并分别处以3万元罚款。

证监会有关部门负责人强调，上市公司应进一步完善内控制度，真实、准确、完整、及时地履行信息披露义务，高管人员应尽职尽责，对签字的信息披露事项严格把关；证券服务机构应勤勉尽责，严格履行相应程序，确保所出具的文件真实、准确、完整。

相关法条：

对于证券信息的披露，我国一直在制度上坚持真实、准确、完整的原则。《证券法》第78条：禁止国家工作人员、传播媒介从业人员和有关人员编造、传播虚假信息，扰乱证券市场。

禁止证券交易所、证券公司、证券登记结算机构、证券服务机构及其从业人员，证券业协会、证券监督管理机构及其工作人员，在证券交易活动中作出虚假陈述或者信息误导。

各种传播媒介传播证券市场信息必须真实、客观，禁止误导。

《证券法》第193条：发行人、上市公司或者其他信息披露义务人未按照规定披露信息，或者所披露的信息有虚假记载、误导性陈述或者重大遗漏的，责令改正，给予警告，并处以三十万元以上六十万元以下的罚款。对直接负责的主管人员和其他直接责任人员给予警告，并处以三万元以上三十万元以下的罚款。

发行人、上市公司或者其他信息披露义务人未按照规定报送有关报告，或者报送的报告有虚假记载、误导性陈述或者重大遗漏的，责令改正，给予警告，并处以三十万元以上六十万元以下的罚款。对直接负责的主管人员和其他直接责任人员给予警告，并处以三万元以上三十万元以下的罚款。

发行人、上市公司或者其他信息披露义务人的控股股东、实际控制人指使从事前两款违法行为的，依照前两款的规定处罚。

（三）证券信息披露制度

所谓的证券信息披露制度，即上市公司为保障投资者利益、接受社会公众的监督而依照法律规定必须将其自身的财务变化、经营状况等信息和资料向证券管理部门和证券交易所报告，并向社会公开或公告，以便使投资者充分了解情况的制度。它既包括发行前的披露，也包括上市后的持续信息公开，它主要由招股说明书制度、定期报告制度和临时报告制度组成。

1. 证券信息披露制度的意义

(1)保护投资者的利益

保护投资者不仅关系到资本市场的规范和发展，而且也关系到整个经济的稳定增长。投资者尤其是中小投资者，由于信息不对称、持股比例小、相对于控股股东和管理层处于弱势地位等原因，需要重点保护。从资本市场的发展历程来看。保护投资者利益，让投资者树立信心，是培育和发展市场的重要一环。

(2)提高证券市场效率

证券市场的一个重要作用就是合理地配置资源，证券价格的重要性正是体现在其对资源配置效率的影响上。如果价格的偏差过大，那么在竞争者中分配稀缺资本的社会机制就会被扭曲。强制信息披露使价格的偏差减小了，这不但使投资者获益，更重要的是它提高了资源的配置效率。

(3)完善证券市场监管

从世界各国的证券市场管理实践来看，证券市场要遵循公开、公平、公正的原则，为市场中所有参与者创造一个良好的市场环境。而高质量的信息监管是监管者受到资本使用者和提供者尊重的必要条件，是抑制投机泛滥、防止市场垄断和操纵、保护投资者利益、减少证券市场外部性的重要手段。为切实达到上述目的，政府必须介入市场，建立以强制信息披露为核心，以违规处罚为辅助的市场制度，弥补因为信息不对称带来的市场机制失灵。

2. 我国证券信息披露中尚存的问题

首先，《证券法》第7条第1款规定，"国务院证券监督管理机构依法对全国证券市场实行统一监督管理"，给多年来一直悬而未决的中国证监会的法律地位以最高权力机构立法的方式确认，但证监会权力的整体配置状况依然存在问题：一方面，与国外的证券监管部门相比，中国证监会缺乏两个重要的权力：一是以自己的名义代表国家或受侵害的不特定的公众投资者起诉证券市场违规者并要求民事赔偿的权力；二是调查银行账户和电话记录的权力。另一方面，与刚成立时相比，证监会的权力实际上已有了相当大的扩张，而且随其权威的逐步树立，官僚主义之风开始抬头：就对违反信息披露的调查处罚而言，并没有规定完善的调查程序和处罚程序，也没有给予违规者、被处罚者陈述、辩解、申诉、上诉的充分机会，这对于完善上市公司信息披露制度及其监管是相当不利的。

在上市公司的信息披露中，会计师事务所作为专业性中介机构，起着不容忽视的作用。他们通常受聘于发行人(上市公司)，审查验证有关材料，并出具具有法律效力的审计报告、财务报告、资产评估报告等意见或文件。这些文件将成为上市公司申请发行和上市的重要上报材料或作为上市公司向外界进行持续信息披露的内容,并在一定程度上决定一家上市公司的"命运"。但是,由于当前上市公司信息披露的法律监管制度还不完善,而且某些会计师的道德素质低、职业操守观念差,出具虚假会计信息、误导投资者的事件屡见不鲜,严重损害了中小投资者的合法利益。因此,加强对会计师事务所监管、强化对会计信息审查是十分必要的。

《证券法》(2013 年修正版)第 65 条规定,中期报告应于每一会计年度的上半年结束之日起两个月内编制并公告;第 66 条规定年度报告应于每个会计年度结束之日起四个月内编制并披露。实际上,在这样长的时间间隔里,很可能使一些小道消息滋长蔓延,也可能使一些关联人员利用时间差和内幕消息完成内幕交易,最终使时效性极强的信息失去披露的意义。

当前广大中小投资者获得沪深证券市场上市公司权威信息的主要渠道是各种证券财经类报刊,内容庞杂、散乱,信息披露容易延误,缺乏系统性和即时性。在互联网络发达的今天,利用电子传媒披露信息应该不失为一个及时、有效的方法,但主要问题在于电子信息服务的费用较高且服务规范也不统一,这就要求国家建立电子系统,为上市公司等证券信息公开服务,以引导信息市场,降低成本,提高效率。

值得注意的是,在证券新闻、特别是证券评论中,应该反映不同的观点并且力求使这些观点保持平衡。运用公开信息和资料对证券市场包括个股走势进行预测分析并通过媒体进行传播,在法律上这样的做法是允许的,但是不能片面诱导公众,要充分揭示推动市场上扬或下跌的多种因素,并运用新闻语言平衡处理。

本章小结

1. 政府信息公开是指行政机关依照法定程序,以法定形式公开与社会成员利益相关的信息,允许社会成员通过查询、阅览、复制、摘录、下载等方式予以充分利用的行为。
2. 新闻发言人制度,是对内容涉及政府的重大事项、重要活动、社会关注的热点问题、海内外关注的问题、重大突发事件、公共政策、公共服务、政府决策等所有与公众利益直接相关的问题,针对这些内容提供的一种接受公众公开咨询、质询和问责的制度。
3. 20 世纪 50 年代,美国在白宫设立了新闻办公室和发言人,标志着建立新闻发言人在美国正式成为一种政治制度。
4. 1983 年 4 月 23 日,中国记者协会首次向中外记者介绍国务院各部委和人民团体的新闻发言人,正式宣布我国建立新闻发言人制度。
5. 在我国,灾害新闻以及气象信息的发布均由国家指定的部门统一发布,未经许可新闻传播媒体不得擅自报道。国家颁布相关法律、法规对此进行规范,以保证灾害新闻以及气象信息的精确,避免失实的信息影响社会的安定与秩序,造成民众的恐慌。

6 证券信息的发布要求：公开、公平、公正；真实、准确、完整。

7 证券信息披露制度，即上市公司为保障投资者利益、接受社会公众的监督而依照法律规定必须将其自身的财务变化、经营状况等信息和资料向证券管理部门和证券交易所报告，并向社会公开或公告，以便使投资者充分了解情况的制度。它既包括发行前的披露，也包括上市后的持续信息公开，它主要由招股说明书制度、定期报告制度和临时报告制度组成。

关键词

信息公开　新闻发布制度　政务新闻　灾害信息　气象信息　证券信息　证券信息披露制度

复习问题

1 谈我国政府信息公开制度设立的背景和主要的功能与不足。

2 我国的新闻发布会制度成立的过程与主要的特点是什么？

3 重大的政务信息与其他信息有何不同？其发布途径是什么？

4 灾害信息和气象信息在发布中应该注意哪些问题？

5 证券信息的发布原则有哪些？

思维训练

1 回顾我国近几年对地震的报道，分析其进步之处及还存在哪些不足。

2 请同学们分组自选新闻事件，以新闻发布会的形式进行模拟训练。

3 养成关注社会热点事件的习惯，积极探寻报纸、广电媒体、微博、门户网站等信息呈现的方式与规律，并思考其中需要改进的地方。

第六章　新闻传播与公民人格权

本章目的

新闻传播活动在发挥好舆论监督作用的同时，要避免出现侵犯公民人格权的情况。本章主要介绍了涉及新闻侵权的相关法律知识，并对公民的人格权进行介绍，着重强调在新闻传播活动中要保护公民的人格权。

通过本章的学习，学生能够掌握以下问题：

1. 新闻侵权行为及其特点
2. 新闻侵权的构成要件
3. 新闻侵权的抗辩事由
4. 新闻侵权的预防
5. 新闻侵权的法律责任
6. 对新闻侵权的救济
7. 几种新闻侵害公民人格权的情形

本章要点

1. 舆论监督
   A. 含义　B. 功能　C. 滥用舆论监督导致新闻侵权
2. 新闻侵权行为
   A. 含义　B. 特点
3. 新闻侵权的构成要件
   A. 新闻作品已经发表　B. 有违法性
   C. 新闻作品有可指认的对象　D. 新闻媒体和新闻工作者的过错
4. 新闻侵权的抗辩事由
   A. 履行舆论监督的职能　B. 公正评论
   C. 权威的消息来源　D. 公众人物和公众兴趣
   E. 合理使用　F. 受害人同意
5. 新闻侵权的预防
   A. 新闻侵权的具体预防　B. 新闻侵权的法律预防

6. 新闻侵权的责任

A. 新闻侵权的非财产民事责任　　B. 新闻侵权的财产赔偿责任

7. 新闻侵权的救济

A. 私了化解　　B. 协商调解　　C. 法律诉讼

8. 新闻侵害公民人格权的情形

A. 新闻侵害名誉权　　B. 新闻侵害隐私权

C. 新闻侵害姓名权　　D. 新闻侵害肖像权

E. 新闻侵害著作权中的人格权

第一节　新闻侵权行为

一、舆论监督和新闻侵权

近年来,随着我国市场经济体制的逐步建立和完善,民主法制建设的步伐日益加快,公民法制意识和人格尊严意识不断增强,由新闻侵权引发的民事诉讼呈现日益增多的趋势。公民合法权利的维护往往借助媒体的舆论监督,但是媒体在新闻报道中也容易发生侵权行为。新闻侵权行为屡屡发生必将对我们追求社会公平和正义造成伤害。

(一)舆论监督的含义和功能

舆论是社会中相当数量的人对于一个特定话题所表达的个人观点、态度和信念的集合体。[1] 在我国,舆论这个概念古代就有。"舆"即轿,"舆人"即指抬轿的人,泛指下层的普通大众;"论"即议论或意见,其主体是普通大众。因而舆论就是普通大众的言论或意见。舆论本无强制性作用,它有的是一种精神的、道义的力量。一旦社会舆论形成,将会对社会产生重要影响。

舆论监督是新闻传播媒体的重要功能,新闻媒体通过传递意见而为社会舆论创造条件。舆论监督是指新闻传播媒体运用舆论的独特力量,传递新闻信息等,帮助公众了解政府事务、社会事务和一切涉及公共利益的事务,并推动其沿法治和社会生活共同准则的方向运作的一种社会集体行为。舆论监督的主体是通过新闻传播媒体发表意见的人。舆论监督的客体是为我国法律和法规所保护的一切社会关系,其内容包括国家重大决策的制定、国家公务员的工作作风和工作效率、涉及公共事务和公共利益的一切组织和个人。舆论监督的对象主要是一切权力,其重点

---

〔1〕 徐慰增、何得乐、阿去克、夏志厚:《不列颠百科全书(国际中文版)》(第14卷),中国大百科全书出版社2007年版,第5~9页。

是权力组织和决策人物，即一切与公共利益密切相关的组织单位及个人。对于权力监督主要包括对决策过程的监督和决策效果的监督；对决策人物的监督主要表现为对决策人物产生的监督和决策人物产生后对其行为的监督。舆论监督的对象还包括对一切社会组织如教育、医疗卫生、文化等单位行为的监督。

舆论监督扎根于公众的权利和利益之中，具有旺盛的生命力，在监督体系中有独特的作用。它通过新闻传播媒体的作用，表达民意和反映民情，彰显社会的正义和良知，是一股十分重要的公众民主力量。新闻媒体通过曝光社会公权力的不公和不足，在公众中形成舆论压力，迫使公权力尤其是政府权力的正当行使，有效的防止权力的滥用和腐败的滋生。

从我国的具体情况看，我们虽然有党内的、行政的、司法的等各种社会监督机制，并发挥着积极的作用。但现实生活中，监督不到位和监督匮乏的情况依然普遍存在。究其原因，很大程度上是在于这些监督属于内部的、纵向的监督，它不对公众公开。监督体系内的有关人员对信息的控制、加工和处理本身不受监督，往往会导致他们以各种官样借口阻挡真相的暴露，使各监督体系不能发挥其应有的作用。而舆论监督则具有得天独厚的优势，新闻传播媒体传播信息快、影响力大、范围广、易于操作，同时成本低廉。一旦某件事情被新闻媒体曝光，立刻就会在公众中产生巨大的影响，形成舆论压力。舆论监督本身所具有的独特性奠定了其无可替代的地位。

无疑舆论监督对于维护公民的合法权利，保障社会公平和正义具有十分特殊的作用。但是只有当舆论监督的作用充分并合理地发挥，才能有效地保护公民的合法权益。

（二）不当的舆论监督导致新闻侵权

新闻传播媒体对于维护公民的合法权益有重要作用，但新闻传播媒体也容易因为不当的方式进行舆论监督而导致侵权行为。在舆论监督中起到主导作用的新闻媒体一旦发生错误，便会对社会公众的正确认识产生影响，继而影响整个社会。“媒介审判”现象便是因新闻媒介角色的错位而产生的一种不正当的舆论监督。“媒介审判”，作为一种超越司法程序的预设性审判，由于媒体报道和公众舆论在主观上具有干预司法审判的意图，在客观上可能会给法官带来巨大的心理压力，使其无法严格遵照法官职业道德和行为准则的要求正常行使司法审判权，从而给法制建设的推进、法治精神的传播、司法权威的树立带来一系列消极影响。在“媒介审判”的过程中，新闻传播媒体和新闻记者实际上成了隐藏的“法官”，用“有罪推定”原则干扰司法独立。“媒介审判影响司法审判”的现象，是媒体舆论与法官意志互动的过程。两者各自行为动机的背后隐藏着双方截然不同的心理需要和外界诱因。

参阅资料：

媒介审判的个案分析——刘涌案[2]

作者　张　健

“刘涌案”作为一个曾经广受社会关注的案件，在中国的法治进程中无疑是一个标志性的事件。因其与涉及诸多高级领导干部的沈阳“慕马”腐败案在同一环境中，并且两者之间存在联系。当该事件被打上了政治的烙印后，媒体对此事件的关注度就变得更高。“刘涌案”是新中国成立以来，最高人民法院提审的第一桩普通刑事案件，其特殊性、重要性足以体现。

“刘涌案”的整个司法过程，经历了被告人一审判处死刑，二审改判死缓，再审又改判死刑，如此一波三折的案件在我国引起了一场强烈的舆论风暴。

一审判决前

2000年7月11日，刘涌被沈阳市公安局刑事拘留，同年8月10日，经沈阳市人民检察院批准逮捕。经上级司法机关指定管辖，辽宁省铁岭市人民检察院于2010年8月向铁岭市中级人民法院提起公诉，指控被告人刘涌犯组织、领导黑社会性质组织罪、故意伤人罪、抢劫罪、敲诈勒索罪、私藏枪支、弹药罪、妨害公务罪、非法经营罪、偷税罪、行贿罪。

随后，《辽宁晚报》、《华商晨报》、《工人日报》、《中国青年报》等众多报刊以及新华网、中国新闻网、新浪、搜狐等门户网站，先后报道了沈阳公安机关及检察机关对刘涌案在侦查、起诉等各国阶段和环节的情况，以及公安机关披露的刘涌犯罪集团的种种犯罪事实；有关官员充当刘涌黑社会组织犯罪保护伞；中纪委参与调查刘涌案；侦破这起大案不但得到了沈阳人大、市委、政府的支持，而且中纪委领导也对此案作了重要批示等。其中，新华社发表了题为“身为黑社会老大向马向东行贿　刘涌终审改判死缓”的报道。由于新华社在我国传媒界的特殊地位、权威性以及其浓厚的官方背景，使其发出的报道受到不少人的诟病与质疑。

魏永征认为，新华社的报道中“虽然刻意用‘恶行’代替‘罪行’，用‘血案’替代‘罪案’，但是这种以公布罪状方式撰写的报道，无异于已经在法院判决以前确定了刘涌有罪，而且‘组织黑社会性质的犯罪集团’、‘黑道霸主’、‘黑帮’、‘黑老大’一类词语，远远胜过‘罪犯’一词的分量，事实上宣布了刘涌的罪行十分严重。”因此，新华社的报道有违背1997年《刑事诉讼法》明文规定：“未经人民法院依法

---

[2]　张健：《“媒介审判”的个案分析——以心理学解析为视角》，复旦大学2008年硕士学位论文。

判决，对任何人不得确定有罪原则”原则的嫌疑。

一审判决后、二审判决前

2002年4月17日，辽宁省铁岭市中级人民法院对刘涌案公开宣判，刘涌被以组织、领导黑社会性质组织罪、故意伤害罪等多项罪名一审处以死刑。同案的宋健飞也被法院以故意伤害罪等多项犯罪判处死刑；其他犯罪嫌疑人分别被判处有期徒刑到死缓等刑罚。

一审法院认为，在刘涌黑社会性质犯罪组织中，刘涌参与和单独作案32起，不仅作案时间长，而且手段残忍，造成一人死亡、多人伤残及巨额财产损失等严重后果。刘涌在该犯罪集团的形成和发展过程中，在该犯罪集团的一系列犯罪活动中，起组织、领导、指挥作用，系首要分子，应对该犯罪集团的全部罪行承担责任。

2002年4月17日新华网报道，参与和单独作案32起“黑道霸主”刘涌一审被判处死刑，在这之后，《工人日报》、《北京青年报》、《华商报》等平面媒体和中国新闻网、新华网、新浪网等网络媒体，纷纷报道刘涌罪恶的发家史，解析刘涌黑社会性质组织的发展历程，揭露有关官员充当刘涌保护伞、公安机关顶着阻力排除干扰侦办刘湧案的种种内幕。沈阳公安局长杨如林还通过媒体详细披露了慕绥新等人多次向公安机关施压，干扰和阻挠查处刘涌案的情况。

2003年3月召开的全国人民代表大会，最高人民检察院负责人还特别将马向东充当刘涌黑社会保护伞的这一个案例作为检察机关重拳反腐的典型，在会议作了报告，被媒体广泛报道。

二审判决之后、再审判决之前

刘涌不服一审判决提起上诉。2003年8月15日辽宁省高级人民法院对刘涌案公开宣判：撤销原一审判决中刘涌的死刑判决，将原处决中刘涌故意伤害罪的死刑判决改为死缓，合并刘涌的其他犯罪刑罚，决定对其执行死缓。同时宣告核准宋健飞死刑。当日宣判后，宋健飞被押赴刑场执行死刑。

二审法院认为，一审判决认定被告人刘涌的主要犯罪事实和证据未发生变化，应予以确认。对刘涌及其辩护人提出的公安机关在对刘涌及其同案被告讯问时存在刑讯逼供的情况不能排除。刘涌系黑社会性质组织的首要分子，应当按照其组织、领导的黑社会性质组织所犯的全部罪行处罚。其所犯故意伤害罪，论罪应当判处死刑，但鉴于其犯罪事实、性质、情节和社会的危害程度以及本案的具体情况，对其判处死刑，可不立即执行。

2003年8月16日，有关媒体报道了刘涌二审被改判死刑缓期二年执行、其团伙成员宋健飞被核准死刑并被押赴刑场执行死刑的消息。此消息一经媒体披露，旋即在互联网上引起了众多网民的关注。许多网友发表热评质疑法院判决。新华网发展论坛上一个题为《悲愤：刘涌改判死缓，公理良心何在?》的帖子，数天之内，即有两千多人跟帖。网友在质疑改判的同时，对该案的背景等非法律因素进行了种种猜疑。8 月 22 日,李曙明在《外滩画报》发表评论文章,二审判决,引起广泛讨论。在这些讨论中,大多是对辽宁省高院的判决表示质疑。紧接着,《南方周末》等媒体也陆续发表评论文章,质疑二审改判。互联网上,甚至有网友发出“刘涌不死,则正义必亡”的评论。之后,一些媒体派记者进行调查性报道,从中反映一些情况,以体现二审判决的客观性,又引起了新的一轮舆论热潮。绝大多数人仍对法院判决表示质疑。

2003 年 12 月 18 日,红网率先报道,最高人民法院将在辽宁公开审理刘涌案。对此,很多人表示欢迎,但也有一些人士发表评论认为应该维持二审法院对刘涌案的判决,更有人质疑最高人民法院对刘涌案的提审。

再审判决之后

2003 年 9 月 3 日,媒体报道,最高人民法院对受到舆论广泛关注的刘涌一案高度重视,并正在抓紧对此案的审查。

2003 年 10 月 8 日,最高人民法院作出最终判决,以原二审判决对刘涌的判决不当为由,依照审判监督程序提审本案。12 月 18 日,最高人民法院在辽宁锦州开庭对此案进行审理。20 日最高人民法院作出判决,并于 22 日宣判:判处刘涌死刑。宣判当日刘涌被执行死刑。

最高人民法院判刘涌死刑并执行后,网上一片欢呼,很多人认为这是法律的胜利,正义的胜利;舆论监督的胜利。但也有人对最高人民法院审判的不公开提出了批评,甚至质疑最高人民法院的判决,认为这是法治的悲哀,有人甚至发出“刘涌死了,法治不能死”的评论。

超级链接:

中国知网,http://cdmd. cnki. com/Article/CDMD - 10246 - 2009019260. htm

聚焦高院提审“刘涌案”

超级链接:

南方网,http://www. southcn. com/news/china/china04/ly/default. htm

新闻传播活动是以报道社会生活为主要内容的社会活动,人是社会活动的主体。所以新闻记者报道社会活动,就是以报道社会生活中的人为主要内容的。新闻记者首先必须谨记自己也是社会生活中的一员,因此其新闻报道也必须体现出对社会成员的人格的尊重。但是部分记者不能很好地意识到这一点,结果造成了对公民人格权的伤害。这主要有以下一些原因：

第一，不当采访报道造成对公民人格权的伤害。在很长的一段时间内，新闻记者被称为“无冕之王”，被认为拥有众多“特权”。但是记者队伍成员素质参差不齐，有些记者不当利用采访报道中的“特权”侵犯他人权益。而以往由于社会整体法律意识的薄弱，以及社会法律制度的不健全，对这些侵权行为缺乏恰当的管理在一定程度上助长了这些记者的“特权”心理。而今天，随着国家法制现代化步伐的加快和全体公民法律意识的加强，新闻记者的侵权往往会导致新闻诉讼。

第二，因法律知识欠缺侵犯公民人格权。例如，有的人对出身贫寒、父母早亡、生理残疾等生活磨难视为隐私，但新闻记者在报道中常常会无意侵犯了他们的隐私权，对当事人造成心理伤害。

第三，不实报道侵害公民人格权。有些新闻记者在利益的驱动下，对新闻事件进行不实报道，故意对他人的人格权进行侵害。

第四，报道有失偏颇侵害公民人格权。由于新闻作风不踏实，采访不深入，没有仔细认真求证，偏信一面之词而造成了对公民人格权的伤害。一些记者由于缺乏良好的工作习惯和踏实的新闻作风，尽管主观上没有恶意，但客观上却构成了侵权。

二、新闻侵权行为

（一）侵权行为及其特点

对他人权利的尊重是自身享受权利的前提，法治社会强调权利和义务的平衡。权利若是被滥用，侵权行为必然产生。侵权行为破坏了法律规定的某种责任——这种责任是法律上严格规定不许被破坏的；侵权行为同时又对他人造成了伤害，而加害人必须对被伤害人作出赔偿。简言之，侵权行为是指行为人由于过错伤害他人而依法应当承担法律责任的行为。

侵权行为是侵害他人财产权和人身权的行为。侵权行为对他人合法权益的侵害，会直接导致他人物质和精神的损失。譬如对社会名人作出了贬低性的评价，而导致其社会评价下降，进而造成一定的物质和精神损失。我国法律对公民或法人在物质和精神方面的权利都进行了保护。公民或法人在法律的框架内自由地活动，是法治社会常态的也是应有的状态，而这种状态一旦被破坏，法律的秩序即被打破，就会导致一定的法律后果。

侵权行为侵害的是包括物权和人身权在内的绝对权利。绝对权利的产生不是通过订立合同等法律形式约定产生的，而是根据民法原理的基本要求，权利人不需要义务人实行一定的行为就可实现的权利。绝对权的主体即权利人是特定的，义务人则是除权利人以外的一切人。绝对权的主要内容包括物权和人身权。以人身权为例，人身权中的肖像权是公民的一种绝对权利，对这种权利的保障是每个人的基本义务，不需要任何合同约定就可使权利人获得他人对自己肖像权的尊重。在现实生活中，每个公民都可以对自己的肖像权拥有绝对的支配权利，未经许可的非法使用都会构成对这种权利的侵犯。

侵权行为是行为人因过错实施的行为。我国民法将“过错”作为构成侵权行为的必备要件，也就是说，除非法律有特殊的规定，否则，行为人在事件中没有“过错”就没有侵权。法律上的“过错”是对行为人作出否定性评价，有“过错”且造成损害性的后果，则构成了侵权行为。“过错”的存在是基于行为人主观上的故意或过失而造成的，也就是说，法律上的过错分为故意的过错和过失的过错两种情况，同时，由于这两种过错主观恶意的不同，也会导致在责任承担上有所区别。一般情况下，故意过错比过失过错有更严重的后果。

侵权行为是需要作出赔偿的行为。从道德的角度说，有过错就必须承担后果。从法律的角度说，法律强调权利和义务的平衡，这种平衡不仅指个人与个人之间的平衡，也指个人与社会之间的平衡。法律的基本功能就是保护平衡，缺少平衡，最终导致的结果是谁的权利都不能依法得到保障。从这个意义上说，侵权行为的加害人要为侵权行为的受害人作出赔偿，实际上是在倡导一种社会正义，因为社会正义倡导的正是公平理想的实现。

（二）新闻侵权行为及其特点

新闻侵权行为，也称新闻侵权，是指新闻媒体和新闻工作者利用新闻报道对公民、法人或其他社会组织造成不法侵害的行为。

新闻侵权首先是和新闻活动相关的行为，这种相关性主要表现为侵权者为新闻媒体和新闻工作者。同时，新闻侵权行为是在开展新闻活动时发生的，离开了新闻活动的侵权行为只能构成普通的民事侵权行为。最后，新闻侵权行为侵害的主要是公民的人格权，包括名誉权、肖像权、隐私权等。一般的民事侵权行为是指不法侵害他人人身或财产权利而负担民事赔偿责任的一种行为，包括这样一些条件：行为人具备责任能力；损害事实的存在；行为和损害事实之间有因果联系；行为人的主观上的过错。作为一般民事侵权行为中的一种，新闻侵权同样具备上述特征，但同时又有一些独特的要素。

从形式上看，新闻侵权主要是对公民的人格权的损害，尤其是侵害公民的名誉权和隐私权最为常见。由于新闻媒体的信息传播直接涉及对公民名誉的评价，而一旦传播的是失实的或者侮辱性评价内容的信息，则会造成对公民名誉的不当贬损，导致侵害名誉权案的发生。同时，新闻媒体出于吸引受众眼球的需要，往往想尽一切办法挖掘独家新闻，有的时候，就会把公民的隐私当成“独家新闻”加以报道，从而造成对公民隐私权的侵害。

从传播方式看，新闻侵权具有广泛性和迅速性的特征。覆盖面和时效性是新闻媒体追求的两个要素。我国大部分新闻媒体都有大批受众，与此相对应一旦构成新闻侵权，其后果也是十分严重的。同时，现在的新闻媒体日益追求时效性，一旦存在有新闻侵权的内容，这些内容也会在第一时间传播出去，新闻的时效性也会带来第一时间的新闻侵权。

从后果来看，新闻侵权会对受害人造成严重的伤害。由于新闻侵权侵害最多的是公民的人格权。而人格权受侵害程度的大小是与传播面有直接的关系，传播面越广，受侵害的程度就越深。如某位公民的隐私遭到了暴露，如果这种行为是通过大众传播手段传播的，那么极短时间内，该公民的隐私将会曝光于天下，这会使公民的隐私权受到严重伤害。

三、新闻侵权的构成要件

（一）有侵权内容的新闻作品已经发表

新闻作品发表与否，是区别损害事实是否存在的关键。只有含有侵权内容的新闻作品已经正式发表，才能认定新闻侵权的客观事实是存在的，才能认定损害事实的客观真实性和确定性。如果含有新闻侵权的作品没有发表，如只是一些新闻记者私下散播有贬损性的内容，则不构成新闻侵权，而只是普通的民事侵权行为。另外，如果新闻作品没有发表，当事人因为想象的、捏造的传闻，捕风捉影地认定自己的合法权益受到了损害，这样不能构成新闻侵权，因为这种损害实际上是不存在的。含有侵权内容的新闻作品已经发表，这是确认新闻侵权的第一个要件。

有侵权内容的新闻作品发表后，必然给受害人带来合法权益的损失。由于新闻媒体在社会上的影响力，因此，只要含有新闻侵权内容的作品已发表，就无须提出诸如社会评价降低等的损害事实。如美国的有关法律规定的："受害人的名誉受到伤害"的要求，但并不需要"实际的伤害"，只需要伤害的"倾向和效果"即可。可见，新闻侵权作品发表后，就可以认定损害事实的客观存在。

新闻侵权导致的受害人合法权益损失包括这样一些内容：第一，社会评价的降低，有侵权内容的新闻作品一旦发表，就会导致受害人的社会评价降低。第二，受害人的精神痛苦，即受害人由于新闻侵权而感到悲伤、忧郁、委屈、烦恼等。其主观痛苦的程度与侵权的大小并不成正比，因为人的心理承受能力不同而导致这种精神痛苦无法衡量。所以，主观痛苦并不是衡量新闻侵权的必要条件。第三，财产受损，受害人因为新闻侵权可能会导致自己的财产受损，但这种财产受损也不是必然结果。因为受害人可以及时采取措施而防止财产受损结果的发生，或者因为其他原因而防止财产受损结果的出现。当然，涉及具体的侵权类型，受害人权益受损的标准会有一些差异，譬如新闻侵害隐私权案件，当事人精神痛苦是一个必要条件。

（二）行为具有违法性

在新闻侵权的行为中，将违法性确定为构成侵权行为的一大构成要件。新闻工作者在新闻传播活动中，除了正面报道，也会承担舆论监督、抨击社会不公的责任。在开展舆论监督的过程中，舆论监督作品的发表难免会使被批评者的社会评价降低，使受批评者的主观体验消极，或者由此带来财产的损失。但不能将这种消极后果的出现归于正当的舆论监督，也不能将此类行为归于新闻侵权，正当的舆论监督不具有违法性。新闻记者的其他合法行为，即使带来了相对人损害性的后果，同样不能构成新闻侵权，因为该行为缺少“违法性”这一法律要件。

在舆论监督特别需要保护的今天，将“违法性”作为新闻侵权的构成要件具有十分重要的现实意义。一段时间以来，我们接二连三地看到了新闻记者因正当行使权利而被殴打、非法拘禁的消息，作恶者往往以记者的报道在给本地区、本单位“抹黑”造成了不良影响为借口，认为舆论监督行为是一种“侵权行为”，这种理由是不合理的。将“违法性”作为新闻侵权的构成要件，有助于新闻工作者正当行使舆论监督的权利。

（三）新闻作品有可指认的对象

新闻作品侵权内容的特定指向性，是构成新闻侵权的第三个构成要件。含有新闻侵权内容的作品已经发表，且有可指认的对象，才会导致受害人在现实生活中被指认，进而引起其物质和精神权益的贬损。如果有新闻虽然含有诋毁性内容，但没有特定指向人就不构成新闻侵权。如2001年重庆某报刊刊登的一篇题为《狗比女人好的15条理由》的文章，里面写到：“狗儿不会羡慕别人家的男人有本事，买得起洋房名车，总觉得你没本事”，这篇文章引起妇女公愤，中共重庆市委宣传部通报批评，该报公开声明道歉。该文诋毁妇女，社会影响十分恶劣，但它不是指责特定某位妇女，不属于新闻侵权。

（四）新闻媒体和新闻工作者的主观过错

新闻侵权行为的前提是当事人过错的存在。过错分为两种情况：故意过错以及过失过错。故意过错是指加害人预见到了损害结果的发生并希望或放任这种结果发生的心理状态；过失过错则是加害人因疏忽大意或过于自信而造成损害性后果的心理状态。故意过错要承担比过失过错更严重的法律责任。

四、新闻侵权的抗辩事由

（一）抗辩事由

抗辩事由是指在侵权案件中，被告针对原告提出的指控和请求，提出一切有关免除或者减轻其民事责任的主张。抗辩权是对抗他人权利的一种法定权利，而抗辩事由是足以对抗他人权利的事由。一般来说，抗辩事由有两个基本构成条件：第一，客观性，是指该事由是发生的客观事实而不是加害人的主观臆断或尚未发生的情况；第二，对抗性，是指必须是对抗原告的指控和诉讼请求，以达到免除或减轻加害人责任的目的。有部分研究者认为应该补充两个条件：第一，法定性，即该事由必须是法律规定的特殊事由；第二，适用的范围性，不同的抗辩事由具有不同的适用范围，一般来说，法律所明确规定的免责事由一般适用于过错侵权案件；法律所明确规定的免责事由有条件地适用于部分无过错侵权案件；法律对某些无过错侵权案件的特殊免责条件作出专门规定。

一般情况下抗辩事由必须由法律规定和直接列举，所以我们在寻找抗辩事由时，必须对应相关的法律条文。但也可以间接加以认可，如某些条件下的免责条件等。抗辩事由的存在是民事辩护的重要依据，但抗辩事由是客观存在的而不是臆想的，它不以当事人的意志为转移，必须在法律允许的范围之内。

新闻侵权诉讼中的抗辩事由，是指新闻传播媒体或新闻工作者在新闻侵权诉讼中，针对原告提出的诉讼请求和主张，对应地提出其诉讼请求不成立或不完全成立的事实主张。新闻传播活动的特殊性导致了新闻传播非常容易对他人的权利构成侵害，因此相应的抗辩事由就十分重要了，它是维护新闻单位和新闻工作者合法权益的重要保证。

（二）新闻侵权诉讼中的抗辩事由

1. 正确履行舆论监督的职能

舆论监督是新闻媒体及新闻记者的一项基本工作职能，也是社会健康发展的重要保证。我国《宪法》第41条规定："中华人民共和国公民对于任何国家机关和国家工作人员，有提出批评和建议的权利；对于任何国家机关和国家工作人员的违法失职行为，有向国家机关提出申诉、控告或者检举的权利，但是不得捏造或者歪曲事实进行诬告陷害。""对于公民的申诉、控告或者检举，有关国家机关必须查清事实，负责处理。任何人不得压制和打击报复。"规定中"提出批评和建议的权利"显然赋予了公民舆论监督的权利。2001年，时任最高人民法院院长的肖扬专门就司法机关为舆论监督提供司法保护提出了六条要求：

（1）新闻记者在采访中遇到围攻、殴打、伤及人身权利时，人民法院理应对违法分子从严惩处，坚决为新闻记者提供司法保护；

（2）对那些存在问题而又不正视问题，反而阻挠记者采访，侵害记者采访权和民主权利的，人民法院应对记者的权益予以司法保护；

（3）对新闻单位和记者的一切合法权益，人民法院依法给予保护；

（4）新闻单位和被批评者发生纠纷时，人民法院应在支持以事实为依据、法律为准绳的公正裁判的基础上，尽量采取调解方式解决，依法保护新闻单位的名誉权；

（5）新闻记者在进行舆论监督时，被诬告、被陷害、被攻击的，人民法院应该坚决保护记者的正当权益；

（6）新闻记者对法院工作特别是审判工作的采访，各级法院要积极配合，尽量提供方便和保护，不应阻挠记者的正常采访。

2. 公正评论

新闻传播媒体发表的内容主要是以事实和意见为主的，其中意见主要是以评论的形式表达出来的。新闻传播媒体和新闻记者在发表自己的意见看法时，总是带有主观的好恶标准的，因此评论往往会对被批评者带来不利的影响。但是，只要这种评论不是出于私心、是善意的，是真实客观的事实，评论中语言没有侮辱、诽谤的内容，评论者的立场公正，即使对当事人有不良影响，也可以成为抗辩事由。最高人民法院1993年发布的《关于审理名誉案件若干问题的解答》第8条规定："因撰写、发表批评文章引起的名誉权纠纷，人民法院应根据不同情况处理：文章反映的情况基本属实，没有侮辱他人人格的内容，不能认定为侵害他人名誉权。"1998年最高人民法院的《关于审理名誉权案件若干问题的解释》（九）中规定："新闻单位对生产者、经营者、销售者的产品质量或服务质量进行批评、评论，内容基本属实，没有侮辱内容的，不应当认定为侵害其名誉权。主要内容失实，损害其名誉的，应该认定为侵害名誉权。"这是关于新闻公正评论不构成新闻侵权的两条司法解释。新闻传播媒体和新闻记者公正性的评论有可能会给相对人带来损害性的后果，但只要符合公正评论的要求，出于公共利益的考虑，立场客观公正，就可以构成抗辩事由。当然如果所依据的事实不实，或者评论内容含有诽谤侮辱的成分，则会构成侵权。

3. 有权威的消息来源

在西方，这一抗辩事由也被称为新闻特诉权。新闻媒体有权报道国家的重要活动，也可以在报道中发表法院判决书、执行书、行政机关的处罚决定书等内容。只要在这些报道中做到"客观准确"，即与国家机关公开的文书和活动的内容一致，就不会导致侵权行为的发生，并不要求报道内容与客观事实的本来面目一定相符。即使因此有失实之处，也只能由制定这些文件的国家机关来负责，新闻机构不因此而构成新闻侵权。值得注意的是，如果国家机关的文书或行为发生了变更，新闻媒体报道了前一文书或行为的，必须对变更情况进行相应的报道，以达到更正之目的。如果国家相应文书已经作了改动而新闻媒体不作更正性报道，则构成了不作为的新闻侵权，构成抗辩事由的条件已经消失了。

4. 公众人物和公众兴趣

公众人物是指社会活动中具有高知名度，且其活动与社会公共利益关系密切的人物。他们在社会生活中有较重要的作用，对社会比普通人有更大的影响，因此社会对他们的了解和监督也就要多一些。由于他们对社会公共利益和社会事务负有特别的责任，因此，他们的经济、政治和社会活动乃至家庭生活都与公共利益相关，某些看起来对于普通人是隐私性的权利，对于公众人物则不再是。公众人物的概念起源于美国，1964年"《纽约时报》诉萨利文"一案中首先确立了"公共官员"的概念。我国法律中本来没有公众人物的概念，在许多侵犯名誉权的案件中，对于政府官员、演艺明星等公众人物的诉讼往往依据民法有关名誉权的一般理论，判决新闻报道者败诉，如"杨殿庆侵犯他人名誉权案"等。2002年"范志毅诉文汇新民联合报业集团侵犯名誉权案"，首次在判决书中提出了公众人物的概念。该案在人格权领域堪称一个里程碑式的判例,对于公众人物概念的确立具有重要意义。[3]

新闻媒体在被公众人物起诉侵害名誉权、隐私权、肖像权时,可以以对方引起公众兴趣为由予以抗辩;当社会上大多数人对某个人物或事件产生了了解、知情的欲望时,就出现了公众兴趣问题,公众有权对某个公众人物或事件、情况进行了解。为满足公众兴趣而将他人的隐私或肖像等公之于众,则不构成新闻侵权。

公众人物的部分人格权之所以受到限制,是因为相对于普通人来说,公众人物在社会地位、社会责任、社会资源、成名、宣传等方面享受了较多的权利,因此在其他权利上面相应地受到限制,保证权利和义务的平衡。西方国家普遍认为,公众人物即使受到了伤害,由于其有较多的面对媒体的机会,也容易借助下一次面对媒体的机会得到"正名"和补偿。如果不将公众人物和公众兴趣作为新闻侵权的抗辩事由,则会构成对公众知情权的伤害。尽管目前关于公众人物和公众兴趣的概念在新闻界和法律界尚有一些争议,但对公众人物的权利进行一定程度的限制,使社会的各种权利得到平衡,已经是社会共识。

5. 合理使用

合理使用主要表现为新闻媒体和新闻记者在使用他人作品时所享有的一种抗辩权。我国《著作权法》也规定了与新闻活动相关的,不经著作权人许可,不向其支付报酬而可以使用其作品的情况,主要有以下几种:

(1)为介绍、评论某一作品或者说明某一个问题,在作品中适当引用他人已经发表的作品;

(2)为报道时事新闻,在报纸、期刊、广播、电台、电视台等媒体中不可避免地再现或者引用已经发表的作品;

(3)报纸、期刊、广播电台、电视台等媒体已经发表的关于政治、经济、宗教问题的时事性文章,但作品申明不许刊登、播放的除外;

(4)报纸、期刊、广播电台、电视台等媒体刊登或者播放在公众集会上发表的讲话,但作者申明不许刊登、播放的除外。但新闻媒体在使用他人作品时,应当指明作者姓名、作品名称,并且不得侵犯著作权人依照法律享有的其他权利。

新闻记者由于抢新闻抓时效的需要,往往不能做到所有的内容都来源于采访,对现有的文字、图像等资料合理整理使用,有助于记者的新闻报道,实现新闻传播的目的。所以,必须从法律的角度对新闻记者的"合理使用"行为予以规定和保护。当然,新闻记者在行使这项权利的同时也要履行一定的义务,如必须注明出处,同时要注意数量的控制等。

---

〔3〕 王利明:"公众人物人格权的限制和保护",载《中州学刊》2005 年第 2 期。

6. 受害人同意

受害人同意，是指由于受害人事先明确表示自愿承担某种损害结果，行为人在其所表示的自愿承担的损害结果的范围内对其实施侵害，而不承担民事责任的情况。学者张新宝认为，受害人同意构成抗辩事由应同时具备四个条件：一是受害人事先明示的事实意思表示，即受害人的同意应当是在侵害行为之前表示出来的意思，而不是事后表示的意思。同时，受害人同意的意思应当是明示的和真实的。二是行为人主观上的善意。三是不超过同意的范围和限度。行为人对受害人所实施的伤害，不得超过受害人同意的范围和限度，否则行为人必须承担相应的赔偿责任。四是受害人的同意不违反法律和社会公德。受害人的同意通常有两种情况：第一种情况是指受害人请求行为人对其实施某种侵害行为，如病人请求医生切除其病灶。第二种是受害人接受危险和危险即将造成的伤害，如运动员默认的肢体接触可能带来的伤害。但是需要注意的是，无论是哪一种同意都不得违反法律法规的规定，不得损害社会公共利益和违反社会道德。

新闻侵权案中的受害人同意抗辩事由原则较多地出现在新闻侵害隐私权的纠纷中。如有些名人面对记者的采访明知道自己的隐私会被记者报道，仍然自愿披露，这则不构成侵权。但是，新闻媒体和记者要注意此类证据的收集，以防新闻侵权案件败诉。

五、新闻侵权的预防

（一）新闻侵权的具体预防

新闻工作者要有良好的预防侵权意识。在新闻工作中，要做到新闻报道的公正报道，避免侵权，具体来说有以下几个要求：

1. 端正态度，改进工作

新闻传播活动是我国现代化建设的重要部分，新闻传播媒体和报道对象的根本利益是一致的，新闻媒体和新闻记者工作的出发点应该是促进我国社会文明的进步。所以，新闻媒体和新闻记者在进行舆论监督和正面新闻报道的时候，都应该有一颗与人为善的心，端正工作态度和出发点，而不是消极粗暴应对。在进行舆论监督的时候，发现问题、分析问题，从而找到解决问题的办法。即使是报道社会丑闻和阴暗面，也要怀着良好的心态而不是从根本上将报道对象和舆论监督者对立。与人为善，批评改进式的报道，即使出现一些轻微的侵权，也比较容易获得受害人的谅解，有利于更好地开展以后的新闻工作。

2. 公正评论，不做裁判

公正评论是指新闻传播从业者应该站在公平公正的立场上对新闻报道对象作出报道。从新闻从业者的社会本质身份来说，大家都是社会中的个人，任何人都没有权利对他人随心所欲妄下断语。从新闻从业者的职责来说，其主要责任是传递信息而不是传递观点，应该不带主观色彩地传递消息，同时也不应该评定事情的真伪是非。新闻工作者在投入大量的工作热情的同时也应该保持理智，在新闻的写作中拥有良好的素养，清醒地认识到新闻写作可能带来的后果，避免以裁判的角色将信息传递给公众。

3. 文风朴实，保持客观

新闻工作者要有强烈的社会责任感和正义感，但是需要注意的是，新闻工作者不应该把这种正义感表达为新闻作品的情绪化。新闻工作者首先要保持良好的心态，时刻提醒自己要站在公正公平的立场上报道新闻，避免在新闻报道中让情绪冲昏头脑，使用过于激烈的不当语言。如果新闻工作者用不恰当的新闻作品表达自己的正义感和情绪，不仅会使报道失实，影响公众的判断，同时也会造成新闻侵权，触犯法律的规定。

新闻记者在新闻报道中应该尽量避免用形容词，减少新闻报道中的主观色彩，保证新闻报道的公正。同时，由于形容词涉及对当事人的评价和定性，而这些评价和定性又缺乏严格的可衡量的标准，极容易引起纠纷。

4. 细节真实，事实清楚

新闻作品的基本特点就是真实性，真实是新闻的生命。在我国的相关司法解释中，对于新闻真实性只要求主要事实基本真实即可。但新闻工作者应当有良好的工作作风和专业的新闻素养，争取做到新闻的细节和主要事实都真实，切忌为达到记者自身的传播目的而添油加醋，伪造细节，以减少新闻侵权发生的可能性。

5. 用词准确，切忌浮夸

新闻报道要做到准确就必须要求用词用语的严谨，当然新闻报道也鼓励鲜活的语言，但一定要注意新闻报道不宜过度用词，否则往往会导致严重的后果。

6. 严格审稿，兼听则明

新闻审稿、审片制度是新闻媒体内部检查的最后一道关口，审查通过的新闻报道将与受众见面，因此新闻报道的审稿、审片必须做到严格，争取做到全面听取各方的意见，从多方面对报道的事实信息进行核实，以保证新闻的客观和公正。

一般情况下，新闻媒体的审查者都是经验丰富的资深媒体人。新闻审稿人和审片人一定要有强烈的社会责任心和专业的新闻眼光，认真负责审查，防止有侵权内容的新闻公布。但有时候，存在部分媒体审查者明知是有侵权内容的新闻却依旧发布的情况，他们看到的不是侵权的后果而是侵权带来的“轰动效应”以及背后的广告收入。其实这是一种饮鸩止渴的做法，新闻媒体的频繁作假只会导致新闻公信力的下降，一个失去了群众信任的媒体是不会有长远发展的。另外，新闻审稿人和审片人还应注意总结经验，借用现代化的技术手段和缜密的逻辑思维能力认真分析，尽量在可能的时间和范围内多方听取意见，防止侵权的出现。

（二）新闻侵权的法律预防

新闻作品的写作不仅应该合乎文法，还应该合乎法律规范，对于一些专业的术语，如一些司法定性类的词："免职"、"撤职"、"违规"、"违法"等，都应该字句斟酌，在掌握了准确的事实基础和司法定性依据之后再作出报道。同时，新闻工作者应该有良好的法律素养，学习我国的相关法律，掌握相关的法律知识。

1.《宪法》层面

《宪法》是国家的根本大法，我国其他任何法律规定的内容都来自《宪法》且不能和《宪法》精神相违背。我国《宪法》第22条、第35条、第38条等众多条款都对新闻传播活动作出了相关的规定。其中第35条"中华人民共和国公民有言论、出版、集会、结社、游行、示威的自由"和第38条"中华人民共和国公民的人格尊严不受侵犯。禁止用任何方式对公民进行侮辱、诽谤和诬告陷害。"这两条，新闻传播从业人员必须深入了解并贯彻于新闻活动中。《宪法》一方面规定了新闻传播活动主体的宪法地位；另一方面重点规定了公民和法人的权利，尤其是人格权是一种绝对权利，任何人都不得侵犯。

2.《民法通则》、《刑法》等法律层面

我国《民法通则》、《刑法》、《国家安全法》、《国家保密法》、《著作权法》等法律分别从不同的层面、角度对公民或法人的名誉权、隐私权、著作权等进行了保护，新闻传播活动工作者在进行新闻传播活动的过程中不可避免地会接触到这些法律所规定的内容，因此新闻传播从业者必须了解这些法律，避免触犯这些法律。

3. 司法解释、行政法规、规章等层面

虽然司法解释的效力无法与法律规定相提并论，但是其仍然属于刚性的、必须强制执行的范围。因此，新闻传播从业者在新闻传播活动中，必须严格执行有关司法解释。

最高人民法院1993年颁布《关于审理名誉权案件若干问题的解答》，1998年颁布的《关于审理名誉权案件若干问题的解释》这两条司法解释对新闻传播从业者具有十分重要的价值。这两条司法解释就新闻侵害名誉权（包括隐私权）主体的确定、新闻侵害名誉权与新闻真实性的关系等许多重要内容都进行了明确规定。

除此之外，我国的《出版管理条例》、《互联网等信息网络传播视听节目管理办法》等行政法规、地方性法规、规章等，更是从可操作层面，从微观角度对新闻活动进行了明确规定，必须严格遵照执行。

六、新闻侵权的责任与救济

（一）新闻侵权的法律责任

1. 新闻侵权的非财产民事责任

（1）停止侵害。在有侵权内容的新闻未传播之前，新闻单位或作者及所涉及的相对人，都有阻止其传播的权利。对已经发生，尚未停止，有可能继续造成损害的新闻报道，受害人有权责令行为人停止侵害行为。

（2）恢复名誉、消除影响、赔礼道歉。当事人的人格权是通过大众的媒介进行传播的，作为新闻媒体，如果自己的新闻报道侵犯他人的合法权益，应承担更正与消除影响的义务，在相同的版面进行相应的更正并作出道歉声明，力争使受害者的权益恢复到被侵害前的正常状态。

2. 新闻侵权的财产赔偿责任

损害赔偿是一种财产性的救济措施，是对新闻侵权导致的结果给予经济上的补偿。其包括精神损害赔偿和物质损害赔偿。

精神损害赔偿是指由于新闻报道侵权给受害人带来非财产性精神利益的丧失或减损所作的赔偿。例如，隐私的披露就是对他人内在人格的损害，使人心理上和精神上遭受创伤和痛苦，无法进行日常的工作和生活，虽然人格本身并不含有财产损失，但对这种精神损害进行合理的财产赔偿可以有助于受害人精神得到抚慰，对加害人也可以起到惩戒和制裁作用。

物质损害赔偿，是指对受害人的合法权益遭受侵害而导致的直接财产损失进行赔偿。这些直接财产损失包括：其一，行为人如果未及时采取合理的补救措施为受害人恢复名誉、消除影响，受害人可以采取适当的方法减轻损害，维护自身的合法权益，如召开新闻发布会、在有关的新闻媒介上发表声明启事以澄清事由、为自己辩解而支出的费用。其二，受害人因侵权行为而致疾病的医药治疗费、必要的营养费、护理费、治疗期间的交通费等。其三，受害人由于新闻侵权而提起诉讼所花费的开支，如差旅费、住宿费、律师费、诉讼费等。这些费用的支出或受害人利益的减少或丧失都是由侵权行为引起的，就应由侵权行为人承担全部的赔偿责任。

（二）新闻侵权的救济途径

1. 对方私了

私了方式，是指由侵权人与受害人在自愿和充分协商的情况下，以私了的方式自行内部解决双方的矛盾。这种解决方式不需第三人参加。例如在新闻侵犯隐私权的情况下，因为隐私本身具有“秘密性”，如果一旦这种隐私予以公开乃至诉讼，这种隐私权纠纷就有可能在更大范围内被报道，使隐私权受到更大的伤害。为了保证隐私能有效地控制在尽量小的范围内，私了是一种对隐私权受害人最实在的保护。但是在强调私了原则的同时，仍然强调依法办事，并尊重受害人意愿的原则。

2. 第三人居中调解

新闻侵权发生后，双方可以在第三人参与下来帮助解决当事人之间的纠纷。这是民间性解决民事纠纷最常见的方法之一。在调解中，可以请求由双方当事人都信任的机构或个人进行居中调解，提出双方都可以接受的方案。

这个方案只要得到双方当事人的一致认可便可实施。但是第三人居中调解对双方当事人没有法律拘束力，不具有强制执行性，必须靠当事人自觉履行。

3. 提起诉讼

在调解和私了都不能有效解决矛盾时，新闻侵权纠纷可以提交法院，通过法定的审理程序来解决。这是一种最有力也是最终的解决方式。如果会涉及当事人的隐私,可以请求法院不公开审判。诉讼的程序非常的复杂,需要耗费当事人很多的时间和精力。在此期间,还有可能导致受害人精神受到更大的伤害。但是,诉讼具有公正性和强制性,纠纷的解决可以实现法律的正义。

第二节 新闻侵害公民人格权的情形

一、新闻侵害名誉权

(一)名誉和名誉权

名誉是关于公民或法人品德、才能、信用等的一种社会评价,名誉权就是公民、法人享有应该受到社会公正评价的权利和要求他人不得非法侵害这种公正评价的权利。

名誉是一种社会评价。它不是一个人对另一个人的评价,也不是公民或法人自己对自己的评价,而是公众对特定人的社会评价,而且是一种积极的社会评价,它是对公民或法人长期时间内的所作所为有影响的一种看法。同时,名誉具有客观的特征。名誉来源于社会公众,在一定的时期内,某一主体的名誉总是特定的和不可改变的,它不随名誉主体主观态度的变化而变化。由于公众评价的标准是一种客观的、主流的社会标准,不会因人因事发生变化,因此它是客观的;同时,名誉具有人格价值评价的特征。名誉评价着眼于公民或法人的人格价值,如公民或法人的道德品质、生活作风、信用评价等。

名誉权是人格权的一种,具有其他人格权所共有的特征,即法定性、人身专有性和财产关联性。法定性是指名誉权是一种法定权利,我国的《宪法》和其他法律都有名誉权受到法律保护的规定。《民法通则》规定,“公民、法人享有名誉权”;“公民、法人享有荣誉权,禁止剥夺公民、法人的荣誉称号”。人身专有性是指名誉权和特定的名誉主体是密切相联系的。公民或法人的名誉权从出生或成立之日起就享有,任何人和组织都无法剥夺,同时不能继承或者转让。财产关联性是指人格权本身不是财产,只是一种社会评价,所以名誉权本身是不具备财产内容的,不能直接给公民或法人带来经济收入。但是,名誉权又和财产权密切关联。如良好的声誉可以为商家或企业带来更多的客户从而带来经济利益。但名誉权始终不是财产权,它只是同财产权存在关联性。

新闻侵害名誉权,是指用发表新闻的手段使公民或法人的名誉权受到伤害的行为。尽管新闻追求和强调客观公正,但报道事实本身已经包含了一种社会评价。公民的社会活动是新闻报道的主要内容,而公民的名誉权与社会活动紧密相连。

所以新闻媒体和新闻记者在报道公民或法人的社会活动时,稍有不慎报道失实、立场有失偏颇,就有可能构成对公民或法人名誉权的侵害。容易造成新闻侵权的新闻报道主要有以下一些形式:报道内容无中生有,捏造事实,为吸引眼球制造新闻中伤他人;采访时偏信偏听,没有主动核实情况而出现报道主要事实失实;报道内容真实,但使用了侮辱性的语言诽谤他人名誉等。

(二)新闻侵害名誉权的构成要件

1. 行为人实施了侮辱、诽谤等侵害行为

我国《民法通则》第101条规定,侵害名誉权的行为主要分为侮辱和诽谤。新闻侵害名誉权,主要表现为新闻作品中存在侮辱和诽谤的内容。

侮辱行为是指行为人以暴力、语言或文字等形式贬低他人名誉、毁损他人人格的行为。侮辱行为主要有三种表现形式:一是暴力侮辱,如在公共场所对他人作出殴打、侮辱性动作;二是语言侮辱,即用语言嘲笑、辱骂他人;三是文字侮辱,即用文字形式对他人进行侮辱。

新闻侵权中的语言侮辱,主要表现为新闻记者在新闻作品中,以有损名誉的不实之词,对报道对象进行定性、评论。需要注意的是,并不是只有贬义的词语才会构成名誉侵权。一些不真实的捏造的"好话"也会构成对他人名誉权的侵害。

诽谤行为是侵害名誉权的典型行为。所谓诽谤是指故意捏造或散布虚假的事实以毁损他人的名誉。侮辱和诽谤的共同特征在于,行为人主观上存在故意或者过失,其言行又造成了对他人名誉权的损害。诽谤主要有两种形式:一是语言诽谤,即通过语言将捏造的事实加以散布;二是文字诽谤,即通过文字将不实信息加以散布以诋毁他人的名誉。

在新闻侵害名誉权中,诽谤一般表现为文字诽谤的形式。新闻侵害名誉权除了主观上的故意外,也有可能是因为采访不深入,偏信一面之词或者是审稿不严等导致。无论是因为故意或过失导致的,都构成新闻诽谤。

2. 指向特定的受害人

指向特定受害人是指侵害名誉权的对象是具体可指认的,是针对特定的人实施的。新闻作品能造成对某一名誉权主体社会评价的降低,侵害其名誉权。受众在阅读了新闻之后,知道新闻中贬低了谁的名誉。

受害人可以被指认又分为以下两种情况:

第一种是指名道姓地贬损他人的名誉。新闻的真实性要求新闻发生的时间、地点、人物等新闻要素要真实,因此读者很容易通过新闻报道所提供的信息知道被报道的所指对象。如果这件新闻作品的内容失实构成对他人名誉权的伤害,就是新闻侵害名誉权的行为。新闻作者指名道姓地对他人的名誉进行了诽谤或侮辱,就构成了新闻侵害名誉权。

第二种是指通过特定的新闻要素可以使人指认被侵害者。在有些新闻作品中，新闻作者并没有点明被批评者，但同样构成新闻侵害名誉权。这是因为，虽然没有指名道姓，但受众可以从提供的新闻信息中获得被批评者的有关信息，从而使被侵权人得以指认。被侵权人可以被指认有以下两种形式：一是绰号、荣誉称号、笔名等。如“徐良诉赵伟昌案”，《索价三千万带来的震荡》的作者赵伟昌在其著作中虽然没有点出徐良的名字，但是“一位以动人的歌声博得观众尊敬爱戴的老山英模”这句话就足以使徐良被指认。二是特定的时空关系以及相关环境。在“徐良诉赵伟昌案”中，报道提及了当年10月在上海举行的“金秋文艺晚会”，使读者更加容易指认被侵害者。

但还需要注意的是，新闻作品中会经常出现一些不特定的批评对象，而且这种报道有可能也是不实的，但由于缺乏可指认的对象，所以无法构成对具体名誉权主体的新闻名誉侵权。

3. 存在损害事实

新闻侵害名誉权对当事人造成了伤害，不是以被害人的主观感受为依据的，而是以客观的标准来衡量，即依据主流评价标准来衡量。如果某含有新闻侵犯名誉权内容的作品发表后，相关的当事人并没有意识到自己受到了伤害，但在客观上却导致了其社会评价的降低，即可认定构成新闻侵害名誉权；反之，如果当事人认为自己受到了伤害但事实上社会评价并没有遭到贬损，则不构成侵害名誉权，即判断当事人是否受到伤害是不以当事人的主观感受为转移的。

新闻侵害名誉权的表现有：

一是名誉贬损。它既可以表现为有人对受害人进行指责、嘲笑挖苦、断绝来往等外在的形式，也可以表现为其他人对当事人的内心的鄙视。通常认为，只要有第三人知道即可认定侵权，“除行为人和受害人之外的第三人知道行为人所实施的侮辱和诽谤行为，是认定行为受损的标准。因为第三人也是社会公众的一员，只要第三人知道就足以影响社会对受害人的评价”。就新闻侵权而言，只要新闻一发表，其侵权行为自然就成立。

二是精神损害。新闻侵权导致的社会评价降低会导致受害人精神上的郁闷、痛苦、悲伤等，使受害人的精神状态遭到创伤。但精神损害是没有具体的衡量标准的，由于心理承受能力的不同而有不同程度的反应。但只要受害人对侵权行为有所反应，为此提起诉讼的，就可以认定侵权。

三是财产损失。名誉权虽然不等于财产权，但名誉权本身具有财产关联性。公民或者法人的名誉权受到损害，很有可能会带来其经济利益上的损失。如企业的商业信誉，私人经营的小商铺等，因不正当的新闻报道而造成社会名誉的降低从而导致了经济利益的损失。但需要注意的是，名誉权毕竟是一项精神权利而不是财产权，所以名誉权的受损和财产的损失之间的关系有时并不表现为正相关，也就是说，名誉受损可能不一定带来财产的损失。这是因为：第一，受害人有可能及时采取了补救措施，使这种损失没有出现；第二，出于目前社会上的某种社会群体逆反心理，人们普遍有同情弱者的心理。另外，社会上有受众对许多东西充满好奇。如某媒体报道某人创作了一部“黄色小说”，实际上这不是一部“黄色小说”，这是一篇不实报道。但是由于社会上受众的猎奇心理，某人名誉权的受损不仅没有导致其财产损失，反而有所增加。但是，某人财产没有受损而有所增加的事实并不能否认新闻侵害名誉权事实的存在。所以，财产受损不是构成新闻侵害名誉权的必要条件。同时，损害事实的存在应当和新闻作品的发表之间有一种必然的因果关系。

4. 行为人主观上有过错

过错是指行为人在实施侮辱、诽谤等行为时的某种心理状态。这种主观上的过错分为故意的和过失的过错。

新闻故意侵害名誉权。新闻故意侵害他人名誉权，是指新闻工作者明知新闻作品中含有侵害他人名誉权的内容，却出于其他考虑而依旧放任作品发表，使新闻侵权从可能变为现实；新闻过失侵害名誉权，是指由于新闻工作者的疏忽大意或轻信他人的一面之词而造成了新闻侵害名誉权，但新闻工作者主观上并没有伤害当事人的心理。

二、新闻侵害隐私权

（一）新闻侵犯隐私权

所谓隐私，是指与公共利益、群体利益无关，公民个人生活中不愿向他人公开或被知悉的秘密。隐私的内容包可以分为四部分：

个人信息：身高、体重、三围、住址、电话、肖像、收入、生理缺陷、残疾状况；

私人领域：卧室、病房、电话亭、休息室、身体的敏感部位；

个人私事：恋爱、婚姻、生育、避孕、堕胎、收养子女；

私人活动：家庭生活、夫妻性生活、私人日记、信函。

隐私权，是指法律保护的公民不愿公开的个人生活秘密和个人生活自由的权利，是一种基本的人格权。隐私权具有如下特征：

第一，权利主体是自然人。和自然人个人生活密切相关的个人秘密，只能由自然人享有。

第二，隐私权的内容比较丰富，通常有私人通信秘密、生活秘密、身体秘密等。

第三，隐私权的内容包括隐私主体对隐私的控制权，如收藏、收集、传播和活动的权利。也包括隐私主体对其隐私的利用权，如利用个人的隐私写成自传体小说或回忆录以获得报酬的权利。

第四，隐私权保护的范围受公共利益的限制，即隐私权保护的隐私必须符合社会公共道德和法律规范。

新闻侵害隐私权是指在新闻作品中公开他人隐私而使他人隐私权受到伤害的

行为。隐私权的一个显著特点就是隐私的主体希望自己的隐私“不为人知”，而新闻侵害隐私权的行为就是将他人的隐私通过新闻报道公布于众，使当事人的隐私“广为人知”。这构成了新闻报道要求和隐私保护要求的严重冲突，而新闻媒体一旦坚持报道，就会使公民的隐私受到严重的侵害。

新闻侵害隐私权的方式主要表现为擅自公布他人的隐私。新闻记者在采访当事人的过程中，可能会接触到当事人的隐私，但当事人向记者披露这些隐私本身并不一定意味着同意发表，而可能是为了说明某种情况或提供某种佐证。新闻记者擅自在新闻作品中公布他人隐私，一般出于以下四种原因：

(1)新闻记者本身并不认为自己所披露的信息是他人的隐私；

(2)主观认为被采访者在接受采访时所讲述的内容已同意公布；

(3)不了解相关的法律规定或认为自己是出于良好的目的而公布；

(4)为了获得轰动效应。

无论是出于何种情况，以上都可能构成新闻侵害隐私权。

(二)新闻侵害隐私权的构成要件

新闻侵害隐私权需要有以下几个构成要件：

1. 新闻侵害隐私权行为的存在。

这是指新闻作品披露了公民与公共生活无关的个人生活秘密。主要包括两个方面：一是侵害隐私权的作品已经发表。这是区别一般民事侵权行为和新闻侵权行为的标志。如果新闻作品没有发表，只是以其他方式散布他人的隐私则不构成新闻侵害隐私权，只是构成普通的民事侵权行为，含有新闻侵权内容的作品发表与否是判断新闻侵害隐私权行为存在与否的标志之一。二是新闻作品中包含有他人隐私。

2. 受害人可以被指认。

只有发表的新闻作品中提及了当事人的隐私并且隐私主体可以被指认，才算真正构成了新闻侵害隐私权。如《北京青年报》女记者安顿所著的《绝对隐私》，尽管其内容为隐私，且通过著述广为披露，在此之前，类似的内容也在《北京青年报》的《人在旅途》“口述实录”专栏刊发过，但没有构成对隐私权的侵害，其原因在于作者隐去了隐私主体真实的姓名、工作单位、地址等可以被指认的新闻要素。另一个原因是因为隐私主体同意被披露。当然，我们相信“隐私主体同意被披露”的前提条件是“以不被指认的方式”，否则即使事先同意，也会构成侵权。

在新闻作品中披露相关隐私时，只要隐私主体可以被指认，就可能构成侵害隐私权，而不用追究是出于什么动机。

3. 导致了损害结果的出现。

侵害隐私权的结果是导致了被害人精神上的痛苦和财产上的损失等，这种精神痛苦和财产损失就是损害结果。

新闻侵害隐私权导致的直接后果是受害人的精神痛苦，因为个人隐私被公开，受害人会感到恐惧、紧张、不安、羞辱等。新闻侵害隐私权和新闻侵害名誉权不同，新闻侵害名誉权损害事实的衡量是以客观的、社会主流评价标准作为依据的，即不以受害人的主观认识作为衡量标准。而新闻侵害隐私权则恰恰相反，隐私的主体对隐私是否公开，公开后是否会对自己的精神造成伤害，都是取决于隐私主体的主观意志。如目前新闻媒体十分盛行“隐私热”，许多人自愿在媒体上披露自己的隐私，并认为这种做法是自己独特的生命体验，并追求他人对自己的生命体验的认可。他们不认为主动披露隐私会给自己带来痛苦受伤的感觉，但是如果一个公民认为披露自己的隐私会造成自己精神的痛苦，那么哪怕这种披露是出于善良的愿望，也会构成对公民隐私权的侵害。所以对于新闻侵害隐私权损害结果的判断，以隐私权的主体的主观意志为准。

新闻侵害隐私权可能造成的财产损失同新闻侵害名誉权可能造成的财产损失一样都不是一种必然的关系。但同样，新闻侵害隐私权会有可能导致公民财产的损失，如因为隐私权受到侵害而丢失工作机会以及引发的医疗费用等。但同时也需要注意的是，新闻侵害隐私权和当事人的精神损害必须存在直接的因果关系，否则就不存在新闻侵害隐私权。

4. 行为人主观上有过错。

跟新闻侵害名誉权的行为人主观上的过错一样，新闻侵害隐私权的行为人的过错也分为故意的过错和过失的过错。在绝大多数情况下，新闻记者披露他人的隐私是出于过失。他们主观上并不认为自己报道的内容属于隐私，也没有征得当事人的同意，大多数情况下是出于良好的主观愿望而过失地披露了他人的隐私，但显然已经构成了对公民隐私权的侵害。

新闻侵害隐私权的抗辩事由和责任承担可以参照新闻侵害名誉权处理，但必须强调两点：第一，在新闻侵害了隐私权的抗辩事由中，特别强调受害人同意。隐私主体有权利行使自己的隐私权，其可以通过放弃自己的某些隐私，获得另一些权利。例如，社会名人放弃了自己的某些隐私而得到更多地被报道机会，提高自己的名气。第二，在新闻侵害隐私权案件中，特别强调“私了”原则，因为一旦将隐私纠纷上升到法律层面，必将引起媒体更多的关注，使公民的隐私权再次受到伤害。

《新闻调查》“谁动了我的隐私”，来源：酷6网

三、其他新闻侵害公民人格权的形式

新闻侵害名誉权和隐私权是最为常见的两种新闻侵害公民人格权的形式，但是还有很多其他的形式，其中，新闻侵害姓名权、肖像权和著作权中的人格权这三种形式比较常见。

（一）新闻侵害姓名权

姓名权是指公民依法享有的决定、使用或改变自己姓名的权利。每个公民以自己特定的标志参加民事活动，并设定权利和义务。第一，每个公民有决定自己姓名的权利，这项权利一般都在出生时由父母代为行使。第二，每个公民都有使用自己姓名的权利。如参加选举、在法律文件上签字等，公民都可以使用自己的正式姓名和非正式姓名。第三，每个公民可以依法改变自己的姓名。公民如需改变姓名只需按照我国的有关规定持相关证件到户籍登记机关办理更名手续。

我国《民法通则》第 99 条规定："公民享有姓名权，有权决定、使用和依照规定改变自己的姓名，禁止他人干涉、盗用、假冒。"侵害姓名权的形式主要表现为干涉、盗用和假冒他人姓名。干涉，表现为强迫他人命名，不准他人命名以及不准他人自由地使用自己的姓名，如擅自去除新闻报道中他人的姓或名。盗用，表现为未经他人同意而擅自以其名义开展活动。冒用，即假冒他人的姓名进行活动，如谎称自己为某人、借用与他人相同姓名的便利，实施非法活动。

（二）新闻侵害肖像权

肖像权是指公民的个人形象通过摄影、造型或其他形式再现所享有的专门权利以及不受非法侵害的权利。第一，肖像是自然人外部形象的再现，是固定在一定的物质载体上的。肖像最为常见的形式是照片，以及一些个人写真集、影像等。第二，肖像是可以为人力所支配的。肖像和肖像人脱离后，就可以为人的意志所支配，可以使用、收益和处分。第三，肖像还可以具有财产性的特征，即肖像的精神利益的经济体现。

《民法通则》第 100 条规定："公民享有肖像权，未经本人同意，不得以营利为目的使用公民的肖像。"这条规定的含义有：第一，肖像权是一种专有权，这种专有权包括制作专用权和使用专用权；第二，公民有权禁止他人非法使用自己的肖像或对自己的肖像进行玷污毁损。未经本人同意使用他人肖像、未经本人同意擅自创造他人肖像、擅自拥有他人肖像以及以不当方式使用他人肖像等都是对他人肖像权的侵犯。同时，"以营利为目的"不应该是侵害肖像权的必要条件，我国法律保护的是公民的人格权而不是仅仅和人格权相关的财产权，将"以营利为目的"作为侵权的必要条件，就可能使那些不以营利为目的的侵害肖像权的行为合法化。

在新闻传播活动中，新闻报道是可以未经肖像权人同意而使用肖像的。但这种使用必须是"合理使用"，所谓的"合理使用"具体包括以下一些方式：

1. 公共利益的需要。

如以图片方式报道各种有价值的经济、政治、文化活动和社会事件以及突发事件，难免出现各级官员、各领域的名人以及新闻事件中的主角的肖像图片。在公共利益面前，个人的肖像权应该有合理的让步。有些批评性的报道，照片上披露了某些从事违反公德或违法犯罪活动的人的形象，显然违背了肖像权人的意愿，但这是符合社会公益的，只要不是宣扬隐私或带有损害人格尊严的性质，肖像权人不得主张肖像权。

2. 肖像权人默示同意。

新闻报道中的官员、名人、企业家等，新闻媒体报道他们的职业活动以及公众场合的言行举止等，非但为公众所关注，同时也有利于他们的工作和事业。一些公开的会议、会众集会游行的新闻报道中出现的参加者的形象，只要肖像权人没有相反表示，应该推定为肖像权人默示同意新闻工作者在新闻报道中使用他们的肖像。

3. 肖像被"淡化"。

新闻报道中的某些大型公开场面的记录，图像中出现的人群，不是刻意表现某个特定的个人形象，同时受众看到的也是只某些抽象的"民众"，没有针对的指向某个人。这种情形下的肖像使用，肖像权人不应主张肖像权。

但新闻报道如果缺少了以上的合理性，就可能构成对公民肖像权的侵害。新闻侵害肖像权的主要形式有：第一，未经本人同意非法拍摄并使用其肖像。第二，歪曲使用他人肖像，如丑化、侮辱他人肖像等。第三，与新闻宣传无关而假冒新闻宣传名义使用他人肖像。但需要注意的是，"新闻报道可以未经肖像权人同意而使用"没有体现在我国明确的法律规定中，因此，在具体新闻实践中可能遇到麻烦。

（三）新闻侵害著作权中的人格权

著作权也称版权，是法律赋予创作文学、艺术和科学作品的作者享有的专有权利，是知识产权的重要组成部分。著作权是以民事权利的形式出现的，因此著作权具有民事权利所具有的一切特征。《著作权法》以权利为核心，只规定权利人所享有的权利，权利人以外的其他人都是义务人。义务人以不作为保证权利人的权利实现，任何人都不得侵害著作权人所享有的权利，这一点与所有权的本质特征一致，因而著作权属于绝对权、专有权。著作权作为知识产权的一种，和物权、债券以及人身权一起成为民事权利的四大类型，同时具有排他性、时间性和地域性的特征。

著作权的内容主要包括人身权和财产权两个方面。人身权，即与人身不可分离而又没有直接的经济内容的权利，包括发表权、署名权、修改权和保护作品完整权四项权利。例如，某科技成果作品的作者可以在发表时署名，但署名本身并不具有直接的经济内容，所以属于人身权的范围。所谓财产权，是指作者或其他著作权所有者享有的转让、授权或许可他人以复制、表演、播放等方式使用其作品并由此获得报酬的权利。这种权利主要包括使用、收益和转让的权利。作者通过使用作品，可以获得相应的报酬。例如小说作家发表作品后获得的稿费。因此，著作权也具有财产权的性质。

著作权侵权行为是指未经著作权人许可，又无其他法律许可，擅自对他人享有的著作权作品剽窃、篡改、假冒或以其他非法手段行使著作权人的专有权利，从而损害了其人身权利和财产权利的行为。在此主要指的是新闻作品侵害著作权中的人身权方面，即发表权、署名权、修改权和保护作品完整权四项权利。在新闻对著作权的侵权行为中，剽窃和抄袭是新闻作品侵权行为中最常见的行为。新闻作品的抄袭在现实生活中分为直接抄袭和间接抄袭两种。直接抄袭形式直露，表现为将他人的作品全部内容或稍有变动地抄袭，变成自己的作品发表。间接的抄袭形式是指对他人的作品斩头去尾，略作修改，对一些部分进行增减和删改，然后作为自己的作品加以发表。

本章小结

1. 新闻侵权是指新闻媒体和新闻工作者利用新闻报道对公民、法人或其他社会组织造成不法侵害的行为。
2. 新闻侵权的构成要件有：有侵权内容的新闻作品已经发表；行为具有违法性；新闻作品有可指认的对象；新闻媒体和新闻工作者的主观过错。
3. 新闻侵权常见的抗辩事由包括履行舆论监督的职能、公正评论、权威的消息来源、公众人物和公众兴趣、合理使用和受害人同意。
4. 新闻侵权的责任包括非财产民事责任和财产赔偿责任。
5. 新闻侵权的救济方式有私了化解、协商调解和法律诉讼。
6. 新闻侵害公民人格权的情形有以下几种：新闻侵害名誉权、新闻侵害隐私权、新闻侵害姓名权、新闻侵害肖像权和新闻侵害著作权中的人格权。

关键词

舆论监督　新闻侵权　人格权　构成要件　抗辩事由　公众人物　合理使用　法律预防　赔偿责任　调解　诉讼　名誉权　隐私权　姓名权　肖像权　著作权

复习问题

1. 新闻侵权的构成要件有哪些？
2. 新闻侵权的抗辩事由包括哪些？
3. 如何预防新闻侵权？
4. 公民人格权包括哪些？
5. 新闻侵权的救济方式有哪些？各有什么不同？
6. 新闻侵权的类型有哪些？

思维训练

1. 思考公众人物的隐私权和普通人的隐私权是否相同。
2. 某看守所为 7 名刑满释放人员举行热闹的出监仪式。电视镜头下，看守所所长递给他们 3 件礼物：一把印有“一路走好”字样的雨伞、一本《公民道德规范》和一份《浙江省归正人员安置帮教工作办法》。请评论这则电视新闻是否构成新闻侵权。

第七章　新闻传播与著作权

本章目的

新闻传播与知识产权关系十分密切,尤其是知识产权中的著作权部分,因为新闻传播中经常会遇到著作权的问题。本章介绍了知识产权的相关法律知识,并解读了新闻作品与著作权相关的内容,着重介绍了新闻作品的著作权保护,侵害新闻作品著作权的行为及其法律责任。

通过本章的学习,学生能够掌握以下问题:

1. 知识产权的概念、范围、性质和特征等法律知识
2. 著作权的概念、特征、主体、客体和内容等法律知识
3. 著作权中的邻接权
4. 著作权人利益如何与公共利益实现平衡
5. 侵犯新闻作品著作权的法律责任

本章要点

1. 知识产权

   A. 概念　B. 范围　C. 性质　D. 特征

2. 知识产权法体系
3. 著作权

   A. 概念　B. 特征　C. 主体　D. 客体　E. 内容

4. 著作权法
5. 著作权中的邻接权
6. 著作权与公共利益的平衡

   A. 合理使用　B. 法定许可使用　C. 强制许可使用

7. 新闻作品著作权

   A. 含义　B. 侵害新闻作品著作权的行为

   C. 法律责任

第一节 知识产权与著作权

新闻传播中会经常遇到著作权的问题,而著作权是知识产权的一个重要组成部分,因此有必要先对知识产权和著作权进行介绍。

一、知识产权与知识产权法

(一)知识产权概述

1. 知识产权的概念

知识产权(Intellectual property)是人们对自己的智力活动创造的成果和经营管理活动中的标记、信誉依法享有的权利。这种将一切来自知识活动领域的权利概括为“知识产权”的观点,是17世纪中叶的法国学者卡普佐夫最早提出,后为比利时著名法学家卡皮第所发展的。随着时代的发展,知识产权学说在国际上广泛传播,得到世界上多数国家和众多国际组织的承认。在我国,法学界长期采用“智力成果权”的说法,1986年《民法通则》颁布后,开始正式通行“知识产权”的称谓。我国台湾地区则把知识产权称为“智慧财产权”。

知识产权有广义和狭义之分,两者涵盖的范围不同。

(1)广义的知识产权

广义的知识产权包括著作权、著作权的邻接权、专利权、商标权、商号权、商业秘密权、地理标志权、集成电路布图设计权等各种权利。对于广义的知识产权,目前已经有两个主要的国际公约认可,分别是1967年签订的《成立世界知识产权组织公约》和1994年关贸总协定缔约方签订的《知识产权协定》(又称TRIPS协定)。

对知识产权范围的界定,我国1986年通过的《民法通则》在第五章明确将知识产权列为“民事权利”,并在该章第三节“知识产权”中的第94~97条明文规定了著作权、专利权、商标权、发现权、发明权以及其他科技成果权。

(2)狭义的知识产权

狭义的知识产权,包括著作权及其邻接权、专利权、商标权三个主要组成部分,其中著作权及其邻接权是本章重点学习的内容。

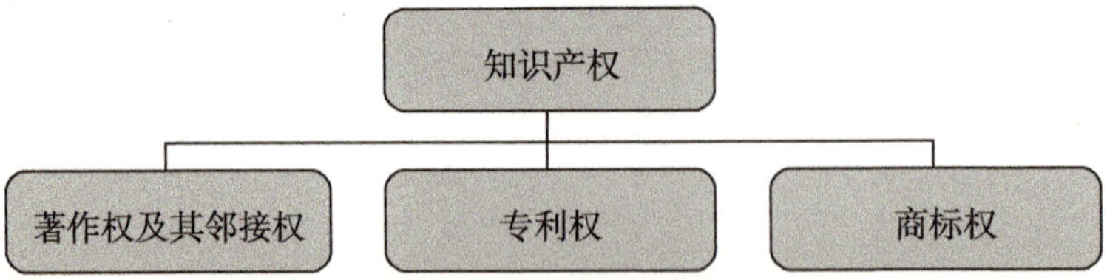

图7.1 知识产权的种类

狭义知识产权一般分为文学产权和工业产权两类，前者包括著作权及其邻接权，后者主要是专利权和商标权。文学产权是关于文学、艺术、科学作品的创作者和传播者所享有的权利，它将具有原创性的作品及传播这种作品的媒介纳入其保护范围。工业产权则指在工业、商业、农业、林业和其他产业中产生的智力成果在一定地区和期限内享有的专有权，其是一种无形财产权。

文学产权与工业产权是狭义知识产权传统的基本分类，然而自 20 世纪 60 年代起，由于工业产权与著作权的长期渗透和交叉的结果，出现了给予工业产品以类似著作权保护的新型知识产权，即工业版权。工业版权突破了以往关于著作权与工业产权的传统分类，吸收了两者的部分内容，形成了亦此亦彼的“交叉权利”。这种权利的主要特点是：受保护对象必须具有专利法要求的新颖性和著作权法要求的独创性。

2. 知识产权的性质和特征

（1）知识产权的性质

知识产权是一种新型的民事权利，是一种法定权利，其类型、内容均由法律设定。

第一，权利本体的私权性。权利本体的私权性是知识产权归类于民事权利范畴的基本依据。所谓私权，指的是自然人、法人享有的各种民事权利，因此，知识产权的产生、行使和保护，均使用民法的基本原则和基本制度。对于知识产权的私权性，《知识产权协定》在其序言中强调有效保护知识产权的必要性时，明确要求各缔约方确认知识产权是一项“私权”。

第二，权利客体的非物质性。知识产权是一种有别于财产所有权的无形财产权，权利客体的非物质性正是知识产权区别于财产所有权的本质特性。知识产权的客体，即知识产品，或者说智力成果，是一种无形体的精神财富，故客体非物质性是知识产权的本质属性。需要注意的是知识产品的无形是相对于动产、不动产的有形而言的，它具有不同的存在、利用和处分形态。这表现在以下几个方面：首先，知识产品不发生有形控制的占有。因为知识产品不具有物质形态，不占有空间，所以人们对它的占有不是实在而具体的占据，而是对某种知识、经验的认识和感受。知识产品虽然具有非物质特征，但它总要通过一定的客观形式表现出来，此时作为其表现形式的物化载体所对应的是有形财产权，而不是知识产权。换句话说，就是无形的知识产权要通过有形的物质才能表现出来。其次，知识产品不发生有形的损耗。知识产品的使用，人们只需从已经向社会公布公示的知识产品中得到相关知识就可以使用。且无论是一个主体使用还是多个主体使用，知识产品都不会像有形物那样发生损耗。如果无权使用人擅自利用了他人的知识产品，也无法使用恢复原状的民事责任形式。最后，不发生消灭知识产品的事实处分与有形交付的法律处分。知识产品不可能发生灭失的情形，它的存在仅会因为法定保护期届满与否而产生专有财产和社会公共财富的区别,知识产品本身是一直存在的。

(2)知识产权的特征

关于知识产权的基本特征,虽然学者们阐述各不相同,但知识产权具有的“专有性”、“地域性”和“时间性”这三项特征得到广泛认同。

第一,知识产权具有专有性。知识产权是一种专有的民事权利,具有排他性。由于知识产品是精神领域的成果,知识产权的专有性有着独特的法律表现:

知识产权为权利人所独占,权利人垄断这种专有权并受到严格保护,没有法律规定或者未经权利人许可,任何人不得使用权利人的知识产品;

对同一项知识产品不允许有两个或以上同一属性的知识产权并存。比如两个相同的发明物,根据法律程序只能将专利权授予其中一个,而以后的发明与已有的基数相比,如果没有突出的实质性特点和显著的进步,就不能取得相应的权利。

第二,知识产权具有地域性。知识产权作为一种专有权在空间上的效力受到地域的限制,具有严格的领土性。按照一国法律获得承认和保护的知识产权,只能在该国发生法律效力,除签有国际公约或双边互惠协定的以外,知识产权没有域外效力,其他国家对这种权利没有保护的义务,任何人均可以在自己的国家内使用该知识产品,即无须取得权利人的同意,也不必向权利人支付报酬。

随着时代的发展进步,知识产权的地域性正不断受到挑战。从 19 世纪末起,科学技术的发展和国际贸易的扩大使知识产权交易的国际市场开始形成和发展,由此,知识产品的国际性需求与知识产权的地域性限制之间就出现了巨大的矛盾。为了解决这一矛盾,各国先后签订了一些保护知识产权的国际公约,成立了一些全球性或区域性的国际组织,在世界范围内形成了一套国际知识产权保护制度。但是此时知识产权的地域性依然没有根本性变化,是否授予权利、如何保护权利,仍由各缔约国按照其国内法来决定。到了 20 世纪下半叶,由于地区经济一体化和现代科学技术的发展,知识产权立法呈现出现代化、一体化的趋势,因此,知识产权的严格地域性进一步受到挑战。首先,出现了跨国知识产权。为了实现经济一体化的目标,某些国家和地区正努力建立一个共同的知识产权制度,例如欧盟,这就使知识产权跨出一国地域的限制同时在多个国家发生效力。其次,是涉外知识产权管辖权与法律适用的发展。由于现代传播技术的发展,涉及知识产权的侵权行为可能在多个国家发生,为了便利诉讼和有效保护权利人利益,一些国家在酝酿地域管辖适用新准据法。这些都会对知识产权的地域性带来重大影响。

第三,知识产权具有时间性。知识产权不是没有时间限制的永恒权利,它仅在法律规定的期限内受保护,超过法律规定的有效期限,这一权利的相关产品就转为整个社会的共同财富,为全人类所共有。

知识产权在时间上的限制,是世界各国为了促进科学文化发展、鼓励智力成果公开所普遍采用的原则。建立知识产权的目的,在于采取特别的法律手段调整因创造或使用知识产品而产生的社会关系，这一制度既要注重保护知识产品创造者的合法权益，又要促进文化知识的广泛传播，协调知识产权专有性与知识产品社会性之间的矛盾。根据各类知识产权的性质、特征及本国的实际情况，各国法律对著作权、专利权、商标权都规定了长短不一的保护期。著作权的保护期限，主要是对作者的财产权而言的，而作者的人身权，有些国家规定无限期永远存在，如法国；有些国家规定与财产权保护期相同，如德国。我国《著作权法》第 20 条规定："作者的署名权、修改权和保护作品完整权的保护期不受限制。"

知识产权的上述特征，是与其他民事权利相比较而言的，具有相对意义的概括性描述，并不意味着所有类型的知识产权都具有以上全部特征，比如商业秘密权不受时间限制，地理标志权不具有严格的专有意义。

（二）知识产权的相关法律制度

知识产权法是调整因为知识产品而产生的各种社会关系的法律规范的总和，它是国际上通行的确认、保护和利用著作权、工业产权以及其他智力成果专有权利的一种专门法律制度。知识产权法是相关法律规范的总和，而不是单行的一部法律，这意味它包含很多法律在内，例如我国的《著作权法》、《专利法》等。

从世界范围看，根据智力劳动成果和社会关系的性质不同，各国立法者先后建立了专利法、著作权法、商标法等一系列的法律制度。这些法律规范相互配合，构成了调整相关知识产品的财产关系和人身关系的法律规范体系，即知识产权法。

我国知识产权立法始于清末，北洋政府和国民党政府也颁布过有关知识产权的法律。新中国成立后，由于种种原因，知识产权法制建设长期被搁置。随着改革开放国家工作重心的转移，我国知识产权法制建设才得以发展，并迅速建立起知识产权法律体系，在知识产权保护方面取得重大进步。1982 年，全国人大常委会审议通过了《商标法》，该法经过 1993 年和 2001 年两次修订。随着《商标法》的颁布，第一部《专利法》在 1984 年经过全国人大常委会审议通过，之后《专利法》又经过 1992 年、2000 年、2008 年三次修订。1986 年，全国人大审议通过的《民法通则》还专门规定了知识产权，明确将知识产权列为民事权利。1990 年，全国人大常委会审议通过了《著作权法》，该法经过 2001 年、2010 年两次修订。1993 年和 2007 年，全国人大常委会又先后审议通过了《反不正当竞争法》和《反垄断法》。除了国内立法，我国还积极加入国际公约，从 1980 年我国加入《世界知识产权组织公约》，1985 年加入《保护工业产权巴黎公约》，1989 年加入《商标国际注册马德里协定》，1992 年加入《保护文学作品尼泊尔公约》和《世界版权公约》，到 2007 年加入《世界知识产权组织表演和录音制品条约》的二十几年里，我国先后加入了十几个知识产权相关的国际公约。

我国的知识产权制度建设虽然起步比较晚，但是从 20 世纪 70 年代末至今的几十年间，我国做了大量卓有成效的工作，建立起比较完整的知识产权法律体系。

二、著作权与著作权法

(一)著作权的概念及特征

著作权又称版权,是指作者或其他权利人对文学、艺术或科学作品所享有的署名、发表、出版、获取报酬等各项专有权利的总称。

著作权作为一种民事权利,与其他民事权利相比,有其独特性。

第一,著作权的首要特征是著作权具有客体无形性。作为知识产权的一种,著作权毫无疑问具有知识产权客体无形性的本质,即它的标的不是有形物,而是被客观化的人类精神思想。

第二,著作权行使上的特殊性。著作权客体无形性使著作权在利用上有多种方式,既可以通过表演、广播的形式利用,也可以通过发行等方式利用。

第三,著作权权能的可分性。因为著作权包括人身权和财产权,人身权不可以转让,但是财产权是可以通过许可等方式转让的,且同一权能可以处分多次。换句话说,即著作权的人身权和财产权可以分别为不同的人所有。

第四,著作权存续的有限性。虽然我国《著作权法》规定著作权的人身权不受期限限制,但是著作权的财产权是有一定保护期的,保护期届满即丧失著作财产权。

第五,著作权具有人身性。著作权具有人身权和财产权的双重性质,因此著作权人不仅可以通过创作作品享有使用权和报酬权,同时在作品上享有名誉、声誉及其他无形人身权利。

著作权是民事权利,它的保护、利用和管理都需要法律进行规范和调整,因此,为了能够更好地掌握著作权,我们有必要先掌握我国的著作权法律制度。

(二)我国的著作权法及其内容

在我国,著作权的保护制度最早起源于宋朝的令状制度,但各封建王朝始终未能制定一个专门保护著作权的法律,直到1910年才颁布《大清著作权律》,但该法并未实际施行。1903年中国和美国签订了的《中美续议商行船条约》是我国历史上第一部涉及著作权的条约,也是近代著作权法律制度引入我国的开端。为了履行1903年中美条约的义务,1910年清政府颁布了中国第一部著作权法——《大清著作权律》。1915年,国民政府颁布《著作权法》,取代了《大清著作权律》。此后,国民党政府又于1928年颁布了新的著作权法。

中华人民共和国成立后,由于各种条件的限制,我国没有颁布一部全面的、完整的保护作者及其他著作权人的单行著作权法,有关保护著作权的规定多散见于一些单行法规之中。直到1986年,全国人民代表大会第四次会议通过的《民法通则》第一次在法律中明确规定了"公民、法人享有著作权,依法享有署名、发表、出版、获得报酬等权利",此外《民法通则》第118条规定:"公民、法人的著作权受到剽窃、篡改、假冒等侵害的,有权要求停止侵害,消除影响,赔偿损失。"

1990年,《著作权法》经第七届全国人大常委会第十五次会议审议通过,并于1991年6月1日起正式实施。1991年6月3日又颁布了《著作权法实施条例》。该著作权法共6章56条,从各个方面规定了作者、其他著作权人及作品传播者的合法权益。为了适应加入世界贸易组织和国内形势变化的需要,全国人大常委会先后于2001年和2010年两次修订《著作权法》,以与国际公约和国际著作权法的发展保持一致。

2002年8月2日国务院公布的《著作权法实施条例》(2013年修订)和2010年2月26日十一届全国人大常委会第十三次会议修正的《著作权法》是我国现行著作权法律制度的主要立法文件,主要规定了以下几个方面:著作权客体、著作权主体、著作权内容、著作权的限制及保护期限、邻接权、著作权及邻接权的保护等。

1. 著作权的主体

著作权的主体是作品的作者及其他依法享有著作权的人。作者可以是公民,也可以是法人或非法人单位,还可以是若干个公民或法人,此时作品为合著作品。国家在一定情况下也可以成为著作权的主体。如无相反证明,在作品上署名的公民、法人或非法人单位为作者。作品无论是否发表,其作者均依法享有著作权。也就是说,作品的作者依法享有著作权不以作品的发表为前提,只要作品完成即对该作品拥有著作权。

2. 著作权的客体

著作权的客体就是作品,是指在文学、艺术和科学领域内具有独创性并能以某种有形的形式复制的智力创作成果。著作权的客体有九种:(1)文字作品;(2)口述作品;(3)音乐、戏剧、曲艺、舞蹈、杂技艺术作品;(4)美术、建筑作品;(5)摄影作品;(6)电影作品和以类似摄制电影的方法制作的作品;(7)工程设计图、产品设计图、地图、示意图等图形作品和模型作品;(8)计算机软件;(9)民间文学艺术作品等。

上述作品要受到著作权法的保护,还必须满足以下三个要件:

一是属于文学、艺术和科学领域内的智力创造活动所产生的成果;二是来源于作者的独立创作,体现作者的特性;三是必须可以通过某种有形形式复制,从而被他人所感知。

还有一些作品是不受著作权法保护的,分别是:一是官方文件,即法律、法规、国家机关的决议、决定、命令和其他具有立法、行政、司法性质的文件及其官方正式译文,官方文件具有独创性,属于作品范畴,不通过著作权法保护的根本原因在于方便人们自由复制和传播。二是时事新闻,但传播报道他人采编的时事新闻应当注明出处。三是历法、通用数表、通用表格及公式,它们在表达方式上具有“唯一性”,不存在独创性表现的可能。

3. 著作权的内容

著作权的内容包括人身权和财产权。人身权的保护期是不受限制的,包括署名权、发表权、修改权、保护作品完整权和收回作品权等。

我国《著作权法》第10条第1款第（一）项规定："发表权，即决定作品是否公之于众的权利。"根据《最高人民法院关于审理著作权民事纠纷案件适用法律若干问题的解释》，所谓"公之于众"是指著作权人自行或者经著作权人许可将作品向不特定的人公开，但不以公众知晓为构成要件。作者有权决定作品是否公之于众，在何时、何地，以及以何种方式公之于众。

我国《著作权法》第10条第1款将署名权解释为"表明作者身份，在作品上署名的权利"。署名权是作者享有的一项重要的权利，它可保障作者的身份受到尊重。使用他人作品的，应当指明作者的姓名、作品名称，当事人另有约定或由于作品使用方式的特性无法指明的除外。

修改权，包括作者自己修改和授权他人修改作品权利。修改权一方面保证作者有权修改自己的作品，另一方面保证作者有权禁止他人对作品进行歪曲或删改。之所以要确立修改权，是因为作品是作者思想的集中体现，作者对作品发表的后果承担责任，所以如果作者认为作品发表后不能反映其学术观点或文艺思想，作者就有权根据自己的意志对作品进行修改。

保护作品完整权，即保护作品不受歪曲、篡改的权利。如果他人擅自删除、变更作品内容、破坏表现形式和变动艺术效果，都可能会造成作者的名誉、声望受到损害，作品的纯洁性也将遭到破坏。这对作者本身和作品的传播都是极其不利的，因此法律保护作品不受歪曲、篡改，既保护了作者的人身权，也为作品的传播起了保护作用。

著作权的财产权包括复制权、发行权、出租权、摄制权、展览权、表演权、放映权、广播权、信息网络传播权、改编权、翻译权、汇编权和应当由著作权人享有的其他权利，在此不赘述。

参阅资料：

全球首例BT侵权案在香港宣判引发不同反应

4. 著作权中的邻接权

邻接权又叫"传播者权"，是指与著作权相邻的权益，是作品传播者所享有的权利。传播者权包括出版者权、表演者权、录音录像制作者权、广播电视组织权和网络服务提供者传播权等。

其中,广播、电视组织权是指广播电台、电视台对其制作的广播、电视内容享有的专有权利,但应当同表演者订立合同并支付报酬。具体权利包括转播、录制权与复制权。电视台播放他人的电影、电视和录像,应当取得电影、电视、录像制作者的许可并支付报酬。该项邻接权与著作权中的广播权比较容易混淆,注意掌握两者区别。广播权是著作权人通过无线、有线以及扩音器等方式向公众传播其作品的权利。两者的权利主体是不同的。修订后的《著作权法》在规定广播电台、电视台邻接权客体时,不再限定广播电台、电视台播放制作的广播、电视“节目”作为客体,即该邻接权的客体不一定是“节目”。也就是说,只要是通过广播、电视播放的具有该广播组织独创形式的录音、拍摄、剪辑、编排等都受广播、电视组织的控制,受到保护。这意味着对广播、电视邻接权保护的扩大。

网络服务提供者传播权是指互联网服务提供者和众多上网者在传播过程中,合法制作的网页版式,尤其是首页版式,以及各种连接设置等,只要具有独创性,就可以受到著作权法保护。《世界知识产权组织版权公约》第5条规定:数据或其他资料的汇编,无论采用何种形式,只要由于其内容的选择或排列构成智力创作的,其本身即受保护。

参阅资料:

全国首例“深度链接”侵犯影视著作权案判决生效

普陀法院司法助推“净网”将成常态化

法治报记者　胡蝶飞　　法治报通讯员　孙　超

通过网站管理后台链接获取影视作品的种子文件索引地址,通过向用户提供并强制使用QVOD播放软件的方式,网站经营管理人张某用这种“深度链接”的方式为网站用户提供浏览观看影视作品达941部。日前,张某因犯侵犯著作权罪,被普陀法院判处有期徒刑1年3个月。6月4日,该判决已经生效。而随着网络传播途径日趋多样性,常态化的“净网”行动将给司法打击网络侵权和犯罪工作带来新的挑战和机遇。

全国首例“深度链接”侵犯影视著作权案判决生效

张某在设立了www.1000ys.cc网站,并在浙江绍兴租用服务器,通过安装相关软件,完成网站和服务器的连接。之后,张某利用www.1000ys.cc网站管理后台,从直接上传作品的“哈酷资源网”加框链接未经著作权人授权的影视作品。为提高网站的知名度和所链接影视作品的点击量,张某还在在www.1000ys.cc网站以设置目录、索引、内容简介、排行榜等方式向用户推荐影视作品,并通过强制提供

QVOD 播放软件等方法，为用户浏览、下载上述影视作品提供服务。2010 年 2 月起，张某加入“百度广告联盟”，由“百度广告联盟”在其设立的 www. 1000ys. cc 网站上发布各类广告。至 2012 年 9 月 5 日案发时，张某从“百度广告联盟”获取广告收益共计 10 万余元。

今年 1 月，普陀法院对张某涉嫌侵犯著作权罪一案进行了公开开庭审理。

法院认为张某开设影视视频分享网站后，从互联网论坛获得了通过采集盗版影片资源建立网站并进行牟利的信息及操作技术，通过“深度链接”的技术定向链接至境外的哈酷资源网，主动采集影片资源，并以设置目录、索引、内容简介、排行榜方式向用户推荐影视作品。然后加入“百度广告联盟”，通过在网站上刊登收费广告获取利益，其主观上具备了营利目的。他的网络服务提供行为，可使公众可以在个人选定的时间和地点通过网站获得作品，符合信息网络传播行为的实质性要件，属信息网络传播行为，因此符合侵犯著作权罪中“发行”（通过信息网络向公众传播）的行为性质。经侦查机关抽检、相关权利人目视检测作品内容比对、鉴定机构有效链接测试，张某未经著作权人许可，通过信息网络向公众传播的影视作品达 941 部，已符合构成侵犯著作权罪的入罪情形。

据此，法院判决张某有期徒刑 1 年 3 个月，缓刑 1 年 3 个月，并处罚金 3 万元。该判决已于 6 月 4 日生效。

网络侵权多样“净网”将成常态化

虽然“深度链接”不再是以前赤裸裸的内容复制，然这种暗度陈仓的搬家行为，也是一种传播信息的方式。如果传播的内容违法或者未经著作权人许可，既能得到经济利益，又不受到法律的制裁，势必带来网络版权保护环境的进一步恶化。

根据普陀法院近几年的案件情况统计，涉及网络侵权或犯罪的案件总数量虽然不高，其中民事侵权案件为 308 件，刑事犯罪案件为 53 件，但是却涉及网络传播各种渠道。有开设网络游戏私服获利的，有通过淘宝网店和微信朋友圈向境内外销售假冒产品的，有利用网站散布虚假信息从事诈骗的，有在论坛和微博公布他人隐私进行泄愤等等的违法犯罪行为。在各种利益的驱动下，网络侵权和犯罪的方式趋于多变、隐蔽，往往线上和线下活动相互配合。

互联网时代应鼓励技术的创新和发展，然而，新技术不应当被用作钻法律空子的手段。对于此类行为，普陀法院表示必须通过法律进行制裁，从民事保护和刑事打击两方面着手，进一步净化网络环境。

（上海法治报）

5. 著作权的合理使用、法定许可使用和强制许可使用

著作权是对著作权人智力成果的保护，它保护的是作者的合法权益。作者不断创作出新的作品来，对社会文化、科学、艺术发展都有重要意义。因此，对作者享

有的权利既要保护,又不能把权利绝对化、无限期化,这是世界各国平衡著作权人利益与社会利益的通行做法。

著作权与公共利益的平衡有三种实现形式,分别是:合理使用、法定许可使用和强制许可使用。

(1)合理使用

著作权的合理使用是指在特定的情况下使用他人的作品,可以不经著作权人许可,不向其支付报酬,但应当指明作者姓名、作品名称,并且不得侵犯著作权人依照《著作权法》享有的其他权利的制度。合理使用制度实质是对著作权人使用著作权的限制,其立法意义在于满足公共利益的需要。

我国《著作权法》第 22 条规定了可以合理使用他人作品的情况。如为介绍、评论某一作品或者说明某一问题,在作品中适当应用他人已经发表的作品;为报道时事新闻,在报纸、期刊、广播电台、电视台等媒体中不可避免地再现或引用已经发表的作品;报纸、期刊、广播电台、电视台等媒体刊登或播放其他报纸、期刊、广播电台、电视台等媒体已经发表的关于政治、经济、宗教问题的时事性文章,作者声明不许刊登、播放的除外;报纸、期刊、广播电台、电视台等媒体刊登或者播放在公众集会上发表的讲话,作者声明不许刊登、播放的除外等 12 种合理使用的情况。

必须注意的是,虽然《著作权法》规定的合理使用不得影响该作品的正常使用,不得不合理地损害著作权人的合法权益。

(2)法定许可使用

法定许可使用,又称非自愿许可使用,使用人是根据法律直接规定,以特定的方式使用他人已发表的作品,可以不经著作权人许可,但应向著作权人支付使用费,并尊重著作权人其他权利的制度。

我国《著作权法》第 23 条对法定许可作了明文规定,但有一个前提条件,即作者声明保留权利者除外。法定许可有几点是必须明确的:第一,法定许可必须由法律规定。第二,法定许可的作品只能是已经发表的作品。第三,法定许可,以作者在发表作品时未曾声明对他人使用保留意见为限。第四,法定许可必须向著作权人支付报酬,支付的方式可以是直接交付,也可以由著作权管理机构转交。第五,法定许可不得损害著作权人的其他权益。

法定许可的具体情形有以下几种:

第一,作品刊登后,除著作权人申明不得转载、摘编的外,其他报刊可以转载或者作为文摘、资料刊登,但应该向著作权人支付报酬。

按照著作权法的原则,作品每被使用一次都应该获得报酬,所以认为作品首次发表已经支付过报酬,再次使用就不用支付的看法是没有根据的。

第二,录音制作者使用他人已经合法录制的录音制品中的音乐作品来制作录音制品,可以不经著作权人许可,但应向著作权人支付使用费,著作权人声明不得使用的不能使用，这项法定许可使用范围仅仅限于录音制品中的音乐作品，而且必须是合法录制，一般就是指正式出版的。而制作录音制品时，使用非录音制品和录音制品中的非音乐作品，都必须事先征得著作权人的许可。

第三，广播电台、电视台播放他人已经发表的作品或者已经出版的录音制品的，可以不经著作权人许可，但应当支付报酬，当事人另有约定的除外。

第四，为实施九年制义务教育和国家教育规划而编写出版教科书，除作者事先声明不得使用外，可以不经著作权人许可，在教科书中汇编已经发表的作品片段或者短小的文字作品、音乐作品或者单幅的美术作品、摄影作品，但应按照规定支付报酬，指明作者姓名、作品名称，并不得侵犯著作权人依法享有的其他著作权利。

第五，网络传播法定许可。最高人民法院2000年《关于审理计算机网络著作权利纠纷案件适用法律若干问题的解释》规定："已在报刊上刊登或者网络上传播的作品，除著作权人声明或者报刊、期刊社、网络服务提供者受著作权人委托不得转载、摘编的以外，在网络进行转载、摘编并按有关规定支付报酬、注明出处的，不构成侵权。"这条规定在法定许可方面赋予网站与报刊同等的地位，报刊之间可以按照法定许可原则相互转载、摘编作品，现在网站也加入这个行列，形成报、刊、网三者之间相互转载、摘编。

(3)强制许可使用

强制许可使用，是指在特定条件下，由著作权主管机关根据情况，将已发表作品进行特殊使用的权利授予申请使用此项权利的使用人的制度。在国际著作权公约中，又被称为"强制许可证"，属于"非自愿许可"的情形。事实上我国《著作权法》没有规定强制许可制度，但是由于我国已经加入了《伯尼尔公约》和《世界版权公约》，所以上述公约中有关强制许可的规定也可以适用。

强制许可使用借助了强制许可证的方式限制著作权人的专有权利，确保公众接触作品、使用作品的可能性，以促进整个社会政治、经济、科学与文化的进步。

第二节　新闻作品的著作权

一、新闻作品著作权的含义

新闻作品著作权是指作者创作完成新闻作品后所享有的和新闻作品相联系的专有权利。新闻作品著作权是著作权利中一项普通权利，和其他作品的著作权构成要素一样，新闻作品同样是具有独创性并能以某种有形形式复制的智力成果。它独有的特点在于：第一，这种作品产生在新闻活动之中。新闻记者创作新闻作品，其作品毫无疑问存在于新闻活动之中。非新闻记者创作的新闻作品，表面上看，他们是以从事非新闻活动为特征的自由撰稿工作，但实际上，这种“自由撰稿工作”同样具备了新闻活动的相应要素，我们仍然视之为“新闻活动”。所以对于新闻活动的界定，不能限定于新闻记者，应适当的扩大理解。第二，作品是新闻作品而不是其他作品。根据我过《著作权法》第7条关于作品的定义，作品的种类很多，但这里讲的作品则是专指“新闻作品”，其他具有“新闻作品”某些特征但不属于“新闻作品”的作品，不在新闻作品著作权的讨论范围之内。第三，新闻作品是具有强烈时效性并以传递信息为目的的作品。任何作品一旦形成都可能传播信息，但其传播信息的目的性远比不上新闻作品。同时，和任何作品相比较，新闻的时效性是最强的，时效性的强弱是决定新闻价值大小的一个重要因素。

新闻作品著作权与其他作品著作权并无差异，两者享有的权利范围是一致的。只不过新闻作品著作权的主体通常是新闻工作者，新闻作品是在新闻活动中产生，属于职务作品的范围，具有一定的特殊性。对新闻作品著作权中的新闻作品发表权有必要进行单独分析一下。新闻记者有权利把自己采访到的素材整理成作品通过媒体发表。按照法律规定，对于记者的新闻作品，只要符合社会规范和媒体宗旨，任何党政部门和社会组织都不得阻止其发表，否则就是对记者发表权的侵害。符合社会规范和媒体宗旨这一限制条件的设定，是因为新闻作品往往会涉及社会公共利益，如果对新闻作品发表毫无限制，就很有可能会造成社会无序性，一定程度上还可能造成社会混乱和恐慌。因此，对新闻作品设置这样的条件限制是合理的。当然，因为时事新闻不受著作权保护，这里所说的新闻作品应不包括时事新闻在内。

二、侵犯新闻作品著作权的行为

新闻作品著作权侵权行为的认定，和其他作品著作权的侵权行为认定是一样的，即指未经著作权人同意，又无法律上的根据，擅自对著作权作品进行使用以及其他以非法手段行使著作权的行为。侵犯著作权的行为可以分为直接侵犯和间接侵犯两种。直接侵犯是指不法行为直接侵犯受《著作权法》保护的作品，如未经授权复制、发行权利人的作品。间接侵犯是指不法行为并未直接侵犯受《著作权法》保护的作品，单为侵权行为提供条件，从而对著作权造成侵害，如出售非法复制的图书、影碟等行为。

立法体例上，我国《著作权法》对侵犯著作权的行为采取详细的列举式规定。根据《著作权法》第47条的规定，应当承担民事法律责任的侵权行为主要有以下几种：

(1)未经著作权人许可，擅自发表他人的作品；

(2)歪曲、篡改他人作品；

(3)侵占他人作品，即未经合作作者许可，将与他人合作创作的作品当作自己单独创造的作品发表；

(4)没有参加创作,为谋取个人名利,强行在他人作品上署名;

(5)擅自使用他人作品;

(6)拒付报酬;

(7)剽窃他人作品;

(8)侵犯专有出版权和版式设计权;

(9)制作、出售假冒他人署名的作品;

(10)侵犯邻接权;

(11)其他侵权行为。

虽然《著作权法》列举了上述多种侵权形式,但是,具体分析新闻作品著作权的侵权形式就会发现,新闻作品著作权的侵权形式主要集中在剽窃和抄袭的行为上。实际上剽窃和抄袭在侵权性质上是相同的,沈仁干在其主编的《著作权使用大全》一书中,将剽窃定义为以抄袭的方式将别人的作品(无论是否已经发表)的全部或者部分窃为己有,并以自己的名义发表的行为。而抄袭,则定义为将他人的作品当作自己的作品发表的行为。剽窃和抄袭都是新闻作品著作侵权行为中最为常见的行为。

新闻作品的抄袭在现实生活中分为直接抄袭和间接抄袭。直接抄袭形式比较直露,表现为将他人的作品整篇、整段或稍加改动,变成自己的作品发表。间接抄袭是抄袭者对他人的作品斩头去尾、改头换面,在语句等方面进行增减和删改,然后作为自己的作品加以发表。这种形式比较难发现,所以在认定上有一定的困难。

2001 年,中国著名的门户网站新浪网和搜狐网互相指责称对方大量抄袭自己的体育、财经等频道的内容,双方为此三次对簿公堂,直至 2003 年 12 月,北京市第二中级人民法院作出重审判决:法院判决搜狐网败诉,搜狐网应当赔偿新浪网人民币 21 万元。

除了剽窃和抄袭行为,在新闻作品著作侵权行为中,与新闻活动有着密切关系的还有歪曲、篡改他人作品,破坏作品完整权和强行在他人作品上署名等。

首先看歪曲、篡改他人作品行为和破坏作品完整的行为。该侵权行为是指未经作者同意,以删节、修改等行为破坏作品的真实含义的行为。实际上该侵权行为侵害的是著作权人的修改权,因为修改权包含两个方面:一方面是作者有权对自己的作品进行修改,另一方面是作者有权拒绝、禁止他人修改、歪曲及篡改自己作品。破坏作品完整的行为与歪曲、篡改他人作品的行为是密切相关的,因为擅自修改、歪曲、篡改他人作品的直接后果,很可能就是破坏作品完整性,而破坏作品完整性的前提,一定是非著作权人实行了擅自修改、篡改他人的作品的行为。然而,在新闻活动中,报社、杂志社编辑必然会对记者的新闻作品作一定的修改。我国《著作权法》第 34 条对出版及报刊编辑的修改权作了规定。该条第 1 款规定:“图书出版者经作者许可,可以对作品修改、删节。”第 2 款规定:“报社、期刊社可以对作品作文字性修改、删节。对内容的修改,应当经作者许可。”那么什么是文字性修改,文字性修改是否只涉及个别文字而不涉及句子?如何区分文字和内容的界限?因为内容是通过文字表达的,有时候改动一个字,意思就变了,这种情况属于改动文字还是改动内容不好判断。

在实际生活中,对作品进行文字性修改不能仅从字面上作过于狭窄的理解,应当结合报刊编辑的职责综合考虑,否则将不利于保证报刊质量。

从实践看,报刊编辑的职能之一,就是对记者、通讯员的来稿进行修改。他们对稿件的修改,肯定不限于对作品作事实上的修订、错别字的改正等纯文字性修改。他们的更主要的修改工作是对主题的提炼,进行文字加工,甚至包括对作品体裁、结构做大的调整,比如将长通讯改为短消息等。

对作品内容的修改要求编辑应当经作者许可,这在实践中也是困难较大的。因为新闻是“易碎品”,报纸的编辑工作有强烈的时间性,往往争分夺秒,如果对内容修改非要经过作者同意,有时候可能会延误时机。

结合实际情况,对《著作权法》规定的“报社、期刊社可以对作品作文字性修改、删节。对内容的修改,应当经作者许可”这一条款的理解,应当认为,当作者将稿件寄到报社后,编辑应当享有或者被作者授予以下修改权:

第一,校正权。校正的范围包括稿件的事实、观点、语法、修辞、逻辑、格式等各方面。编辑有权对以上方面进行校正,以消除错误。

第二,压缩权。压缩即指删除多余的部分,其目的是文章更加精辟。对于新闻作品而言,有其自身的独特性,比如讲求显著性、重要性、新鲜性等,如果任由新闻作品长篇大论,冗长拖沓,就会有损新闻作品的新闻特性。在实际生活中,不删除多余的部分以压缩作品,也影响读者的阅读。

第三,增补权。编辑的修改权,不仅包括删除多余部分进行压缩,还应包括把原稿缺少而又需要交代的内容补上。当然,编辑的这项权利是有限制的,因为通常情况下,新闻作品的材料,只有作者深入采访才能得到,而编辑没有参与采访,当然不能随意增加,所以增补的内容应有明确的范围。一般而言,只限于以下两种:一是资料。如有关新闻中人物、时间、地点的历史背景和知识,且这些资料有助于读者更好地阅读。二是回叙内容,比如连续报道中,对已经发表的报道作简要复述。编辑不能擅自增补其他内容,更不能杜撰。其他内容的增补应该联系作者,由作者提供资料,增补的内容由作者承担,编辑不能代劳,经作者授权的除外。

第四,改变角度权。同一件事,写作角度不同,突出的重点就不同。有的稿件材料很丰富,但是写作角度选择不佳,影响了主题思想和宣传效果。从这一点上讲,编辑基于使稿件更符合社会规范和报刊宗旨,有权对写作角度进行适当改变。

第五,改变体裁权。一定的体裁适用于一定的内容,并表现为一定的功能,有时为了突出原稿中的某一特定内容,并使其具有相应的功能,往往需要改变原稿的体裁。比如版面容量有限，经常将通讯、调查报告、经验总结改为消息，或者把消息改为简讯等。

第六，改变结构权。新闻作品必须讲究结构，既要有条理，又要有波澜。因此，编辑为了表达新闻主题的需要，有权对稿件结构进行调整。

编辑行使上述修改权时，应当把握两条原则：第一，不能歪曲原意，特别是在标题制作上更应该注意这一点。制作标题是编辑职权范围内的，编辑不能为了吸引读者，故意把标题改得花里胡哨、面目全非，背离原稿的意愿。第二，尊重作者风格。目前而言，是否尊重作者风格还不至于引起法律纠纷。因为这本身没有客观标准，因此是否尊重作者风格很难把握。强调尊重作者风格，体现的是对作者著作权的尊重。

编辑行使上述修改权不构成侵犯作品完整权，因为编辑是合理地行使修改权。从本质上说，并没有侵犯著作权人的修改权，亦即并没有歪曲、篡改原作品，因此对作品的完整也不构成损害。

再看在他人的作品上署名的侵权行为。署名权是著作权中尤为重要的权利，它表明了作者的身份。我国《著作权法》第 11 条第 4 款规定："如无相反证明，在作品上署名的公民、法人或其他组织为作者。"据此，任何人以任何方式侵犯作者署名权的，都要承担法律责任。在目前的新闻活动中，很多报刊对待作者的署名权比较随意，没有严格的规定。为避免因署名权引发法律纠纷，未参加作品创作的人不能在他人创作的作品上署名，编辑在行使职权的时候，应当将未参加创作而署名的人的名字剔除。另外，编辑本身如未经作者同意或未参加采访，不能在作品上署名。

三、侵犯新闻作品著作权的法律责任

侵犯著作权行为的法律责任包括民事责任、行政责任和刑事责任。由于著作权法属于知识产权法，是民法的一个组成部分，著作权是民事权利中的一种，因此对于侵犯著作权的行为人，法律要求行为人对受害人主要承担以赔偿为目的的民事责任。在此我们只掌握侵犯著作权的民事责任。

有前面提及的"侵害新闻作品著作权"的行为的，应当承担以下民事责任：

1. 停止侵害。

即责令正在实施侵害他人著作权的行为人立即停止侵权行为。无论行为人主观上是否有过错，只要在客观上构成了侵权，都应该立即停止。如出版发行侵权作品的，应立即停止出版发行。

2. 消除影响。

即责令侵权行为人在一定范围内澄清事实，以消除人们对权利受害人或其作品的不良影响。消除影响是恢复名誉的一种方式。一般而言，侵权行为人在多大范围内给著作权人造成不利影响和损害，就应在多大范围内消除影响。

3. 公开赔礼道歉。

即责令侵权行为人在一定范围内,向受害人公开承认错误,表示歉意。具体方式有登报道歉、在公开场所声明或借助其他媒体表示歉意。侵权行为人拒绝道歉的,人民法院可以强制执行。

4. 赔偿损失。

即责令侵权行为人以自己的财产弥补受害人因其侵权行为遭受的损失。赔偿主要使用对著作财产权的侵害。《著作权法》第49条规定:“侵犯著作权或与著作权有关的权利的,侵权人应当按照权利人的实际损失给予赔偿;实际损失难以计算的,可以按照侵权人的违法所得给予赔偿。赔偿数额还应当包括权利人为制止侵权行为所支付的合理开支。权利人的实际损失或者侵权人的违法所得不能确定的,由人民法院根据侵权行为的情节,判决给予50万元以下的赔偿。”

参阅资料:

作品遭违法转载　新京报起诉TOM网

南方都市报　2006年11月15日

本报讯(记者虞伟)记者昨日从北京市第一中级人民法院获悉,新京报报社状告TOM网违法转载一案已于近日由该院知识产权审判庭立案。

2006年10月16日,新京报报社向北京市一中院递交起诉书,状告北京雷霆万钧网络科技有限责任公司旗下的TOM网站擅自转载使用原告作品。

新京报报社认为,自2003年至2006年9月,TOM网站在未获得授权的情况下,转载该报社作品数量高达两万五千余篇。新京报社要求判令TOM网站立即停止擅自转载原告文章的行为,并支付稿酬人民币300万元整,同时还要求被告通过各大商业网站和新闻媒体公开赔礼道歉。

新京报报社在起诉状中称,发现TOM网站擅自转载使用新京报作品后,报社立即发送书面公函通知了TOM网,要求其立即停止侵权行为,并支付转载使用的稿酬。但TOM网在收到函件后,不仅拒绝支付稿酬,而且继续违法使用新京报作品。

新京报报社有关负责人表示,报社对其出版发行之《新京报》上刊载的所有作品均享有著作权,作品均受《著作权法》的保护。而TOM网站此种行为,无视国家法律法规,严重侵犯了原告的合法权益。

TOM网站法律事务部有关负责人受访时称,有关转载有无授权问题只是个误会,目前正与新京报社积极沟通。该名负责人表示,他个人认为这不是个大事,应该可以沟通好,双方可以调解,还不至于到需要法庭审理这个地步。对于案件的具体情况，该名负责人称不便透露。

业内人士表示，本案是传统媒体首次以大批量擅自转载新闻产品、侵犯知识产权为由将商业网站推上被告席，也是去年9月国务院新闻办公室、信息产业部联合发布《互联网新闻信息服务管理规定》后首个涉及规范网络新闻信息转载协议的诉讼。

（新浪网）

超级链接：

新浪网，http://news. sina. com. cn/o/2006－11－15/092010501700s. shtml

后续报道：

TOM网就侵权行为向新京报致歉

新京报　2007年2月27日

北京雷霆万钧网络科技有限公司旗下“TOM网站”，2003年至2006年未经新京报社许可多次转载使用新京报作品，已侵犯新京报社享有的权利，对此特诚恳向新京报社致歉，愿就向新京报社一次性予以经济补偿。

（新华网）

超级链接：

新浪网，http://news. xinhuanet. com/newmedia/2007－02/28/content. 5780343. htm

本章小结

1 知识产权（Intellectual property）是人们对自己的智力活动创造的成果和经营管理活动中的标记、信誉依法享有的权利。

2 狭义的知识产权，包括著作权及其邻接权、专利权、商标权三个主要组成部分，其中著作权及其邻接权是本章重点学习的内容。

3 著作权又称版权，是指作者或其他权利人对文学、艺术、或科学作品所享有的署名、发表、出版、获取报酬等各项专有权利的总称。著作权既有财产权属性，又有人格权属性。

4 著作权的特征有：客体无形性，利用上特殊性，权能可分性和存续有限性。

5 邻接权又叫“传播者权”，是指与著作权相关的权益，是作品传播者对其传播过程中所创造的成果所享有的权利。其与新闻传播活动密切相关。

6 合理使用、法定许可使用和强制许可使用是平衡著作权人合法权益与公共利益的三种实现形式。

7 新闻作品著作权是指作者创作完成新闻作品后所享有的和新闻作品相联系的专有权利。

8 新闻作品著作权与其他作品著作权并无差异,两者享有的权利范围是一致的。只不过新闻作品著作权的主体通常是新闻工作者,新闻作品是在新闻活动中产生,属于职务作品的范围,具有一定的特殊性。

9 侵犯著作权行为的法律责任包括民事责任、行政责任和刑事责任。

关键词

知识产权 著作权 著作权人 作品 许可使用 合理使用 时事新闻 法定许可使用 邻接权 出版者权 违约责任 侵权责任

复习问题

1 著作权包括哪些具体权利?

2 为什么时事新闻不适用著作权法保护?

3 新闻报道有哪几种情况适用合理使用?

4 报刊和互联网相互转载已发表文章,实行法定许可有何意义?

5 为什么要保护传播者的权利? 传播者的权利有怎样的特点?

6 广播电台、电视台对播放的节目享有怎样的权利?

7 互联网服务提供者为什么也应享有传播者的权利?

思维训练

1 某县电视台将某市电视台播放的娱乐节目和电视剧收录下来,然后在县电视台播放。此事被某市电视台发现后出面制止,但没有结果。你认为县电视台的做法是否构成侵犯著作权? 如果是,侵犯了哪些著作权人的哪些权利?

2 某报纸误登了另一家媒体的抄袭作品,请问这家报纸应该怎么办? 为什么?

第八章　广告活动的法律规范

本章目的

本章介绍了广告活动的相关法律规范，解读了广告法的相关内容，着重介绍了广告管理法律制度和广告发布者活动规范。

通过本章的学习，学生能够掌握以下问题：

1. 广告法的调整范围、主要特点、法律关系特征和内容的局限性
2. 广告的一般准则和特殊商品的特殊准则
3. 广告管理法律体系及其特点
4. 广告媒介管理制度和广告收费制度
5. 广告审查机关、审查程序和相应的法律责任

本章要点

1. 广告准则
   A. 一般准则　　B. 特殊商品特殊准则
2. 广告法
   A. 调整范围　　B. 主要特点
   C. 行政法律关系特征　　D. 内容的局限性特征
3. 广告法调整范围
   A. 地域范围　　B. 内容范围　　C. 行为主体范围
4. 广告法内容的主要特点
   A. 超前性　　B. 针对性　　C. 操作性较强
5. 广告管理法律体系
   A. 广告管理法律体系
   B. 广告管理法律体系的特点
6. 广告管理法律体系的特点
   A. 从结构形态上看，多层次广告规范已形成
   B. 从内容上看，广告规范涵盖面广且具体
   C. 从性质上看，广告规范中程序性规定、限制性规定、政策性规定齐全

7. 广告管理法律体系的作用

A. 对广告活动的指引作用　　B. 对广告行为的评价作用

C. 对广告行为的教育作用　　D. 对广告行为的预测作用

E. 对广告行业的强制作用

8. 广告发布者活动规范

A. 广告媒介管理制度　　B. 广告收费制度

9. 广告审查与法律责任

A. 广告审查机关　　B. 广告审查程序

10. 广告审查程序

A. 申请广告审查

B. 广告审查机关在接到广告主的申请之后，应当按照有关法律、行政法规对该项申请的商品广告内容进行审查

C. 广告审查机关根据各自的权限对特殊商品广告进行审查

D. 广告审查机关对申请审查的广告必须在一定的期限内作出审查决定

11. 广告违法的法律责任

A. 广告违法主体　　B. 广告违法责任

12. 广告违法主体

A. 广告主　　B. 广告经营者

C. 广告发布者　　D. 社会团体或者其他组织

E. 广告监督管理机关和广告审查机关工作人员

13. 广告违法责任

A. 刑事责任　　B. 行政责任　　C. 民事责任

第一节　广告法和广告准则

广告是一切可供在市场上进行交换的有形与无形价值的符号化存在，广告是使价值通过消费得以实现的媒介物。[1] 大部分广告为商业广告。商业广告是商业经营者或服务提供者通过一定媒介向社会公众推介商品和服务，或者发布其他信息的一种信息传播活动。诞生于西方资本主义社会的商业广告是为商家的生产经营活动服务的，其本身就是商家总体生产经营活动的一个组成部分。

在十八九世纪的美国，当时报刊对每条广告几乎是来者不拒，全部刊登，这种

[1] 钟以谦：《媒体与广告》，中国人民大学出版社2001年版，第6页。

状况持续了近二百年。当时的美国报刊编辑们并没有对广告内容负责。从1912年开始，一种旨在剔除广告中的虚假夸大，以提高广告的信用为目的的自律规定系统——标准经营维护局(Better Business Bureau，BBB)在美国开始发挥作用。BBB的纲领中规定“所有的广告主张必须可以进行一切实证”。作为广告业界的自律机关，BBB可以不断监视广告，对可疑的广告要求证实其广告主张，并通过各种活动使其知名度几乎接近100%，建立了美国广告界共同的伦理标准，对净化美国媒体上的商业广告起了很大的作用。

目前，我国在快速发展社会主义市场经济，商业活动十分活跃，广告的使用被视为商业活动的常态，一些商家和媒体为了追求利润最大化，置法律、道德于不顾，甚至不择手段发布虚假广告。为避免此类问题，我国已经确立了较为严密的广告制度，主要由《广告法》进行确立。我国是世界上少数几个专门设立广告法的国家之一。我国的《广告法》对于广告内容、发布广告的程序、广告的审查都作了明确规定。同时，《民法》、《合同法》、《反不当竞争法》、《消费者权益法》、《产品质量法》、《药品管理法》、《烟草专卖法》、《食品卫生法》等都对违法广告行为进行规制。

本节将对《广告法》的相关内容进行介绍，并介绍我国广告的一般准则和特殊商品广告的准则。

一、《广告法》概述

《广告法》是我国历史上第一部较全面的规范广告内容及广告活动的法律，也是体现国家对广告的社会管理职能的单行法。《广告法》的颁布实施，在我国广告历史上是前所未有的，是我国社会主义市场经济体制逐步建立的结果，更是依法维护广告市场秩序的重要标志。

(一)《广告法》的调整范围

《广告法》的调整范围明确被表述为以下三个方面：

1. 地域范围。

《广告法》第2条第1款明确规定，广告主、广告经营者、广告发布者在中华人民共和国境内从事广告活动。所谓中华人民共和国境内就是《广告法》地域上的调整范围，中华人民共和国境内是指我国行使国家主权的空间。本法作为全国人民代表大会常务委员会通过的法律，是在全国范围内发生法律效力的，一切在中华人民共和国境内从事广告活动的单位和个人，都必须遵守此法。

2. 内容范围。

广告的内容十分广泛，形式也多种多样，但《广告法》对广告内容的调整范围只限于商业广告。根据《广告法》第2条第2款的规定，商业广告是指商品经营者或者服务提供者承担费用，通过一定媒介或形式直接或者间接地介绍自己所推销的商品或者所提供的服务的商业广告。

我国1987年颁布的《广告管理条例》把广告仍看作是一种宣传手段，把商业广告和非商业广告纳入了统一的规范之中。《广告法》把调整范围只限定为商业广告。

3. 行为主体范围。

《广告法》的调整范围就行为主体而言，包括三个方面：

（1）广告活动主体，包括广告主、广告经营者、广告发布者；

（2）广告监督管理机关、广告审查机关及其工作人员；

（3）在广告中向消费者推荐产品或服务的社会团体及其他组织。

对上述这些行为主体从事的与商业广告活动有关的行为，《广告法》作了必要的规范性规定。

（二）《广告法》的主要特点

1.《广告法》具有很强的针对性

该法设立的一些限制性、禁止性条款，除个别借鉴国外的管理经验外，都是针对我国广告市场面临的一些突出矛盾和问题的。

2.《广告法》具有较强的操作性

《广告法》禁止性、限制性条款对广告违法行为有较为明确的处罚手段。执行起来，对号入座，简便易行。

（三）《广告法》内容的局限性

《广告法》在内容上尚有一定的局限性。主要表现在以下几方面：

第一，《广告法》作为广告界的根本大法，缺少国家对广告业发展基本方针的表述；缺少对广告活动主体基本权利的表述；缺少国家的支持、促进广告业发展的基本政策措施的表述。

第二，《广告法》中确立了广告活动的规范原则和广告准则，但其调整对象侧重在商业广告，实际上是一部商业广告法，回避了对其他类型的广告的规范问题。

第三，《广告法》对网络广告、比较广告的规范存在盲点，儿童广告规则模糊，语言表达和个别条款有待完善。

《广告法》是我国第一部规范广告活动的法律，由于我国广告业本身正处于逐步发展完善的阶段，对广告法律体系的认识需要有一个不断深化的过程，对《广告法》本身也需要用实践来检验，随着社会经济的发展和条件的成熟，《广告法》也要进行相应的补充和修订，以利于我国广告活动规范化、法制化建设的需要。

二、广告法律体系

广告的法制建设是国家经济法制建设的一个重要组成部分，是维护社会主义市场经济秩序强有力的保障之一。以《广告法》为核心的广告法律体系的建设，对加强广告市场整体的监督管理力度，规范广告活动，促进了广告业的健康、有序、规范化的发展，促进中国广告业与国际惯例接轨起到重要的作用。

1982年2月,国务院发布了由国家经委和国家工商局起草的《广告管理暂行条例》,随之由国家工商局制定发布了《广告管理暂行条例实施细则》和一系列有关的行政规定。

1987年10月,在修改、补充、完善《广告管理暂行条例》的基础上,国务院发布了《广告管理条例》,1988年1月国家工商局发布了《广告管理条例施行细则》,并在以后的几年时间里,单独或会同有关部门修改、完善和制定了一批与条例、细则相配套的行政规章和规范性文件。这两项法律文件的出台,使中国广告法制层次上升到行政法规,广告监督管理工作在全国范围内有了统一、明确的规范;初步形成了与主体法规相配套的行政法规系统,内容涉及对广告经营资格的管理,对进出口广告和中外合资、合作企业立项的管理,对广告费支出的管理,广告代理费标准的确立,对烟酒等商品广告的管理等方面的行政规定;在政府职能分工上,明确了工商行政管理机关承担广告管理职能,是广告的行政执法机关。这一切为《广告法》的制定打下了必要的理论和实践基础。

1994年8月由国务院常务会议通过,同年10月27日经八届人大第十次会议通过并于同日公布的《广告法》,1995年2月1日起正式施行。《广告法》的颁布与施行,标志着广告管理真正纳入了法制化轨道。《广告法》是我国历史上第一部全面地规范广告内容及广告活动的法律,实施后,广告法律体系发生了重大变化,《广告法》取代《广告管理条例》成为广告法律体系的核心。为保证《广告法》贯彻实施,近年来,国家工商总局单独或会同有关部门发布了有关的行政规章和规范性文件20多项,涉及广告经营资格、广告发布标准、广告审查及广告收费管理、户外广告管理、特殊商品或服务广告的管理等多方面内容。各地立法机关、政府和工商管理部门也制定了多项地方性广告法规、规章。

从结构形态上看,多层次的广告规范已形成。《广告法》是体现国家对广告社会管理职能的一部法律,它的调整对象侧重在商业、服务性广告方面,但它是我国广告活动和广告内容的基本大法,其力度、涵盖面是广告法规所不能比拟的。同时,《广告管理条例》在弥补《广告法》的不足方面起着不可替代的作用,因《广告管理条例》未将商业广告与非商业广告作明确区分,所以,其中有关管理措施对非商业广告是有效的,可以解决对社会类、公共类广告的管理问题。依据《广告管理条例》,可以对某些违反行业规范的行为施行必要的行政处罚,这对规范广告市场行为和制止不正当竞争,有着重要的实际意义。

从内容上看,广告规范涵盖面广且具体。以商业广告为调整对象的《广告法》,辅以社会类、公共类广告为调整对象的《广告管理条例》,加上陆续出台的《化妆品广告管理办法》、《医疗广告管理办法》、《广告显示屏管理办法》、《印刷品广告管理暂行办法》、《食品广告发布暂行规定》、《房地产广告发布暂行规定》、《关于加强加工承揽广告管理的通告》、《关于加强融资广告管理的通知》、《北京市律师事务所执业广告管理办法(试行)》等单项规章及规范性文件,从多方面对广告活动进行了规范。

从性质上看,广告规范中程序性规定、限制性规定、政策性规定齐全。广告规范中程序性规定主要有:《药品、医疗器械、农药、兽药广告审查标准与办法的规定》、《临时性广告经营管理办法》、《户外广告登记管理规定》、《广告服务收费管理暂行办法》等。限制性规定主要有:《烟草广告管理暂待办法》、《酒类广告管理办法》等。资格条件规定主要有:《关于设立外商投资广告企业的若干规定》、《广告经营者、广告发布者资质标准及广告经营范围核定用语规范》、《广告审查员管理办法》、《关于加快广告业发展的规划纲要》等。

如上所述,我国广告法律体系已形成,在掌握其核心法《广告法》的同时,必须同时兼顾与其配套的广告管理法规、规章等,在把握好局部的同时要兼顾到全面,理顺其中的相互关系,有效地指导实践,促进广告业的健康发展。

三、广告的一般准则

制定广告的一般准则,是为了让广告主体在具体了解法律所提倡或禁止的广告内容的情况下,遵守这些准则,以便发挥广告的积极作用。所谓法律提倡的广告内容,是指法律鼓励广告主、广告经营者、广告发布者采用的广告内容。按照《广告法》第7条第1款的规定,法律提倡采用的广告内容是有利于人民的身心健康,促进商品和服务质量的提高,保护消费者的合法权益,维护国家的尊严和利益的内容。对禁止的内容,《广告法》第7条、第8~13条作了具体规定。

(一)《广告法》第7条的规定

1. 不得使用中华人民共和国国旗、国徽、国歌

《宪法》第136条规定:"中华人民共和国国旗是五星红旗。"《国旗法》第3条第1款规定:"中华人民共和国国旗是中华人民共和国的象征和标志。"第18条规定:"国旗及其图案不得用作商标和广告。"《宪法》第137条规定:"中华人民共和国国徽,中间是五星照耀下的天安门,周围是谷穗和齿轮。"《国徽法》第3条第1款规定:"中华人民共和国国徽是中华人民共和国的象征和标志。"第10条第1款规定:"国徽及其图案不得用于商标和广告。"根据《关于中华人民共和国国歌的决议》,中华人民共和国国歌是《义勇军进行曲》,中华人民共和国国歌也是中华人民共和国的象征和标志,也不得用于广告。《广告法》规定:"不得在广告中使用国旗、国徽或国歌的词、谱作为广告背景和衬托。"这实际是《宪法》在广告监督管理中的进一步具体体现。如某广告以"热烈祝贺中国奥运代表团高奏凯歌"为标语口号,画面显示一名获得奥运金牌的运动员在颁奖台上手捧鲜花的场面,背景是冉冉升起的五星红旗,画面右侧居中是该广告产品的品牌名称及广告语。那么该广告就是一则违法广告,将国旗作为广告背景的做法是不严肃的,侵犯了中华人民共和国国家尊严。

2. 不得使用国家机关和国家机关工作人员的名义

国家机关是指依照法律或者行政命令组建的从事国家管理活动的各级国家权力机关、行政机关、审判机关和法律监督机关。国家机关是代表国家从事管理活动的组织。国家机关的工作人员是在上述国家机关里具体执行国家管理社会事务职能的人员，它的整体概念包括国家机关工作人员的言论、形象、题词等。国家机关和国家机关的工作人员是依法行使管理国家事务权力的机关和人员，其名义代表着国家的利益和形象。

国家机关及其工作人员在管理国家事务时体现的是国家的意志。为了维护国家的尊严，保证国家机关和国家机关工作人员正确行使职权，国家工商行政管理局就这一具体问题，作了一系列解释，如《关于在祝贺广告中使用国家机关和国家机关工作人员的名义有关请示的答复》等，其主要内容包括：第一，在商业广告中，不得以任何形式使用国家机关及其工作人员的名义。广告主为提高其商业信誉和社会知名度开展的企业自身形象宣传，包括企业的开业庆典、征集厂徽、厂标、商品名称、商标等，同样属于商业广告的范畴。第二，禁止使用党和国家领导人包括已故或者离任的党和国家领导人的名义、言论、形象，为产品或者服务做广告。

2012 年 8 月，杭州“建人高复”中考复读班在在没有办学资质的情况下，进行招生，虚构优秀学生信息进行宣传，假借“名师班”名头招揽学生。在广告右上角出现国家机关“杭州市教育局”和国家机关工作人员“杨 × ×”等字样，违反了《广告法》第 2 章第 7 条的规定：“企业严禁使用国家机关和国家机关工作人员的名义来做宣传广告。”

参阅资料：

用伟人头像做广告违反广告法被查处

齐鲁晚报　2011 年 6 月 30 日

本报济宁 6 月 29 日讯（记者晋森）29 日，有市民向本报反映，在声远舞台对面建设路西，有一公司广告牌竟用周恩来总理的肖像做广告宣传。济宁市中区工商分局表示，使用领导人的肖像做广告是违法的，工商局已经现场进行了查看，并令发布该广告牌的公司限期将广告牌撤掉。

29 日上午 10 时，记者来到声远舞台对面建设路西，看到有一家金店发布的珠宝广告，上面的珠宝广告用了 4 组图，分别命名为“清朝、民国、建国、现代”，在建国这组图中用的则是周总理夫妇的图像。4 组图片的上方则写着“名牌珠宝，嘉华珠宝”，图片的下方则标注珠宝的经销地址以及电话。

记者按照广告牌上的电话找到了相关的金店。该金店表示，这些广告宣传画都是嘉华珠宝公司发来的，他们只是嘉华珠宝的代理商，具体问题要询问嘉华珠宝公司。记者随后又和深圳嘉华珠宝公司取得联系，该公司企划部唐经理表示，这些宣传画只是内部使用，没有作为对外宣传使用。

济宁市中区工商分局商标广告科工作人员明确表示，按照我国《广告法》规定，在广告中“不得使用国家机关和国家机关工作人员的名义”。国家工商总局还曾下达过通知，对变相使用党和国家领导人名义做广告的行为要进行严查。鉴于此，工商部门要求金店把该广告牌撤下。金店也已作出答复，表示会尽快撤下该广告牌。

（齐鲁晚报数字版）

3. 不得使用“国家级”、“最高级”、“最佳”等用语

广告具有传递商品和服务信息，引导消费者的作用，所以必须真实、客观地介绍商品和服务，不能含有虚假内容，这是广告的基本准则之一。但是广告毕竟不是商品和服务本身，广告传递信息要通过对商品或服务的文字描述，这种描述应该有个“度”，不能引起消费者误解，错误引导消费者。所以，广告可以使用一般的描述商品和服务情况的用语，但不能使用最高级的用语。

“国家级”、“最高级”、“最佳”等用语是误导消费者，同时会贬低同类产品的绝对化语言。世界上万事万物没有最好，只有更好。绝对化用语可分为两种：一种是最高级形容词，如“最好、最佳、最棒、第一”，有的广告中使用的“至尊、之王、之皇”等同样属于变相绝对化用语；另一种是以一定的地域、整体作为形容词，如“畅销全国”、“誉满全球”等国家级、世界级的用语。

《广告法》颁布之前，此方面没有明确规定，使用最高级语言的广告随处可见，如“××洗衣粉洁力最强”，“××家具，品种最全，价格最低”，“原来最好的就在身边”（护肤品），“要喝就喝最好、最合算的”（营养八宝粥）。另外，如药品广告中的“包治百病”、“根治”、“药到病除”等也是绝对化用语。《广告法》实施后，此类广告均因使用最高级用语而被强制改版或禁播，受到查处。如有一种名为“洋参丸”的功能性食品，在其广告中以“本产品是提神提气的唯一救星……”为广告语，2002 年 3 月该食品作为夸大宣传的违法食品被河南省卫生厅查处。

4. 不得妨碍社会安全和危害人身、财产安全，损害社会公共利益

为了保证我国社会的安定，《宪法》第 28 条规定：“国家维护社会秩序，镇压叛国和其他反革命活动，制裁危害社会秩序，破坏社会主义经济和其他犯罪活动，惩办和改造犯罪分子。”只有社会安定了，人民生命财产才能得到可靠的保障，社会公共利益才不致被损害，人身和财产安全是国家发展社会经济的重要保障。所以广告中不得含有妨碍社会安定和危害人身、财产安全或损害社会公共利益的内容。

广告中凡有违反四项基本原则、危害人民民主专政、阴谋颠覆政府、分裂国家、

推翻社会主义制度的内容均不得刊播。违反我国《刑法》，涉及杀人放火、强奸抢劫、爆炸等妨碍社会安定和公民财产安全的内容，均不得刊播。但是某些报刊仍置社会公共利益于不顾，发布有关犯罪的广告内容，如江西某化妆品公司发布广告，称可邮购"忘魂药"、"万能钥匙"，宣传可使人"双目失明"、"使人精神失常"等，诱人犯罪。这类广告给社会带来了极大的危害，影响到社会稳定和公民的人身、财产安全，不只是违反了《广告法》的规定，同时也是一种犯罪行为。

5. 不得妨碍社会公共秩序和违背社会良好风尚

广告应该尊重社会主义公共道德，不能传播损人利己、专谋私利等违背社会主义精神文明的思想观念，也就是说广告应该符合社会主义精神文明建设的要求，不得含有妨碍社会公共秩序和违背社会良好风尚的内容。

公共秩序，是指统治阶级按照自己的意志和利益建立起来的并要求人们遵守的社会生活规则。它的内容包括社会秩序、工作秩序、生产秩序、教学科研秩序、生活秩序。社会风尚是一个民族的伦理道德、风俗习惯、文化教育、人生观、价值观的综合体现。建立良好的社会公共秩序和树立良好的社会风尚，是我国社会主义精神文明建设的一个重要内容。

广告活动不能只单纯追求轰动效应，忽视社会责任。目前经济不断发展，物质不断丰富，但我们应该看到，全国各地的经济发展参差不齐，百姓的物质生活还没有达到极大的丰富，面对一些物质利益的诱惑，并不是人人都能把持得住自己的行为，那么广告宣传中，在引导人们享受现代物质文明的同时，也应注重精神文明的建设，陶冶性情，树立和选择符合我国人民共同社会理想的价值观和生活方式，而不是一味地迎合和诱发人们的私欲和贪欲。

6. 不得含有淫秽、迷信、恐怖、暴力、丑恶的内容

淫秽、迷信、恐怖、暴力、丑恶都与社会主义精神文明建设相违背，广告中不得含有这些内容。

不可否认，广告是一种商业的促销手段，要吸引人们的注意力，要引起人们的兴趣，但同时，广告在社会上传播，会对社会文化有一定的影响，对社会风气有间接的引导作用。广告的表现形式是多种多样的，但色情的表现形式是有害无益的。有人认为"性诉求"也是一种重要的广告诉求方式，但在此类广告创作中，表现方式一定要得当，画面应讲求美感，而不是一种恶俗表现。

在我国，正当的宗教活动受法律保护，但应当在一定的场合和范围内进行。如"观世音菩萨"是佛教专有的形象，具有特定的宗教意义，如果其用于商业广告活动，就超出了正常宗教活动的范畴，并带着一定的迷信色彩，属于《广告法》第 7 条第 2 款第 6 项禁止的广告行为。

在我国的广告传播中，宣传丑恶现象的广告也存在。有的直接或间接宣扬享乐主义的生活方式，大讲帝王、贵族、大亨的享乐，宣传奢侈糜烂的生活；有的渲染、

诱导高消费。这类广告也是违反《广告法》规定的。

7. 不得含有民族、种族、性别歧视的内容

在我国，公民不分民族、种族、性别、宗教信仰等，都一律平等，不得被歧视。

民族是指人们在一定的历史发展阶段形成的有共同语言、共同地域、共同经济生活以及表现于共同的民族文化特点上的共同心理素质的稳定的共同体。中华民族由56个民族组成，在这个大家庭里，各民族一律平等。在一定的历史时期和区域，民族是一个十分敏感的话题。种族又称作人种，是在体质形态上具有某些共同遗传特征的人群。种族牵涉到诸如社会认同感以及民族主义等其他范畴，往往也具有争议性。世界上曾多次发生过一部分人对不同种族或民族采取敌视、不平等对待和迫害的反动行为，如希特勒代表的纳粹对犹太人的血腥屠杀。在欧美一些国家，曾有过反面角色用有色人种饰演，而正面角色由白种人饰演的广告片，这种行为受到舆论的谴责。

2010年SONY公司旨在为荷兰地区上市的陶瓷白色PSP造势，在广告中一名白人女性用手捏住一名黑人女性的下颚，眼神中透露出挑衅的意味，旁边的广告词为"PlayStation Portable White is coming"。该广告推出后受到许多荷兰民众的反感，并且强烈要求SONY公司将该广告撤下，虽然SONY公司官方的声明为"该广告并没有任何种族歧视的意思"，但是还是造成了不良的影响。

在广告表现中，男女平等体现在社会地位等多方面，如有平等的就业机会等等。根据《劳动法》的有关条款，企业不得因员工的外形、性别等因素，而予以待遇差别。以此类推，招聘广告中也不得出现有性别限制的字样。

8. 不得妨碍环境和自然资源保护

《宪法》第26条第1款规定："国家保护和改善生活环境和生态环境，防治污染和其他公害。"第9条第2款规定："国家保障自然资源的合理利用，保护珍贵的动物和植物。禁止任何组织和个人用任何手段侵占或破坏自然资源。"为了更好地保护环境和合理地利用自然资源，全国人大已经制定了《环境保护法》、《大气污染防治法》、《水污染防治法》、《海洋环境保护法》、《土地管理法》、《森林法》等法律，对环境保护和自然资源的保护作了具体的规定。广告中不得有不利于保护改善环境、破坏生态平衡的内容，任何广告都不得出现有碍环境和自然资源保护的内容、文字、画面。我国的公益广告中很多是以环境保护为内容的，如节约用水、保护森林、维护生态平衡等。

9. 法律、行政法规规定禁止的其他情形

这一项规定是指除《广告法》以外的其他法律、行政法规规定所禁止的情况，主要有：

（1）禁止发布将人民币变相作为奖券的广告；

（2）严格控制评比类广告；

(3)禁止发布移民广告。

除此以外,法律、行政法规规定禁止的其他情形,广告中也不得使用。

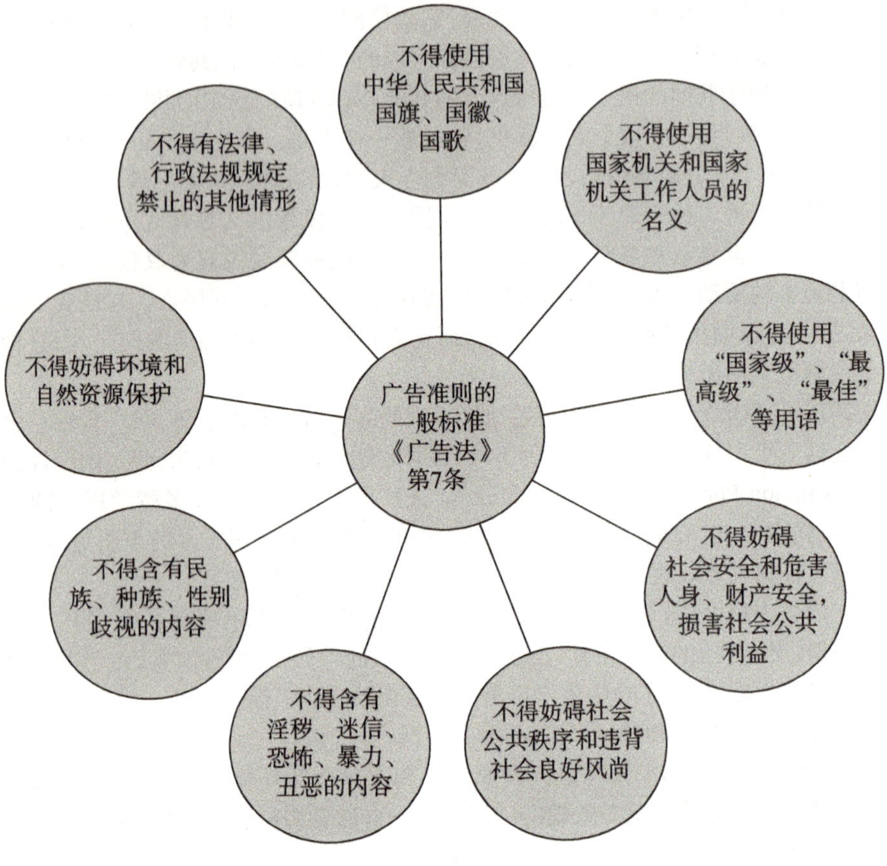

图 8.1 广告准则的一般标准:《广告法》第 7 条的内容

(二)《广告法》第 8 ~ 13 条的规定

1. 广告不得损害未成年人和残疾人的身心健康。

根据《未成年人保护法》第 2 条的规定,未成年人是指未满 18 周岁的公民。未成年人由于受年龄和生理特点的影响,对广告的接受和理解与成年人有很大的差异。国际商会在 1963 年通过的《国际商业广告从业准则》就专门对儿童广告作出了特殊的规定:"儿童商品广告不应以任何方式暗示,使儿童购买某种商品或服务,儿童商品广告不应使儿童相信,如果他们不购买广告中的产品,则不利于其健康和身心发展,或前途将受到危害,或将遭受到他人的轻视与嘲笑等。"

广告涉及未成年人的形象或广告以未成年人作为诉求对象时,要把握三个原则,第一是保障未成年人的合法权益;第二是尊重未成年人的人格尊严;第三是适应未成年人身心发展的特点。

《残疾人保障法》第3条规定:“残疾人在政治、经济、文化、社会和家庭生活等方面享有同其他公民平等的权利,残疾人的公民权利和人格尊严受法律保护,禁止歧视、侮辱、侵害残疾人。”《广告法》中规定广告不得损害残疾人身心健康,是为了保障残疾人的合法权益和人格尊严,使其不因其身体、智力和精神上的缺陷而被人歧视、侮辱,同时,此规定也是《残疾人保障法》在广告活动中的延伸。有的电视广告中有健康儿童嘲笑发育不正常儿童的画面,广告语言损害了残疾人的人格尊严,侵犯了残疾人在政治、经济、文化和家庭生活等方面享有的与其他公民平等的权利,都是应该被制止的。

2. 广告中对商品的性能、产地、用途、质量、价格、生产者、有效期限、允诺或者对服务的内容、形式、质量、价格、允诺有表示的,应当清楚、明白;广告中表明推销商品、提供服务附带赠送礼品的,应当标明赠送的品种和数量。

《广告法》对在广告中介绍产品有上述要求,有利于防止虚假、欺骗性的宣传。有些虚假广告所提出的关于产品质量、成分、性能、用途等的内容全部是杜撰的,诱骗消费者,如以邮购为名在报纸上做广告,让消费者寄钱邮购商品,而广告主收到钱后根本就不给消费者寄商品。有些广告虚夸广告产品有诸多功能,诱骗消费者过高估计广告产品的质量、功效。

广告中所提出的商品的产地、用途、质量、价格、生产者、有效期限、允诺等内容实际上是对消费者的一种许诺,告诉消费者购买这种商品或接受此种服务可以得到某种利益和好处,所以这种许诺必须是真实的。广告中的表述第一是要实事求是,客观、明确地表述,不能含混不清;第二是要能够使受众正确理解,而不致误解。另外,一些经营者为了推销自己的商品或服务,鼓励消费者购买或者接受自己的商品或者服务,采用购买商品或者接受服务附带赠送礼品的促销手段,凡是在广告中标明赠送礼品的,必须标明其赠品的品种、规格、数量,如赠送手机,就要标明是哪种牌子、哪种型号。有些经营者在进行广告宣传时,没有明确说明附带赠送什么样的礼品或赠送礼品的数量,使一些消费者产生误解,在购买商品、接受了服务的情况下没有获得应得的礼品,或者获得的礼品不是自己想象的东西等。如曾有消费者在“买一赠一”的诱惑下,买一双几百元的皮鞋只获赠一双鞋垫,消费者有受愚弄之感。

参阅资料：

浙江省工商局移送全国虚假医疗广告第一案

浙江在线 2007 年 1 月 22 日

通讯员 吕 律 记者 杨晓燕

浙江杭州华夏医院的广告曾编造了这样一个医学界的“神话”：“香港国际类风湿病研究院独创的‘免疫平衡调节微创手术’，治疗类风湿性关节炎、强直性脊柱炎，手术安全可靠、无痛苦，术后无须长期服药。只需一次手术，还您终身健康。”在这则医疗广告的狂轰滥炸下，2005 年 7 月至 11 月，38 名患者前往引进该项技术的杭州华夏医院接受手术。其中有 11 名患者在接受治疗后，反映病未治好，还不同程度地出现了声音嘶哑、咳嗽、恶心等症状。

2006 年 3 月 2 日，浙江省工商局根据群众举报，对杭州华夏医院发布虚假医疗广告，导致 38 位患者病情加重的行为进行了查处，并向全省广告媒介单位及工商机关发布《关于禁止发布杭州华夏医院“免疫平衡调节微创手术治疗类风湿性关节炎、强直性脊柱炎”虚假广告的通告》。

同日，依法将该案移交公安部门追究刑事责任，突破了此类案件移送的“零”记录。2006 年 5 月，26 位患者在浙江省消协的支持下提起民事诉讼，索赔近 500 万元。经浙江大学司法鉴定中心鉴定，确认 4 人均因“免疫平衡调节微创术”，导致右声带麻痹达到九级伤残。

杭州华夏医院面对人财两空的危险，意欲“釜底抽薪”，状告工商局行政违法。以浙江省工商局认定虚假广告的内容没有事实依据；在杭州市工商局对其作出行政处罚后再次查处并发布行政通告的行为违反“一事不再理”原则，违法行政已造成医院严重经济损失的理由，要求法院确认浙江省工商局发布通告认定其虚假广告的行政行为违法，并撤销该认定。

2006 年 8 月 31 日，杭州西湖区法院驳回杭州华夏医院对浙江省工商行政管理局的行政诉讼请求，华夏医院提出上诉。

2006 年 11 月 1 日，杭州市江干区人民检察院认定杭州华夏医院涉嫌虚假广告罪，其直接责任人杨文秀和杨国坤被批准逮捕。下午，听到风声的杨元其投案自首。据悉，检察院将此案认定为一起涉嫌虚假医疗广告罪的单位犯罪，这在全国还是首例。2006 年 11 月 2 日，杭州市中级人民法院作出终审判决：驳回杭州华夏医院的上诉请求，维持原判。

（浙江在线）

3. 广告使用数据、统计资料、调查结果、文摘、引用语，应当真实、准确，并标明出处。

这是关于广告引用有关材料的规定。广告中引用一些相关的材料，可以在一定程度上增强广告的证明力和说服力，特别是在广告中恰当地摘引名人的讲话或者文章，更可以产生名人效应，扩大商品或服务的影响。但是，当前广告使用佐证资料存在一些问题，主要是使用一些不真实或者不正确，或者在使用时不标明出处、内容含混、给消费者造成误解的资料。《广告法》对此提出了要求，第一是应当真实、准确；第二是应当表明出处，在广告宣传中防止编造数据、篡改调查结果欺骗消费者的行为发生。

在广告中不应将尚在争论的学术论点当成明确的结论写进广告词，否则属违背了广告中引用材料应当真实、准确的规定。另外，一些行政管理部门、信息中心、社团组织和新闻媒介等，为迎合一些企业沽名钓誉、自我标榜的需求，擅自开展有偿的民间调查活动，调查内容、时限、范围等很不规范，曾出现了生产同一种产品的两家企业，分别参加两个调查机构的调查，结果出了两个"全国第一"，并由此引发了调查人之间和企业之间的相互贬斥和攻击。将此类调查结果引用到广告中去，该广告就属虚假广告，会损害竞争对手或消费者的利益。

广告使用数据、统计资料、调查结果、文摘、引用语应当表明出处，这样既可以防止广告主毫无根据地使用，也可以增强社会公众对广告的信任，同时在因广告产生争议或者诉讼时，便于当事人提供证据。

参阅资料：

惠阳一楼盘打出雷人广告
"买房送老婆"？荒唐！

南方都市报　2012 年 9 月 25 日

南都讯（记者古优裕）　"买房子，送老婆"，日前，惠阳楼盘中央国墅园开发商在惠城区演达路的五星国墅园外墙上打出这一巨大的雷人广告，路过行人纷纷"石化"。当这一令无数单身汉怦然心动的广告词被绝大多数人理解成"买房就有老婆送"时，该项目售楼员却告诉南都记者，广告词真正的意思是："买房子送给老婆"。对此，律师表示此种广告词违反《广告法》规定。

"送老婆"广告误导众多网友

这一强悍的广告正好处于十字路口的五星国墅园外墙上，因此显得十分醒目，广告词下方还公布了中央国墅园的售楼电话，招来不少路过的行人纷纷驻足观望。9月23日，西子湖畔官方微博在新浪微博公布了这一广告词后，立即引来众多博友围观。

南都记者观察，绝大多数网友都将"买房子，送老婆"广告词理解成"买房有老婆送"。@茶头排人评论道："房子解决了，老婆的事情也解决了。"更有贪心的网友@摄影师牧野流云表示，看来要去买2套。@卖黄瓜的小肥皂调侃道："突然感觉看到希望，但是那房价，我还是一辈子做光棍好了。"也有不少网友半信半疑地表示："真有这么好吗？"当然，个别网友认为这是开发商玩的营销把戏，买房送老婆不可信。

昨日，南都记者以购房者身份致电中央国墅园售楼处，向该售楼处求证"买房送老婆"之事，果不其然，接电话的售楼员廖小姐称，广告词的真正意思是买房子送给老婆，记者问为何设计广告词不把意思表达清楚，导致众多市民被误导，廖小姐回应称这是理解上的问题，随后很不耐烦地让记者不要再纠缠这个问题，她说："我们打这个广告就是为了国庆促销的。"

廖小姐表示，该项目目前在售户型为58～128平方米1～4房，毛坯均价4900元/平方米，精装房均价6000元/平方米。

广告词涉嫌违反《广告法》

实际上，这一雷人广告词并非中央国墅园首创，此前早有多个城市出现同一广告词。2010年，厦门一房产中介打出"高品质社区，买房送老婆，不买会后悔啊！"的广告。今年3月，佛山一楼盘打出"买房送老婆"的广告，陕西一商业项目也打出"买商铺送老婆"的广告，但这些广告无一例外都是"买房送给老婆"伪装版。

有地产评论人士认为，"使动"与"被动"的文字游戏着实让不少消费者掉入宣传陷阱。在拼广告创意的时下，缺思少虑者总算是抓住了"语不惊人死不休"这根救命稻草，这种存有歧义与争议的虚假宣传既触犯了《广告法》，更违背了社会公德。

广东尚典律师事务所邹朝贵律师表示，“买房子，送老婆”的广告语用词不规范，不符合《广告法》的规定。因为按照社会普通人正常思维方式，“买房子，送老婆”在文义上极有可能被理解成为“买房子赠送老婆”的意思，这会对消费者造成明显误导。

邹朝贵还认为，开发商打广告吸引眼球是无可厚非的，但广告用语应当清楚明白，如误导了消费者才用所谓的解释权来搪塞，只会使消费者感觉受到欺诈，效果只会适得其反。

还有律师认为，开发商这种行为实际上已经违反了《反不正当竞争法》关于广告发布的规定。同时，这种广告还违反了《广告法》中尊重社会风尚的原则，工商部门可以责令其停止发布此类广告，并消除影响，还可以根据情节处以罚款。

（南都网）

4. 广告应遵守关于专利的规定。

专利是一种技术发明成果，凝结着发明人创造性的脑力劳动，许多情况下还凝结着试验研究仪器、设备和试验材料等物化劳动和一些辅助性的体力劳动。技术发明成果运用到生产中可以转化为生产力。因此，专利权人在取得专利权后，有的是自己投资生产，有的是在自己缺乏资金的情况下，希望通过转让专利权或者许可他人使用其专利技术而收取一定的专利使用费，产生预期的经济效益或社会效益。因有些产品广告中涉及产品的专利状况，为规范专利广告，保证专利广告真实、合法，《广告法》第11条专门规定了涉及专利内容的广告准则。

5. 广告不得贬低其他生产经营者的商品或者服务。

含有贬低其他商品或服务内容的广告，是指广告中采用不公正、不客观、捏造、恶意歪曲事实、影射、中伤、诋毁等不正当手法，损害他人商业信誉和商品信誉，进而削弱其他竞争对手竞争力的广告。这种广告在违法广告中比较常见，贬低的方式主要是在广告中使用比较的方法来表明自己的产品或者服务的特点和优势，既包括泛指，也包括指名道牌；既包括直接的贬低，也包括间接的贬低；贬低的对象既可能是同一领域的产品和生产经营者，也可能是其他类别的产品和其他领域的生产、经营者。

有贬低他人商品或服务内容的广告，一般具有以下特征：第一，此类广告一般是针对竞争对手进行的；第二，此类广告的内容表现为通过比较，直接或间接地指出竞争对手商品或服务的不足，借以抬高自己；第三，此类广告的广告主制作、发布广告时，在主观上是故意的；第四，此类广告侵犯的是竞争对手的商业信誉和商品或者服务的声誉。

6. 广告应当具有可识别性。

广告作为一种介绍和推销商品或服务的方式，有其自身的特点。但是，目前一些广告采用含混的方式介绍和推销商品或服务，不突出其广告自身的特点，使消费者难以辨认其究竟是否属于广告。

《广告法》第13条规定："广告应在形式上具有可识别性，能够使消费者辨明其为广告。"同时还规定："大众传播媒介不得以新闻报道形式发布广告，通过大众传播媒介发布广告应当有广告标记，与其他非广告信息相区别，不得使消费者产生误解。"

新闻是对新近发生的事实的报道，它具有真实性、新鲜性和重要性等特点。广告则是通过一定的媒介和形式宣传、推销商品或提供服务的。新闻与广告二者有明显的区别，所以在利用电视、广播、杂志、报纸等大众传播媒介发布广告时，必须有专门的标记作为提示，以便广大消费者将广告与新闻区别开。

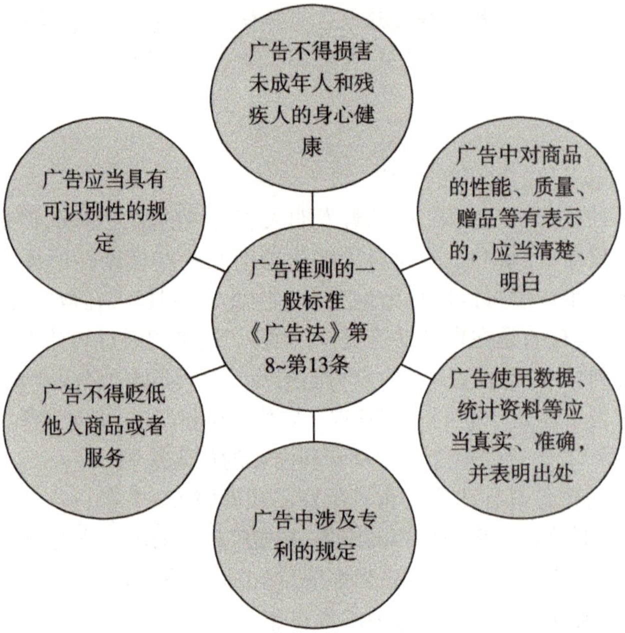

图8.2　广告准则的一般标准：《广告法》第8～第13条

四、特殊商品广告准则

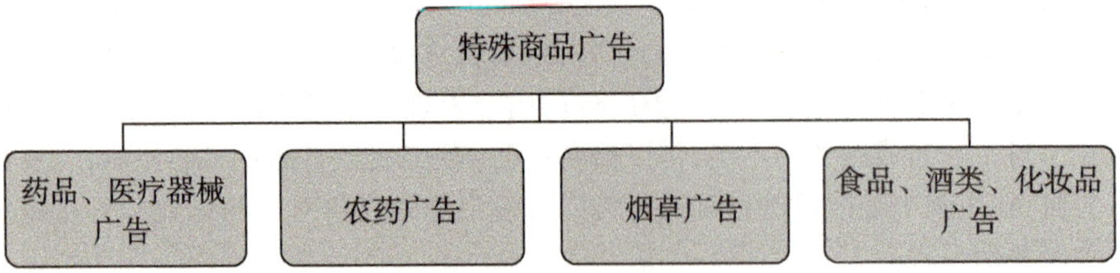

图8.3　特殊商品广告的类别

有些产品与人民的身体健康息息相关，属于国家实行特殊管理的产品，如药品、医疗器械、农药、食品、酒类、化妆品及烟草等，如果宣传、利用不当，会给消费者带来严重的危害，《广告法》第 14 ~ 19 条对这些商品的广告内容和表现形式分类作了具体的规定。

（一）对药品、医疗器械广告的规定

药品是指用于预防、治疗、诊断人的疾病，有目的地调节人的生理机能并规定有适应症、用法和用量的物质，包括中药材、中药饮片、中成药、化学原料药及其制剂、抗生素、生化药品、放射性药品、血清疫苗、血液制品和诊断药品等。医疗器械是指用于人体疾病诊断、治疗、预防、调节人体生理功能或者替代人体器官的仪器、设备、装置、器具、植入物、材料及其相关物品。我国《广告法》对药品和医疗器械的广告内容作了专门规定。

1. 限制性规定

为了保证药品、医疗器械广告的真实、科学、准确，《广告法》第 14 条规定，药品、医疗器械广告不得含有下列内容：

（1）不得含有不科学的表示功效的断言或者保证。

表明或者暗示包治百病，如“有病治病、无病强身”、“包治百病”、“疗效最佳”、“药到病除”、“根治”、“安全预防”、“安全无副作用”的断言或者保证；隐含根治、治愈等保证语言，如“无效退款”、“保险公司保险”等都是不允许在广告中出现的。因为在现实生活中，每个人的身体状况不一，生病原因不一，所以不可能存在包治百病的“灵丹妙药”。

（2）不得说明治愈率或者有效率。

无论提交什么样的证明，都不能证明治愈率或有效率。如在广告中宣称某药品对某种病例的治愈率达到 99% 之类。因为药品或者医疗器械的疗效究竟如何，除了药品和医疗器械本身的原因外，还涉及患者本人的身体状况、得病原因等诸多因素，具有一定治愈率、有效率的药品、医疗器械，并不一定适应所有患者。而且所谓治愈率、有效率的统计，也只是局限在部分患者的范围内，且不可能存在固定不变的治愈或者有效率。因此，广告中笼统宣传治愈率、有效率是不科学的。

（3）不得与其他药品、医疗器械的功效和安全性比较。

药品和医疗器械往往是针对某种、某类病情生产的，不同的药品和医疗器械适用于不同的病症，即使是同类药品和医疗器械所适用的情况也是有差异的，所以不同的药品、医疗器械难以进行比较。

（4）不得利用以医药科研单位、学术机构、医疗机构或者专家、医生、患者的名义和形象作证明。

医药科研单位、学术机构、医疗机构或者专家、医生是专门从事医学研究和医疗工作的单位和人员，在人们的心目中具有很高的权威性，对患者有很强的说服力。因此，如果在广告中利用这些单位和人员的名义或患者的形象作证明，对病人的影响力是巨大的，容易产生误导作用。

(5)不得出现法律、行政法规规定禁止的其他内容。

除了《广告法》第14条规定的情况外，其他法律、行政法规如《药品管理法》、《医疗器械管理办法》、《药品广告审查标准》、《医疗器械广告审查标准》等对医疗器械、药品广告的发布标准作了进一步具体规定，药品、医疗器械广告必须严格遵守。

2. 其他规定

(1)药品广告的内容必须以国务院卫生行政部门或者省、自治区、直辖市卫生行政部门批准的说明书为准，国家规定的应当在医生指导下使用的治疗性药品广告中，必须注明“按医生处方购买和使用”。

药品广告中介绍药品的成分、功能、主治、用量、服用方法、禁忌症、不良反应等内容，不能随意表述，而必须严谨、科学，掌握在一定的尺度内，这个尺度的唯一参照标准是由卫生部或者各省、自治区、直辖市卫生厅(局)批准的药品说明书。广告中使用的专业术语，如疾病名称、药品名称必须与药品说明书完全一致，广告中药品本身的理化标准不能超出说明书的范围；药品广告内容可以经艺术加工，以各种形式表现，但凡涉及药品说明书载明的事项，广告内容无论怎样艺术加工，也不得超出每一事项的范围，即必须与卫生行政部门批准的说明书一致，不能擅自更改说明书的内容，同时也是为了防止药品宣传不当造成滥用、乱销的后果。

目前，除了医疗单位给患者开药外，药品经销单位也可以直接出售药品，许多消费者从广告中得知某种药品而直接购买。为了保障人民的身体健康和安全，《广告法》第15条规定：“国家规定的应当在医生指导下使用的治疗性药品广告中，必须注明‘按医生处方购买和使用’，保健药品不受此限。”

(2)麻醉药品、精神药品、毒性药品、放射性药品等特殊药品不得做广告。由于这几种特殊药品具有两重性，使用得当，可以治病救人；使用不当，将危害人们的生命健康。所以，国家对这些药品实行特殊管理，明确规定这些特殊药品不得做广告。当然，一般来说，这四种特殊药品不能像普通药品，更不能像一般商品一样进入市场，其生产者、经销者、使用者都不是具有一般资格的市场主体和消费者，他们之间的有关信息联络不是依靠广告，而是另有特殊途径，因此，也没必要发布广告。

需要说明的是，《广告法》第16条中的“特殊药品”，指除了前4种特殊药品外，还包括《药品广告审查标准》中的几种药品：治疗肿瘤、艾滋病、改善和治疗性功能障碍的药品，计划生育用药，防疫制品；《药品管理法》规定的假药、劣药、戒毒药品以及国务院卫生行政部门认定的特殊药品；未经卫生行政部门批准生产的药品和试生产的药品；卫生行政部门明令禁止销售、使用的药品和医疗单位配制的制剂；除中药饮片外，未取得注册商标的药品。

（二）对农药广告的规定

农药广告是指农药生产或者销售厂家，通过一定的媒介和形式，直接或间接地介绍自己的农药产品的广告。随着我国农业经济的发展，农药的生产和供应逐渐走向市场。农药广告对于更好地促进农药的生产和销售，方便用户准确使用农药，保障人畜安全，推广农业科技，发挥了积极作用。从整个广告市场看，农药广告数量不多，农药产品自身的特点，决定了农药广告的特殊性。《广告法》和有关规定对发布农药广告的限制是十分严格的，《广告法》第17条对农药广告内容作了如下限制规定：

1. 不得使用无毒、无害等表明安全性的绝对化断言。

农药的作用就是防治病、虫、草、鼠害，它必然要含有有毒的化学成分，并且对人畜有害。农药广告必须正确宣传农药的积极作用，不能有意抹杀其可能发生的消极作用，不能使用表明安全性的绝对化断言。

2. 不得含有不科学的表示功效的断言或者保证。

农药的防治功能只有针对不同的防治对象来选用含有不同成分的农药，才能切实达到目的。农药广告对其功效的表示必须科学，不能宣传适用所有地区、所有土地、所有气候条件和杀害所有昆虫，更不能有任何直接或隐含的保证。如有农药广告称产品“神效无比”、“有效率100%”等，则不符合《广告法》。

3. 不得含有违反农药安全使用规程的文字、语言或者画面。

农药含有有毒物质，必须按照一定的规程使用以确保人畜安全，避免造成不应有的损失。农药广告的语言、文字、画面中关于农药使用方法的表现，必须符合有关部门核定的安全使用规程和注意事项，如使用的时间、地点操作顺序等。

4. 不得有法律、行政法规规定禁止的其他内容。

根据农药广告审查标准，农药广告还必须遵守下列规定：不得利用有效率及获奖的内容；不得含有农药科研、植保单位、学术机构或者专家、用户的名义、形象作证明的内容；不得使用直接或者暗示的方法，以及模棱两可、言过其实的用语，使人在产品的安全性、适用性或者政府批准等方面产生错觉；不得滥用未经国家认可的研究成果或者不科学的语句、术语；不得含有“无效退款”、“保险公司保险”等承诺。

农药广告内容应当与“农药登记证”和《农药登记公告》的内容相符，不得任意扩大范围。农药广告的审查批准文号应当列为广告内容同时发布。未经国家批准登记的农药不得发布广告。

（三）对烟草广告的规定

烟草是指烟草制品，包括卷烟、雪茄烟、烟丝、复制烟叶等。“吸烟有害健康”这一观点已被社会公众普遍接受，从世界范围来看，各国政府都在积极采取各种措施，通过各种途径宣传吸烟的害处，烟草广告被列为国际性禁止宣传的内容。

1989年世界卫生大会在世界卫生组织33、35号决议中号召全面禁止烟草广告。据不完全统计,世界上全面禁止烟草广告的有20个国家,部分限制和禁止烟草广告的有38个国家。在我国,烟草广告可以发布,但有一定的限制。《广告法》第18条对发布烟草广告进行规范。

1. 禁止性规定

(1)禁止利用广播、电影、电视、报纸、期刊发布任何形式的烟草广告

这几种大众媒介的传播范围广而且及时,具有一定的权威性,如果在上面刊登烟草广告的话,势必与世界卫生组织号召的全面禁止吸烟的宗旨相背离,同时也会产生错误的舆论导向。由于对烟草广告的管理非常严格,烟草经营者竭力想通过各种形式和途径进行烟草广告宣传,烟草广告的表现手法也更加复杂多样。一些烟草经营者甚至想方设法规避法律发布烟草广告,尽可能扩大烟草在社会公众中的影响,达到扩大销售的目的。有些广告即没有介绍产品,又没有介绍企业,但只要有品牌或标识,就应该被视为是香烟广告。根据《烟草专卖法》对烟草广告的定义,只要有烟标和烟识就算作烟草广告。例如1995年年初,某市电视台在黄金时间分三次播出了英美烟草(香港)有限公司的"Marlboro"和"555"贺岁广告。同时,该市某大报用4个整版的篇幅,刊登了"万宝路世界冠军车手队"和"万宝路"贺岁的彩色广告。该市某晚报也刊登了"555"系列产品贺岁广告。这些都违反了《广告法》。

根据《烟草广告管理暂行办法》的规定,烟草生产、经销者利用广播、电影、电视、报纸、期刊发布下列广告,不作为烟草广告:社会公益广告;迁址、换房、更名等启事广告;招工、招聘、寻求合作、寻求服务等企业经营广告;广播、电影、电视节目首尾处出现的鸣谢单位或者赞助单位名称;报纸、期刊、板花、栏头上标明的协办单位名称。但上述广告不得出现烟草制品名称、商标、包装、装潢。出现的企业名称与烟草商标名称相同时,不得以特殊设计的办法突出企业名称。

(2)禁止在各类等候室、影剧院、会议厅堂、体育比赛场馆等场所设置烟草广告

《广告法》并不是禁止在所有公共场所设置烟草广告,在上述公共场所举办的活动,可以利用烟草经营者名称、烟草制品商标给活动冠杯、冠名,但不得通过上述五种媒介发布带有冠名、冠杯内容的赛事、演出等广告。

2. 限制性规定

根据我国《广告法》及其他相关法律,对烟草广告还有一些限制性规定。在国家禁止范围以外的媒介或者场所发布烟草广告,必须经省级以上广告监督管理机关或者其授权的省辖市广告监督管理机关批准;烟草经营者或者其被委托人直接向商业、服务业的销售点和居民住所发送广告的,须经所在地县级以上广告监督管理机关批准。经批准发布的烟草广告中不得有:吸烟形象,未成年人形象,鼓励、怂

恿吸烟的，表现吸烟有利于人体健康、解除疲劳、缓解精神紧张的；经批准的烟草广告中必须标明“吸烟有害健康”的忠告语。忠告语必须与该广告内容同时告诉给广告受众，应当清晰、易于辨认，所占面积不得少于全部广告面积的10%。不标明忠告语或者不按规定标明忠告语的，属于违法烟草广告。

（四）对食品、酒类、化妆品广告的规定

为了保障人民身体健康，防止食品、酒类、化妆品因不符合国家的有关标准，危害人体健康，《广告法》第19条、国家工商局和有关部门制定的《食品广告发布暂行规定》、《酒类广告管理办法》、《化妆品广告管理办法》详细对这三种广告进行了规定。

1. 食品、酒类、化妆品广告内容必须符合卫生许可的事项

食品、酒类、化妆品产品广告内容必须符合卫生许可的事项，即卫生行政部门或其认可的单位出具的产品检验合格证明中记载的事项。检验合格证明是检验单位依据法律法规以及食品、化妆品、酒类卫生标准，按照一定的程序进行检验，对于合格食品、酒类、化妆品出具的证明。检验合格证明里记载的事项有有效期、保存方法、使用方法等。此外，广告内容中涉及的广告主的名称（或姓名）、法定代表人、经营场地等事项也应当与卫生行政部门颁发的卫生许可证记载的事项相符。

2. 食品、酒类、化妆品广告不得使用医疗用语或者易与药品混淆的用语

在广告中不得使用医疗用语，主要是要求在食品、酒类、化妆品广告中禁止宣传疗效作用。《食品卫生法》规定，食品不包括以治疗为目的的物品，食品不得加入药物。化妆品的作用是清洁、修饰、美容、护肤，并不能治疗疾病，更不能更换人的皮肤。饮酒不能带给人各种成功或诸如“消除紧张和焦虑、增强体力”等结果。如果出现此类内容，应按药品广告管理的规定办理。

有些“酒”经卫生行政部门批准有医疗作用的，其广告即依照药品广告管理的规定办理，不得再同时按酒类广告办理。

用于亮发、染发、烫发、脱毛、美乳、健美、除臭、祛斑、防晒等特殊用途的化妆品，其生产必须经国务院卫生行政部门的批准，其功能仅限于批准的内容，广告中也不能出现医疗用语或易与药品相混淆的用语。

化妆品广告数量较多，在广告发布总量中占有相当的比重。发布化妆品广告，除了要遵循《广告法》的规定外，还要依据《化妆品广告管理办法》中的规定，如发布化妆品广告应提交相应的证明文件；化妆品广告中禁止进行虚假夸大宣传，禁止使用他人名义保证或者暗示方法使人误解其效用，禁止宣传疗效，禁止贬低同类产品，禁止使用绝对化语言等。

参阅资料：

“江中牌儿童健胃消食片”等12则虚假广告被集中曝光

新华网 2012年3月9日

新华网上海3月8日电（记者俞丽虹、周蕊）8日，上海工商部门通过其官方微博发布2012年第一号虚假违法广告公告，集中曝光“江中牌儿童健胃消食片”等12则典型虚假违法广告案例。

这12则虚假违法广告涉及食品、药品、保健用品、收藏品、餐饮、医疗、留学中介等多个民生热点领域，内容大多虚假或夸大，严重侵害了消费者的合法权益。

其中，江西江中医药贸易有限责任公司发布的广告宣称，其产品“江中牌儿童健胃消食片”的销量为“每天卖出71万盒”。经工商部门调查，这一数字与事实严重不符，属于欺骗和误导消费者。

此外，“复旦名师精品课程”超经营范围提供教育培训服务，并夸大宣传教师资质和教学效果；广东启德教育服务有限公司上海分公司虚称是“澳大利亚、英国、美国等上千所院校授权的官方招生代表”；阿一海鲜酒家（上海）有限公司利用互联网站发布团购广告，将冰鲜龙虾宣传为“空运鲜活”，将苏州生产的拉面宣传为“日本稻庭拉面”，均违反了广告法的相关规定。

据统计，2011年上海工商部门共查处虚假违法广告案件2000多件，罚没金额近4000万元。工商部门提醒消费者，在看广告或购买商品时，不要轻信违背常理常识的宣传内容，增强自我保护意识。

（新华网）

第二节　对广告发布和广告收费的规范

一、对广告发布的规范

媒介覆盖率是媒介覆盖范围和覆盖人数的总称，它随媒介的不同而有不同的名称，其中有广播电台的覆盖范围与收听率，电视台的覆盖范围与收视率，报纸、期刊等印刷媒介的发行范围与发行量，以及户外场所的位置和人流量等。真实的媒介覆盖率是广告主、广告经营者实施广告战略和广告发布者确定收费标准的重要依据。因此，广告管理机关应该对广告发布者提供的媒介覆盖率的真实性进行管理，这对维护广告发布者的声誉，树立媒介自身形象，拓宽广告发布业务来源和保护广告主、广告经营者的合法权益，有着极其重要的作用。广告发布者虽然拥有对媒介的使用权，但并不能无限制地扩展广告刊播的时间、版面和篇幅。国家行政管理机关往往利用其行政职能，对媒介刊播广告的时间、版面和篇幅作出限制性的规定和控制，以确保媒介履行更为重要的社会职能，实现健康有序的发展。

《广告法》第30条规定："广告发布者向广告主、广告经营者提供的媒介覆盖率、收视率、发行量等资料应当真实。"这条是关于广告发布者对广告主、广告经营者的义务性规定。广告发布者发布广告需要接受广告主、广告经营者的委托才会有广告业务的发生，因此，广告发布者必须公开自己发布广告的有效范围，即媒介覆盖率、收视率、发行量等，而且提供的这些资料必须真实。

广告发布者提供的媒介传播效果资料必须真实。《广告法》第3条明确规定："广告应当真实、合法，符合社会主义精神文明建设的要求。"第4条规定："广告不得含有虚假的内容，不得欺骗和误导消费者。"第5条规定："广告主、广告经营者、广告发布者从事广告活动，应当遵守法律、行政法规，遵循公平、诚实信用的原则。"在一部法律中，三条规范集中针对同一个问题，可见广告真实性的地位十分重要。而《广告法》第30条对广告公布者提供的媒介传播效果资料要求真实的规定，就是要求大众传播媒介，不论是公布报纸的发行量，还是公布电视的收视率、广播的覆盖率等，应以认真负责的态度如实公布或委托有资质的专业调查机构公布，这样才能做到诚实待客、公平竞争。

香港《英文虎报》(The Standard)就曾发生过虚报发行量事件。《英文虎报》是香港星岛集团出版的一份英文报刊。该报总经理苏某、财务经理邓某，以及该报前发行董事黄某于1993年10月13日至1997年5月30日期间共谋，以多种不法手段诈骗广告客户，包括每天额外印刷《英文虎报》多达1万份至2万份，借此夸大该报及其日刊的发行量，然后把印出的多余报纸当作废纸出售给一家公司，并向当时的英国出版销售公证会提交虚假的发行量数字。《英文虎报》高级行政人员因串谋夸大该报发行数量被定罪，分别被判入狱4个月至6个月，报社在经济上也受到相应的处罚。

二、对广告收费的规范

广告收费是指广告经营者为他人提供设计、制作、代理服务时所收取的服务费，以及广告发布者为他人提供广告发布服务时所收取的广告费。

广告收费，对广告主的广告活动有着至关重要的影响，它决定着广告主的广告费投入分布范围和重点，也决定着广告主广告费投入的经济效益和社会效益。同时，根据国家有关规定，广告主的广告费可以纳入企业成本核算。如果广告经营者、广告发布者随意涨价或对不同企业按不同标准进行收费，那么，广告主所支付的费用自然而然将转嫁到消费者头上。所以，对于广告收费需要给予一定的规范，《广告法》第29条对广告收费问题作出明确的规定："广告收费应当合理、公开，收费标准和收费办法应当向物价和工商行政管理部门备案。"

(一)广告收费必须合理、公开

为了贯彻《广告法》,加强广告服务收费监督管理,国家工商局与国家计划委员会于1995年12月颁布了《广告服务收费暂行办法》,对广告服务收费确定了国家定价、国家指导价和市场价格三种基本形式,其中广告代理费和广告场地占用费实行国家定价;发布证券上市公司信息广告的,国家指定媒介单位实行国家指导价;除此之外,广告设计、制作和广告发布的各种形式的收费均由广告经营单位自行制定,此种为市场价格,对广告收费的规定就是针对这部分市场价格制定的。

1. 广告收费必须合理

广告收费必须合理就是要求广告经营者根据国家的有关规定核算成本,制定合理的价格。第一是以广告服务成本为基础,根据服务的工作繁简和发布广告的覆盖面及收受率情况进行合理核定,并注意参照当地广告市场同一时间、同一档次、同种服务项目的平均价格,把握好市场价格水平;第二是同一广告服务项目实行同质同价,不能因服务对象不同制定不同的收费标准,防止出现价格歧视,这是体现市场公平原则的基本要求;第三是禁止牟取暴利。

2. 广告收费必须公开

广告收费必须公开就是要求广告经营者、广告公布者的收费标准和收费办法,通过各种形式向社会披露,供广告主在广告活动中进行合理选择。

(1)标示价目表并向社会公布

标示价目表是广告服务收费实行明码标价的基本方式,广告发布者还应当通过其媒介向社会公布收费标准及收费办法。

(2)进行价格标示的价目表必须符合规范要求

第一是要按统一规定的价目表式样制作和填写;第二是标示价格的价目表必须是经广告备案管理机关备案签章后的价目表;第三是不符合规范要求的价目表,备案管理机关可退回,要求其重新制作。

(3)广告服务收费价目表应先挂在广告经营场所或者收费地点的醒目位置

收费标准和收费办法对所有的广告都是公正的。一旦确定,广告收费不得随意提高或降低。

(二)广告的收费标准

广告经营者、广告发布者的收费标准和收费办法向物价和工商行政管理部门备案,既是法律规定的义务,也是法定程序。广告经营者、广告发布者制定的收费标准和收费办法不符合国家有关规定主要表现在:第一是属国家定价的收费项目不执行国家规定的收费标准,有的单位自行制定广告收费标准;第二是违反规定,对不同的服务对象制定不同的标准;第三是违反规定,使用人民币以外的其他货币进行标价;第四是一些单位对属自主定价的,制定不合理收费项目及标准,等等。

受理备案的过程也是帮助广告经营单位正确理解国家政策、帮助其完善价格行为的过程,因此,对不符合国家规定收费标准和收费办法的,要及时提出劝告、指导其遵守国家规定;对属自主定价的收费项目,要指导备案单位合理制定收费标准。

总之,合理、公开和备案是贯穿广告服务收费管理的主线。针对广告服务收费混乱问题,其具有针对性和可操作性。

参阅资料:

当一些媒体成了违法广告帮凶

东方网　2012年3月19日

作者　马广志

国家工商总局昨天在官方网站上通报15则违法广告,北京军都医院因健康资讯节目形式变相发布医疗广告被点名。此次曝光的15个违法广告,都是工商总局对今年1月部分电视、报纸、广播等媒体发布的医疗、药品、保健食品、化妆品及美容服务类广告进行监测抽查时发现的。(3月18日《新京报》)

据笔者所知,为了尊重法律,作为广告发布者的诸多媒体,都设置了专门的广告部及"广告审查员",要求对所刊登的广告内容不进行严格审核,严格把关。但是,就是在这些媒体上发布的很多医疗等违法广告让许多不明真相的人受骗上当。人们不禁要问:为什么媒体们"只拉广告不把关"?为什么明知广告内容不实,却"睁一只眼,闭一只眼",成了医疗等违法广告的帮凶呢?

人们心目中,媒体在很大程度上代表一种社会良知,可正是一些媒体为虚假广告提供舞台,为虎作伥。最新一项调查显示,医疗等虚假广告已占大众媒体总广告额的10%,少数媒体甚至超过50%。一个媒体广告负责人曾坦言:"工商处罚有个底线,不至于影响报纸的生存。"可见,在医疗等违法广告这块大蛋糕面前,一些新闻媒体就是见利忘义,在经济利益驱动下,为不法广告的流传推波助澜。

对媒体来说,广告是社会诚信、社会环境的塑造者,广告更应是一种"特殊的新闻",既然是新闻就必须真实。我们都听到过中国中央电视台这样的宣传:"以我屏幕,传您美名",是中国中央电视台广告部的宗旨,让企业和观众满意是广告部的追求。但是,如今当媒体成了违法广告的帮凶,人们看到的却是:一些企业扬名了、满意了,一些电视台、报纸也赚了大钱,而观众却受骗了。

"屁股决定脑袋,利益决定立场",当社会责任感被经济利益逼下悬崖时,于是不法广告泛滥成灾,而老百姓则成为牺牲品。也许,只有让媒体不再做虚假医疗广告盛宴上的饕餮,彻底"告别"违法广告,才是唯一的治本之策。

（东方网）

第三节 广告审查与对广告违法行为的规范

一、广告审查制度

广告审查是指在广告发布前对广告的内容依照法律、行政法规的规定进行审核的活动。《广告法》第27条规定:"广告经营者、广告发布者依据法律、行政法规查验有关证明文件,核实广告内容。对内容不实或者证明文件不全的广告,广告经营者不得提供设计、制作、代理服务,广告发布者不得发布。"《广告法》第34条还规定,利用广播、电影、电视、报纸、期刊以及其他媒介发布药品、医疗器械、农药、兽药等商品的广告和法律、行政法规规定应当进行审查的其他广告,必须在发布前依照有关法律、行政法规由有关行政主管部门对广告内容进行审查,否则不得发布。在此着重介绍广告行政主管部门对特殊商品的审查。

根据《广告法》的规定,特殊商品广告审查的范围分为两个层次:第一个层次是《广告法》中直接规定的利用广播、电视、电影、报纸、期刊五种大众传播媒介或利用其他媒介发布的药品、医疗器械、农药、兽药广告。这里的"其他媒介"包含了除以上五种媒介以外的所有媒介。由于药品、医疗器械、农药、兽药的特殊性,与人民生命财产安全密切相关,所以称这四种商品为特殊商品。为了防止四种特殊商品由于广告宣传误导消费者,造成人身或者财产的损害,广告发布前必须审查。第二个层次是法律、行政法规规定应当进行审查的其他广告。随着我国经济的发展,广告将被运用于更加广阔的领域,还可能出现一些事关人身安全、生产安全和市场经济秩序的商品,其广告需要通过法律、行政法规规定列为特种广告的范围,进行发布前需审查。

(一)广告审查机关

广告审查机关指依照法律、行政法规对必须进行审查的广告进行审查的有关行政主管部门。这种行政主管部门必须与特种商品或服务有关,因为它们熟悉特种商品或服务的专业技术,管理商品的生产、销售环节,由这些部门负责对特种广告的审查工作,更加有利于控制广告的发布质量。

我国目前实行的广告行政审查分为中央和省(自治区、直辖市,不含计划单列市)两级。根据国务院各部门职能划分,药品广告审查机关为国务院和省级卫生行政部门,即卫生部和各省级卫生厅(局);医疗器械广告审查机关为国家医药管理局和各省级医疗器械行政监督管理部门(一般是省医药管理局或医药总公司);农药广告审查机关为国务院和省级农业行政主管部门,即农业部和省级农业厅(局);兽药广告审查机关为国务院和省级农牧行政管理部门,即农业部和各省级农业厅(局)或畜牧厅(局)。总之,《广告法》所规定的广告审查机关是现在负责特殊商品行政管理工作的主管部门,而不是新设一个单独的广告审查机关。

广告审查机关在对特殊商品广告进行审查时,应当依据有关法律、行政法规中关于特殊商品广告管理的规定进行。这些法律、法规有1995年国家工商局与国务院有关部门联合制定的《药品广告审查办法》、《医疗器械广告审查标准》、《农药广告审查标准》、《兽药广告审查办法》;经与上述部门协商,国家工商局制定的《药品广告审查标准》、《兽药广告审查标准》、《医疗器械广告审查标准》、《农药广告审查标准》。1997年6月,国家工商局、卫生部联合发出《关于进一步加强药品广告审查和监督管理工作的通知》,作为对药品广告审查办法和审查标准的补充规定。上述行政规章和规范性文件,与《广告法》、《药品管理法》等共同构成了对四种特殊商品广告进行审查的法律体系。

广告主发布特殊商品广告,无论是利用自有媒介自行发布,还是委托广告经营者、广告发布者发布都必须在广告发布前进行审查,未经审查,不得发布。本条与第27条由广告经营者、广告发布者查验有关证明文件,核实广告内容的规定,共同构成了我国目前的广告审查制度。

(二)广告审查的程序

特殊商品广告审查根据《广告法》第35条规定:"广告主申请广告审查,应当依据法律、行政法规向广告审查机关提交有关证明文件。广告审查机关应当依照法律、行政法规作出审查决定进行审查。"

1. 由广告主向广告审查机关提出申请

不论广告主采取何种广告发布形式,按照《广告法》第34条的规定,都应当由广告主向广告审查机关提出审查申请,广告主提出申请,可以由广告主亲自提出,也可以由广告主授权代理其广告业务的广告经营者或者广告发布者代理提出申请。

2. 提交有关的证明文件

(1)证明广告主生产经营资格的证明文件;

(2)证明广告主申请发布广告的商品合法性的证明文件;

(3)证明广告内容真实、合法的证件;

(4)其他法律、行政法规规定应当提交的证明文件。

3. 广告审查机关对特殊商品广告进行审查

广告审查机关在接到广告主的申请之后,应当按照有关法律、行政法规对该项申请的商品广告内容按规定进行审查,即对待发布的广告成品的审查,如对广告影视带、平面广告小样等进行审查,审查其广告成品中语言、画面、文字、形象等内容。

广告审查机关根据各自的权限对特殊商品广告进行审查。重点媒介广告、境外产品和新药、新兽药广告,由国家级审查机关审查,如利用中央电视台、《人民日报》等重点媒介发布四种特殊商品广告，分别由卫生部、国家医药局和农业部负责审查；其他广告由生产者所在省级卫生厅、医药局和农业厅负责审查；在异地（外省）发布药品、兽药广告需向当地审查机关申请换发批准文号；发布医疗器械、农药广告须向当地审查机关备案。同时为避免广告制成后，“通不过审查”可能造成的浪费，送审者对把握不准的广告，可以先申请初审，所以，我国广告审查制度中制定了初审和终审两个程序。

4. 广告审查机关作出审查决定的时限

广告审查机关对申请审查的广告必须在一定的期限内作出审查决定。审查决定一般有三种可能，即审查合格准予发布；审查不合格驳回申请；建议修改后再行审查。对于已经取得广告审查批准文号的特殊商品广告，为保证广告发布内容与广告审查决定文件一致，其审查批准文号应当与广告内容同时发布。

二、对广告违法行为的规范

所谓广告违法行为，是指实施了违反我国广告管理法律法规的规范要求和法定行为模式，并危害社会的行为。

（一）广告违法主体

广告违法主体是指实施广告违法行为的自然人和法人。其包括广告主、广告经营者、广告发布者、社会团体或者其他组织、广告监督管理机关和广告审查机关的工作人员。

1. 广告主

广告主在进行产品或服务的推广宣传时，应该将产品的质量、特征、性能等相关内容明确定地告诉消费者，并如实地向广告经营者和发布者提供全面、真实、合法的证明资料。所以，广告主在广告活动中起决定作用，在广告的责任归属里，其负有绝对责任。

2. 广告经营者

广告经营者的作用不仅仅是代广告主设计广告稿和订购广告版面与播放时间，他们既要熟悉广告业务，又要清楚有关的法律法规。一方面，他们通过调查研究了解有关市场情况并掌握广告主的具体情况和产品特点后，策划如何准确地把产品、服务的宣传信息传达给公众。另一方面，以要本着对消费者负责、对社会负责的态度，对广告主提供的信息进行认真的审查，在一定的尺度内进行艺术加工。就广告的责任归属来说，广告经营者也是主要责任主体之一。

3. 广告发布者

广告发布者利用其拥有的媒介手段，掌握着广告的发布权。广告一经发布就可能对整个社会产生影响。因此，广告发布者有义务对发布的广告进行全面的审核，只在肯定广告作品无问题的条件下方可发布广告。如果只要付费，就来稿照登，作品涉及违法，广告发布者也应承担相应的责任。

4. 社会团体或者其他组织

社会团体是指除企业、机关、事业单位法人以外的由若干成员为共同目的而自愿结合的社会组织，如消费者协会、戏曲协会等。目前许多社会团体和其他组织经常在广告中向消费者推荐商品或者服务，于是有一些假冒伪劣商品的经营者便投其所好，骗取推荐，使消费者的合法权益受到损害，这种现象更具有欺骗性。为了更好地保护消费者的利益，制止这种现象的蔓延，《广告法》规定了社会团体或者其他组织在虚假广告中推荐了商品或者服务，并使消费者的合法权益受到损害的，也应承担连带责任。

5. 广告监督管理机关和广告审查机关工作人员

广告审查机关依法负有审查特殊商品广告内容的责任，其工作人员在执行审查的工作时应当本着对人民的生命财产安全负责的精神，秉公执法、严格把关，这也是国家机关工作人员应尽的义务。如果广告审查机关的工作人员不能恪尽职守，在对违法广告内容的查处中做到“防患于未然”，无疑会给社会和百姓生活制造麻烦，这种行为必须受到处罚。广告监督管理机关，是代表国家对广告活动进行监督管理的行政部门。一方面，广告监督机关及其工作人员依据《广告法》可以行使职权，同时也必须行使职权，任何听任或者放纵违法广告的行为都意味着失职；另一方面，不允许其享有任何广告法律规定之外的特权，对广告监督管理机关及其工作人员的行政违法行为也必须追究其责任。

（二）广告违法行为的构成要件

广告活动主体的行为具备一定条件就构成广告违法行为，并应承担其相应的法律责任，下面我们来分析一下广告违法行为的构成要件，即广告违法行为的成立需要具备以下几点条件：

第一，有违反我国广告管理法律法规的一种或一种以上的行为。只有广告违法动机，而没有广告违法行为；或者，虽然有违法行为，但违反的不是广告管理法规，均不能以广告违法行为论处。

第二，有对广告管理法律法规所保护的客体造成侵害。我国广告管理法律法规所保护的客体包括两个方面，即广告管理秩序和广告经营秩序。广告活动主体在广告活动中侵害了广告管理法律法规没有保护的客体，或者侵害的是其他法律法规所保护的客体，不能以广告违法行为论处。

第三，广告违法行为必须是有责任能力的自然人和依法设置的法人所施行的。当违法者为公民个人时，其承担法律责任的前提条件是必须达到法定责任年龄并且具有承担法律责任的能力。

第四，实施了广告违法行为的人必须有过错。过错有两种形式：一种是故意过错，指广告违法主体有意地实施了广告违法行为；另一种是过失过错，指广告违法主体不了解或没有意识到自己行为的违法性，或虽然意识到行为的违法性，但轻信可以避免其危害后果。

广告违法行为的四个构成要件的必须同时具备,才能依法追究法律责任。

由此可见,我国有严格的广告审查程序和法律责任,为避免出现违法广告起到重要的作用。新闻媒体在刊登广告、审查广告真实性方面,不但有着法律方面的义务,同时负有道义上的责任。在日本,大众传媒已形成完整的自律体制,日本报纸协会有《报纸广告伦理纲要》、《报纸广告登载标准》,日本杂志广告协会则有《杂志广告伦理纲要》、《杂志广告登载标准》,民间播送联盟有《播送标准》、《播送标准解说》。这些自律规定、伦理纲领共同的本质是:广告不可有虚假夸大及不恰当的表达,不违反法令。

新闻媒体的职责之一是传承文化,新闻媒体也是一种舆论机关,负有引领社会公众走向美好的人类精神家园的神圣职责,即使在商品社会,有良知、负责任的新闻媒体也不可推掉这份责任,否则,新闻媒体就会沦为一种纯赚钱的工具。如果经济效益成了传媒的最高追求目标,必将导致传媒异化,使商业价值凌驾于人文价值之上。虽然某些违法广告会为不法商家和大众传媒带来一时的经济利益,但同时,也在受众的心中埋下了不信任的种子。认识到这点,新闻媒体理应放长眼光,不可短视。在今天消费者权利意识日益成熟的社会,与周围各种环境共存、积累社会信用,应成为新闻媒体发布广告时注重的一个因素。

参阅资料:

国家工商总局发布8月部分媒体严重违法广告的公告

中央政府门户网站　2012年11月7日

日前,国家工商总局公布2012年8月对全国部分电视、报纸、广播等媒体发布医疗、药品、保健食品、化妆品及美容服务类广告监测抽查结果,15家媒体因发布严重违法广告榜上有名。

据了解,在被公告的15家媒体中既有平面媒体,也有广播电视台,且平面媒体多为大众传播媒介。如《郑州晚报》发布的河南省医药院附属医院医疗广告,含有涉及医疗技术、诊疗方法等内容,严重违反广告法律、法规规定;陕西渭南电视台新闻综合频道发布的仙草堂8元曲古7补3(腰腿痛丸)药品广告,不仅在大众传播媒介发布处方药广告,还利用专家、患者的名义和形象作证明,含有不科学的表示功效的断言和保证的内容;西安交通旅游广播电台播发的十一味甘露胶囊药品广告,因在大众传播媒介发布处方药广告,并存在以健康资讯节目形式变相发布等内容,严重违反广告法律、法规规定。

据悉,针对国家工商总局公告的严重违法广告内容,相应的工商行政管理机关将在依法查处的同时,加强跟踪监测和日常检查,及时发现并依法查处其他媒体发布的上述严重违法广告。

超级链接：

中央政府门户网站，http://www.gov.cn/gzdt/2012－11/07/content_2259386.htm

国家工商行政管理总局中国广告监管网

本章小结

1 广告准则又称广告标准，包括一般准则和特殊商品准则。

2 广告法中的广告准则不仅适用商业广告，同样也适用商业广告之外的所有其他广告。

3 对广告禁止的内容，《广告法》第7条规定：不得使用中华人民共和国国旗、国徽、国歌；不得使用国家机关和国家机关工作人员的名义；不得使用国家级、最高级、最佳等用语；不得妨碍社会安全和危害人身、财产安全，损害社会公共利益；不得妨碍社会公共秩序和违背社会良好风尚；不得含有淫秽、迷信、恐怖、暴力、丑恶的内容；不得含有民族、种族、性别歧视的内容；不得妨碍环境和自然资源保护；法律、行政法规规定禁止的其他情形。

4 《广告法》第8～13条规定：广告不得损害未成年人和残疾人的身心健康；广告中对商品的性能、产地、用途、质量、价格、生产者、有效期限、允诺或者对服务的内容、形式、质量、价格、允诺有表示的，应当清楚、明白；广告中表明推销商品、提供服务附带赠送礼品的，应当标明赠送的品种和数量；广告使用数据、统计资料、调查结果、文摘、引用语，应当真实、准确，并表明出处；广告应遵守关于专利的规定；广告不得贬低其他生产经营者的商品或者服务；广告应当具有可识别性。

5 药品、医疗器械广告，农药广告，烟草广告，食品、酒类、化妆品广告适用特殊商品广告准则。

6 广告法有地域范围、内容范围和行为主体范围。

7 广告法具有针对性和可操作性等主要特点。

8 广告管理法律体系的特点是：从结构形态上看，多层次广告规范已形成；从内容上看，广告规范涵盖面广且具体；从性质上看，广告规范中程序性规定、限制性规定、政策性规定齐全。

9 对四种特殊商品广告，广告审查机关应按照法律法规规定的程序进行事先审查。

10 广告违法责任包括刑事责任，行政责任和民事责任。

关键词

广告法　广告准则　特殊商品　地域范围　内容范围　主体范围　广告管理法律体系　广告发布者活动规范　广告媒介管理制度　广告收费制度　刑事责任　行政责任　民事责任

复习问题

1 广告的一般准则有哪些?

2 《广告法》的主要特点是什么?

3 广告管理法律体系的特点是什么?

4 广告违法行为的构成要件是什么?

思维训练

1 2013年上半年,某省工商系统共查处广告违法案件321件,比上年同期增加152件,增长88%。责令更正广告14件,责令停止发布132件。从违法主体看,广告主违法案件数量最多,共177件,占广告违法案件总数的55.14%;广告发布者违法案件88件,占27.41%。结合以上数据,谈谈为什么广告违法行为屡禁不止而且愈演愈烈?

2 美剧《Mad Men/广告狂人》以20世纪六十年代为背景,讲述纽约曼哈顿麦迪逊大道上广告公司的残酷竞争,片中涉及部分酒类和烟草广告,结合本章的内容和我国广告法的相关规定,请分析中美两国对此类商品广告规范手段的异同。

第九章　对传统新闻媒体管理的规范

本章目的

传统媒体通常意义上讲，就是指报纸、期刊、广播、电视等。本章主要学习报纸、期刊、广播、电视的管理规范，并对记者站与记者身份的管理规范进行介绍。

通过本章的学习，学生能够掌握以下问题：

1. 我国报刊管理的法律体系
2. 报刊出版审批制度和创办的条件
3. 报刊主办单位的权限和职责
4. 对报刊的监督管理规定
5. 广播电台、电视台的设立条件和程序
6. 广播电视节目制作、传播管理规范
7. 广播电视传输覆盖网和广播电视设施管理制度
8. 设立记者站的审批与管理体制

本章要点

1. 报刊管理

　A. 法律制度　B. 设立条件　C. 审判程序　D. 监督管理

2. 报刊主办单位

　A. 权限　B. 职责　C. 与所设报刊社的关系

3. 广播电台、电视台管理

　A. 设立条件　B. 审批程序　C. 节目制作　D. 节目传播

　E. 传输设施　F. 覆盖网络

4. 记者

　A. 记者证　B.“假记者”现象

5. 记者站

　A. 设立条件　B. 管理规范

6. 境外媒体与记者

　A. 境外媒体　B. 外国记者

第一节 对报刊的规范

一、对报刊管理的法律体系

我国报刊管理规范已经形成以《宪法》为基础的一套法律体系,虽然《出版法》还没有出台,但近年来已经出台了多部对报刊业有深远影响的法规。

(一)我国报刊管理的法律体系

传统意义上,全国人大常委会和国务院先后修订颁布的"一法四条例"[1],早已构成了我国新闻出版和版权管理的基本法律框架。除此之外,我国各个位阶的法律法规都有与报刊管理的相关的内容。目前,我国报刊规范的法律体系包括宪法、法律中与新闻出版的相关规定、行政法规、地方性法规、部门规章和地方政府规章等。

1. 宪法

宪法是我国的根本法,有着最高的法律效力。我国《宪法》涉及报刊管理方面的有:第22条关于新闻出版广播电视事业为人民服务、为社会服务的规定,第35条关于公民言论、出版自由的规定,第41条对关于国家机关和国家机关工作人员有权提出批评和建议的规定,第47条关于公民进行科研、文艺创作和其他文化活动自由的规定。

2. 法律

我国目前还没有专门的《出版法》,在其他法律中有许多与报刊出版相关的规定。如《民法通则》、《刑法》、《著作权法》、《广告法》、《未成年人保护法》、《保守国家秘密法》等,有的涉及新闻出版中的财产关系、人身关系规范,有的涉及新闻出版方面的犯罪等,这里包括了《民法通则》、《刑法》等基本法,也包括了《著作权法》、《广告法》、《保守国家秘密法》等单行法律。

(1)《刑法》

《刑法》规定了对新闻传播活动中的犯罪的制裁,包括在报刊活动中的犯罪。现行《刑法》中有20多种罪名与报刊活动相关。如侵犯著作权罪(第217条),侮辱罪和诽谤罪(第246条),制作、贩卖、传播淫秽物品罪(第363条),泄密国家秘密罪(第398条)等。

(2)《民法》

《民法》调整新闻传播活动中公民作为受众、被报道对象、作者等不同身份时

---

[1] "一法四条例"是指《著作权法》、《出版管理条例》、《音像制品管理条例》、《印刷业管理条例》和《计算机软件保护条例》为核心的。

与新闻媒介之间发生的财产和人身法律关系，主要是被采访对象人身权利保护的问题，包括保护被采访对象的姓名权、名誉权、肖像权等。在报刊活动中人身权利受侵害的现象频频出现，《民法》成为其中重要的法律依据。

《民法》的司法解释也同样规范报刊行业，如《最高人民法院关于审理侵害信息网络传播权民事纠纷案件适用法律若干问题的规定》（2012 年）、《最高人民法院关于审理人身损害赔偿案件适用法律若干问题的解释》（2003 年）等。

（3）其他法律

《防灾减灾法》、《统计法》、《证券法》、《气象法》等往往涉及重要报刊信息的发布。这些法律规定：灾害性信息（汛情、疫情、震情、核事故等）、证券信息、气象信息（台风、寒潮、大风、暴风雨、冰雹等灾害性天气预报）、地图等必须使用国家权威机构发布的信息，记者和媒体不得随意发布。

报刊活动中要保护国家安全、保守国家机密。在《保守国家秘密法》、《军事设施保护法》、《国家安全法》、《档案法》这些法律中对国家秘密等进行了严格的界定，并且将国家秘密分为绝密级、机密级、秘密级三个层次，规定了严格的解密程序等，这些都对报刊活动进行规范，提供相应的法律依据。

另外，报刊活动中也常涉及知识产权问题。我国的《著作权法》对报刊活动中的著作权进行保护；《广告法》是规范我国报刊中的商业广告的基本法律依据；《治安管理处罚条例》以行政处罚的制裁方式规范那些在报刊活动中尚不构成犯罪的非法传播行为。

3. 行政法规

我国管理包括报刊活动在内的新闻媒介的专门行政法规主要是 2001 年国务院公布的《出版管理条例》（2013 年 7 月 18 日第二次修订），还有《外国记者和外国常驻新闻机构管理条例》（1990 年 1 月 19 日起施行）等，对报刊活动进行规范。

4. 地方性法规

我国地方立法机关可以根据本行政区域的具体情况和实际需要，在不与宪法、法律、行政法规相抵触的前提下制定规范报刊活动的地方性法规，如《云南省出版条例》、《上海市图书报刊市场管理条例》、《安徽省图书报刊市场管理条例》、《河北省新闻工作管理条例》等。

5. 行政规章

行政规章包括部门规章和地方政府规章。其对报刊出版活动的规范较为集中、详细。其中较有代表性的是 2005 年新闻出版总署发布的《报纸出版管理规定》和《期刊出版管理规定》，对我国报刊的创办、发行等活动进行规范。另外，还有《关于认定淫秽及色情出版物的规定》、《关于鉴定淫秽录像带、淫秽图像有关问题的通知》、《新闻出版保密规定》等。

6. 特别行政区的法律制度

香港、澳门特别行政区立法机构根据基本法的规定，结合具体形势制定了一些新的法规，这些法规中也有涉及报刊活动的部分。如香港特别行政区出台的《诽谤条例》、《版权条例》等。

7. 国际公约

我国同外国缔结或者参加了一系列与报刊出版相关的国家条约，如《伯尔尼保护文学艺术作品公约》、《世界版权公约》、《经济、社会、文化权利国际公约》、《公民权利和政治权利国际公约》等，其对我国报刊活动有约束力。

（二）影响报刊业的法规、规章举隅

1.《报纸出版管理规定》

2005 年 9 月 20 日，新闻出版总署出台了《报纸出版管理规定》。与 1990 年颁布的《报纸出版管理暂行规定》相比，新规定完善了报纸出版的法律制度，进一步规范了报纸出版活动，实现对报纸活动的全方位管理，推进报业改革、发展和繁荣。该规定新增的四项内容修补了报纸出版管理的盲区：明确对报纸出版活动监管的属地管理原则；明确建立报纸出版的市场退出机制；增设报纸出版单位的许可事项；对中央重视和社会关注的热点、难点问题作出规定。

2.《期刊出版管理规定》

2005 年 9 月 20 日，新闻出版总署出台了《期刊出版管理规定》。而 1988 年颁布的《期刊出版管理暂行规定》已不能适应我国期刊业发展的客观实际和新闻出版行政部门职能转变的要求。新规定明确了期刊出版的法律责任制度，确立了期刊出版的许可制度和退出机制，加强和完善了期刊出版过程的管理与监督制度。为新闻出版管理部门规范期刊出版提供了法律依据，为期刊业的健康有序发展奠定良好的基础。

3.《电子出版物出版管理规定》

2008 年 3 月 17 日，新闻出版总署以署长令的形式正式公布《电子出版物出版管理规定》，并于 4 月 15 日起施行。这是自 2005 年 12 月 1 日《报纸出版管理规定》和《期刊出版管理规定》施行以来，新闻出版总署首次颁布新闻出版管理方面的规定，规定进一步完善了出版管理体系。相比 1997 年颁布的《电子出版物管理规定》，修订后的《电子出版物出版管理规定》适应了对电子出版行业加强管理的需要。针对电子出版业发展中出现的新问题、新变化，通过修订《电子出版物管理规定》，以进一步完善规范制度、强化管理手段，保障电子出版管理活动有效开展，为管理部门全方位加强行业监管提供更加明确充分的法律依据。

4.《出版物市场管理规定》

2011 年 3 月 17 日，新闻出版总署第 1 次署务会议和商务部通过了《出版物市场管理规定》。这个规定的出台意味着此前新闻出版总署和有关部门颁布的《出版物市场管理规定》、《音像制品批发、零售、出租管理办法》、《外商投资图书、报纸、期刊分销企业管理办法》和《中外合作音像制品分销企业管理办法》及有关补充规定同时废止。新规定旨在通过吸引更多的优良资产和负责任的经营主体参与出版物市场的竞争，以及创建良好的出版市场竞争环境，发展中国的出版发行行业，提高国际竞争力。

5.《订户订购进口出版物管理办法》

2011 年 3 月 17 日，新闻出版总署会议通过了新《订户订购进口出版物管理办法》，2011 年 3 月 25 日公布。其中特别增加了一项内容，将进口报纸、期刊分为限定发行范围和非限定发行范围的两类。限定发行范围的进口报纸、期刊、图书、电子出版物的种类，由新闻出版总署确定。

二、报刊的创办与登记制度

报刊的出版活动有广泛的社会影响，因此，国家必须要对其创办活动进行一定的管理和规制。

（一）报刊创办的制度

1. 主要的报刊出版制度

从全世界范围来看，不同国家，由于历史发展、文化观念、社会制度和国情等方面的不同，创办报刊的制度也不同。主要有以下四种报刊出版制度：

一是保证金制度，即向政府交纳一定数额的保证金以备违法时受罚所用；

二是审查批准制度（许可证），即向政府提出申请，经批准登记、取得许可证（执照）方可创办，未经许可，不得擅自出版；

三是注册登记制，即向政府注册即可创办而无须批准；

四是无须登记的追惩制，但需在报刊上刊登发行人的姓名、地址等，以备查找。[2]

我国创办报刊实行的是审查批准制度，即许可制。申请出版发行的单位应具备一定的条件。

2. 我国报刊创办的审批机构

在我国，创办报刊的审批机构是新闻出版总署。2013 年 3 月，我国进行大部制改革，国务院将新闻出版总署、广电总局的职责整合，组建国家新闻出版广播电影电视总局。现由国家新闻出版广播电影电视总局对报刊的创办进行审批。

新闻出版总署的成立，可追溯到 1987 年，当年在全国开展报纸、期刊的整顿工作，对报纸、期刊重新登记注册，统一归口到新闻出版总署审批。它的职责包括：起草法律、法令和规章制度，经审定颁发后组织实施；制定关于新闻、出版管理的方针；进行新闻检查、制定并组织实施新闻、出版事业发展规划，对申请新建图书馆、出版社，创办报纸和期刊进行审批；会同有关部门管理图书、报纸、期刊市场，取缔

〔2〕 魏永征：《新闻传播法教程》，中国人民大学出版社 2002 年版，第 217 页。

非法出版活动;管理图书报刊的印刷和物资供应;归口管理新闻、出版方面的对外交流、合作和贸易等。

整合后的国家新闻出版广播电影电视总局的主要职责是:统筹规划新闻出版、广播电影电视事业产业发展,监督管理新闻出版、广播影视机构和业务,以及出版物、广播影视节目的内容和质量,负责著作权管理等。

审批批准制度可以确保报刊遵循我国《宪法》规定的"为人民服务,为社会主义服务"的基本方针,根据社会发展规划对新闻事业的发展规模进行宏观控制,使新闻事业的发展与国家的经济、文化发展水平相适应,形成多专业、多层次、门类齐全、布局合理、能够满足人民群众多方面需要的报刊体系,保证和不断提高新闻传播和新闻宣传的质量。

(二)创办报刊的条件

1.《出版管理条例》的规定

《出版管理条例》第11条对设立出版单位,作了如下规定:

(1)有出版单位的名称、章程;

(2)有符合国务院出版行政部门认定的主办单位及其主管机关;

(3)有确定的业务范围;

(4)有30万元以上的注册资本和固定的工作场所;

(5)有适应业务范围需要的组织机构和符合国家规定的资格条件的编辑出版专业人员;

(6)法律、行政法规规定的其他条件;

(7)还应当符合国家关于出版单位总量、结构、布局的规划。

2.《报纸出版管理规定》的规定

《报纸出版管理规定》对报纸出版单位的创立,作了进一步的细化,根据《报纸出版管理规定》第8条要求,创办报纸、设立报纸出版单位,必须符合国家对报纸及报纸出版单位总量、结构、布局的规划,同时还应当具备下列条件:

(1)有确定的、不与已有报纸重复的名称;

(2)有报纸出版单位的名称、章程;

(3)有符合新闻出版总署(现为国家新闻出版广播电影电视总局)认定条件的主管、主办单位;

(4)有确定的报纸出版业务范围;

(5)有30万元以上的注册资本;

(6)有适应业务范围需要的组织机构和符合国家规定资格条件的新闻采编专业人员;

(7)有与主办单位在同一行政区域的固定的工作场所;

(8)有符合规定的法定代表人或者主要负责人,该法定代表人或者主要负责人必须是在境内长久居住的中国公民；

(9)法律、行政法规规定的其他条件。

3. 报刊创办条件解析

解读以上《出版管理条例》、《报纸出版管理规定》，以及其他规范性文件的内容，在我国创办报刊出版单位的条件有以下三个方面：

(1)政治条件。

在中国报刊发行体制变迁史上，政治制度和政治路线的变革是引发报刊发行体制变迁的主要原因，政治制度和政治路线是引领和规范报刊发行体制变革的决定性力量。[3] 因此，我国的报刊创办工作必须接受党的领导，贯彻党的路线，坚持为人民服务、为社会主义服务的出版方针。要确保新闻工作的社会主义方向，指导思想就必须符合《宪法》所规定的"为人民服务、为社会主义服务"的基本方针以及党和国家对新闻出版活动的一系列基本原则。

(2)物质条件。

一方面，报纸、期刊是传媒集团发行的主要产品，经受着市场的激荡；另一方面，报刊是党、政府和人民的耳目喉舌，是社会主义的舆论阵地。物质条件不仅应包括资金、办公场所和印刷手段等"看得见"的手段，还应确保创办报刊有充分的资金条件。

(3)组织条件。

创办报刊首先必须有确定的、能切实负责的主办单位和主管部门(单位)。"主办单位"是申请创办报刊的单位、报刊的上级领导部门，"主管单位"是主办单位的上级主管部门。

其次还应囊括人才、管理等一些"软件"，创办报刊要有一批合格的新闻采编人员及其管理人才。如新闻出版署2009年出台的《关于规范报纸期刊主要负责人任职资格的通知》，规定报纸期刊的主管主办单位要按照《出版管理条例》、《报纸出版管理规定》、《关于报刊社社长总编辑(主编)任职条件的暂行规定》等法规、规章的要求，报纸期刊出版单位领导班子必须由政治坚定、作风正派、熟悉报纸期刊业务的在职人员组成。报纸期刊出版单位的主要负责人，对报纸期刊内容质量和经营行为负有直接责任，应具有较高的马克思主义理论修养和政策水平，有强烈的事业心和高度的责任感，有积极的开拓精神和良好的职业道德，还应熟悉新闻出版工作方针政策、相关法律法规，熟悉报纸期刊编辑出版及经营管理业务，具有国家规定的新闻出版专业技术资格。

(三)报刊创办的审批程序

按照我国《出版管理条例》、《报纸出版管理规定》和《期刊出版管理规定》的

---

[3] 武志勇："中国报刊发行体制变迁的历史轨迹与基本规律"，载《现代传播》2011年第1期。

规定,创办报刊的申请程序主要可归纳为“申请—批准—登记”三个步骤。

1. 第一步:申请

创办报刊首先需要准备相关的提交材料,按要求填写《报纸出版申请表》或是《期刊出版申请表》;主办单位、主管单位提供有关资质证明材料;拟出任报刊出版单位法定代表人或者是主要负责人的简历、身份证明文件以及国家部门颁发的职业资格证书;新闻采编人员的从业资格证书;报刊出版单位的章程;报刊出版单位办报资金数额以及来源的相关证明文件;办公场所使用证明;报刊出版可行性报告。

2. 第二步:批准

申请创办报刊,应当经过主管单位同意后,由主办单位向所在省、自治区、直辖市新闻出版行政部门审核后,转报国务院出版行政主管部门审批。需特别指出的是,中央在京单位创办报刊设立报刊出版单位,经主管单位同意后,由主办单位转报国务院出版行政主管部门审批。中国人民解放军和中国人民武装警察部队系统创办报刊并设立报纸出版单位,由中国人民解放军总政治部、宣传部、新闻出版局审核同意后报国务院出版行政主管部门审批。

国务院出版行政主管部门自收到创办报刊、设立报刊出版单位申请之日起60日内,作出批准或者不批准的决定,然后直接或者由省、自治区、直辖市新闻出版部门书面通知主办单位;如不批准,应当说明理由。

3. 第三步:登记

在得到批准后,主办单位应持批准文件向所在省级新闻出版局办理登记注册手续,领取并填写报纸或期刊申请登记表,领取出版许可证(“报刊登记证”),在编入“国内统一刊号”后,方可出版。同时,还需要向当地工商管理部门领取营业执照。

三、报刊的主办单位

报刊的主办单位是指报刊的创办者,报刊创办时的申请者和报刊社的上级领导部门。报刊必须有主办单位,这是我国新闻事业的一项独特制度。根据《出版管理条例》第12条的规定和报纸、期刊管理的两个规定:设立出版单位,由其主办单位向所在地省、自治区、直辖市人民政府出版行政部门提出申请;省、自治区、直辖市人民政府出版行政部门审核同意后,报国务院出版行政主管部门审批。可见,是否得到主办单位的同意是申请创办报刊的前提条件和必经程序。

(一)主办单位的权限和职责

报刊主办单位的权限和职责由《关于出版单位的主办单位和主管单位职责的暂行规定》等有关规章赋予。

第一,在报纸内容方面,主办单位必须领导、监督所办的报刊符合党和国家规定的正确方向;报刊的重要宣传,报道、选题计划和重要稿件(包括评论、报道等)

发表，要经主办单位审核批准；主办单位决定报刊的发行与不发行；报刊发生严重错误和重大问题，由主办单位承担直接领导责任。

第二，在经济责任方面，主办单位要为报刊社筹集和提供必要的资金设备，是报刊社的出资者；报刊社取得企业法人或事业单位法人资格，对本报刊社的国有资产享有经营自主权；主办单位对报刊社的经营活动进行监督和定期审计，确保报刊社财产的保值增值；但报刊社的主办单位同通常的出资者不同的是，报刊社如发生政策性亏损，主办单位应给予补贴或其他方式的补偿。

第三，在人事方面，主办单位审核报刊社内部机构的设置，考核并提出报刊社负责人的建议，报主管单位批准；其中报刊社的主要负责人亦即法人代表必须由主办单位所属的在职人员担任，禁止把报刊交给非主办单位人员“承包”。此外，如果报刊停办，主办单位应承担资产清算、人员安置等善后工作。

（二）主办单位与其所办报刊的关系

1. 主办单位与其所办报刊社具备两个“一致”的关系

主办单位与其所办报刊社的两个“一致”关系体现在：

（1）主办单位的业务范围与所办报刊的专业分工范围一致，如从事经济工作的单位只许主办经济类报刊，从事政法工作的单位只许主办政法类报刊等；

（2）主办单位的所在地与所办报刊所在地一致，即两者应在同一城市或同一行政区域。

2. 主管单位、主办单位与报刊之间是领导与被领导的关系

如果某家报刊同主办单位的关系不规范，主办单位没有承担职责或正式表示不承担职责，就意味着这家报刊丧失了存在的合法条件。

如果某家报刊主办单位决定不再履行职责，应报告主管单位和出版行政主管部门，主管单位代行主办职责，并在两个月内指定该报刊新的适当的主办单位或决定停刊，逾期则由出版行政主管部门注销登记。

参阅资料：

报刊主管主办单位要履行职责加强监管

中国新闻出版报 2009年2月26日

本报讯（记者曹亚宁 牛春颖 晋雅芬）为进一步加强和改进中央报刊出版管理工作，推动报刊深化改革、科学发展，为建设社会主义和谐社会营造良好的文化环境和舆论氛围，2月25日下午，新闻出版总署在京召开中央报刊主管单位工作会议。新闻出版总署副署长李东东出席会议并讲话。

李东东在讲话中指出，2009年是我国新闻出版领域改革发展管理的攻坚年，

要统一思想，正确研判报刊工作在我国改革开放不断深化和全面建设小康社会进程中面临的严峻形势，清醒认识、准确把握2009年中央报刊出版工作面对的复杂舆情和艰巨任务。

在谈到当前中央报刊出版工作面临的严峻形势时，李东东指出，在维护和谐稳定大局，满足人民群众精神文化需求的新形势下，中央报刊面临着管理的突出问题和发展的薄弱环节。2008年，新闻出版行政部门共受理基层群众反映和管理部门发现的报刊违法违规案件780件，其中涉及中央报刊出版单位162件。比较突出的问题主要集中在3个方面：记者和记者站违规问题仍然突出，违规投诉占中央单位违法违规案件总量的40%以上；违规出版行为严重扰乱出版秩序；报刊内容问题造成不良社会影响，严重失实报道和虚假新闻呈上升趋势，对敏感问题、突发及群体性事件报道存在炒作倾向，虚假违法广告屡禁不止。

李东东表示，这些问题出现的根源在于当前中央报刊管理工作面临着与新形势、新要求不相适应的薄弱环节和深层次矛盾。一是报刊主管主办单位不能切实履行职责。报刊出版单位与主管单位形成事实上的挂靠关系，主管单位对于导向、班子、队伍、资产的管理流于形式。二是中央报刊出版单位领导班子建设亟待加强。主管单位对所属报刊领导班子管理薄弱，甚至违反国家有关规定，任命不具备岗位任职资格的人员、党政部门工作人员和离退休人员违规担任报刊出版单位负责人。三是新闻采编队伍建设亟待加强。

报刊出版单位人员管理制度不健全、用工制度不规范，违反管理规定聘用不具备新闻出版从业资格的人员，甚至有过不良从业记录的人员从事新闻采编工作，队伍整体素质不高。四是中央报刊业做强做大面临着自身发展的障碍。市场主体不明确，功能定位不清晰，产业规模小、集中度低、出版质量不高、自我生存发展能力差的小、散、滥问题长期存在。

在谈到2009年的工作部署时，李东东指出，中央报刊主管单位深入贯彻落实中央文件精神，切实履行好党和国家赋予的管理职责，全面强化行之有效的工作措施，建立制度，形成机制，不断改进和加强对所属报刊的管理，需要坚持抓好4项重点工作。即抓好管理，服务大局，坚持正确舆论导向，提高舆论引导能力；抓好审读，形成制度，服务行业管理，发挥监管实效；抓好班子，管好队伍，落实责任追究制度，规范新闻采编秩序；抓好改革，培育主体，破解体制机制障碍，提高发展能力水平。

关于抓好管理，李东东指出，中央报刊主管单位要采取有效措施，建章立制，做到内容管理关口前移，把握导向监管主动权。要切实完善舆情预警机制，主动分析排查所属报刊存在的舆论导向安全隐患，切实完善防范措施，及时妥善处理倾向性、苗头性问题；要建立完备的制度，形成有效的机制，增强舆论导向引导的针对性；要监督所属报刊严格遵守办报办刊宗旨，审核重要的宣传报道，防止在内容方面发生重大问题；要坚决纠正以负面报道和炒作突发、群体事件获取经济利益甚至进行新闻敲诈的各类严重违反新闻出版法律法规的行为，防止形成舆论隐患；要督促报刊社加强对所办网站和网上论坛的管理，防止散布、传播谣言和各种错误言论，影响社会稳定；要求报刊在刊发涉及重大革命和重大历史题材的作品，报道涉及灾情疫情、交通事故、安全生产、刑事案件等重大、敏感和突发事件时，要遵守有关法律和规定；要求报刊出版单位建立和完善采访、编辑、刊发等内部管理制度，不得刊发、转载未经核实的社会自由来稿和互联网信息，不得转载、摘编内部发行出版物的内容，最大限度地防止负面信息的产生和传播，避免错误言论干扰工作大局。

关于抓好改革，李东东指出，2009年是总署确定的新闻出版改革发展攻坚年。报刊领域改革在新闻出版体制改革中所占比重较大、情况复杂、任务艰巨，是新闻出版业改革攻坚的重点和难点。中央报刊主管单位要增强深化改革的积极性、主动性和创造性，按照新闻出版体制改革工作的统一部署，积极推进所属报刊深化改革。

会议由新闻出版总署新闻报刊司司长王国庆主持，中宣部出版局局长张小影出席会议并讲话，北京市新闻出版局副局长孙瑛就北京市今年报刊年度核验工作作了说明，新闻出版总署新闻报刊司副司长张泽青、朱伟峰以及百余家中央报刊主管单位代表与会。

（中国新闻出版报网）

四、对报刊的监督与管理

报刊创办以后，不仅要严格遵守各项法律法规的规定，而且要置于出版行政主管部门的监督管理之下。

《出版管理条例》（以下简称《条例》）第6条的规定，国务院出版行政主管部门负责全国出版活动的监督管理工作。国务院其他有关部门按照国务院规定的职责分工，负责有关的出版活动的监督管理工作。

（一）报刊方向、宗旨管理

《条例》第3条规定，出版活动必须坚持为人民服务、为社会主义服务的方向，坚持以马克思列宁主义、毛泽东思想、邓小平理论和“三个代表”重要思想为指导，贯彻落实科学发展观，传播和积累有益于提高民族素质、有益于经济发展和社会进步的科学技术和文化知识，弘扬民族优秀文化，促进国际文化交流，丰富和提高人民的精神生活。《报纸出版管理规定》、《期刊出版管理规定》（以下简称报刊两个“管理规定”），也有同样的规定。这是一切出版物包括报刊都必须遵循的指导方针和基本任务，也是报刊管理的基本点。

在报刊的管理中，要求合法出版的报刊必须遵循依法登记的既定办报刊宗旨、编辑方针和专业分工范围展开工作。

《条例》第17条规定:出版单位变更名称、主办单位或者其主管机关、业务范围、资本结构,合并或者分立,设立分支机构,出版新的报纸、期刊,或者报纸、期刊变更名称的,应当依照本条例第12条、第13条的规定办理审批手续。出版单位属于事业单位法人的,还应当持批准文件到事业单位登记管理机关办理相应的登记手续;属于企业法人的,还应当持批准文件到工商行政管理部门办理相应的登记手续。

《条例》第20条规定:图书出版社、音像出版社和电子出版物出版社的年度出版计划及涉及国家安全、社会安定等方面的重大选题,应当经所在地省、自治区、直辖市人民政府出版行政主管部门审核后报国务院出版行政主管部门备案;涉及重大选题,未在出版前备案的出版物,不得出版。具体办法由国务院出版行政主管部门制定。期刊社的重大选题,应当依照前款规定办理备案手续。

(二)报刊登记、内容、刊号管理

1. 报刊登记管理

报刊属于连续出版物,在履行法定登记注册手续取得合法出版权利之后,在出版过程中自始至终必须遵守所有登记事项,不得任意变更。按照《条例》和报刊两个"管理规定",有关登记事项必须在出版的每期报刊上标明。报纸在出版时须在每期固定位置标出:报纸名称,报纸出版单位、主办单位、主管单位名称,国内统一连续出版刊号,总编辑(社长)姓名,出版日期、总期号、版数、版序,报纸出版单位地址、电话、邮政编码,报纸定价(号外须注明"免费赠阅"字样),印刷单位名称、地址,广告经营许可证号,国家规定的涉及公共利益或者行业标准的其他标识。期刊的名称和年、月、期、卷等顺序编号应当在封面的明显位置刊载,并且不得以总期号代替年、月、期号,其他记录应印在封底或版权页上。

在以下两种情况下,报刊的登记事项需进行变更:

第一,重大事项的改变。

按《条例》第17条和报刊两个"管理规定"的规定,出版单位变更名称、合并或者分立、出版新的报刊,报刊改变名称、主办单位、主管单位、刊期、业务范围(包括宗旨、文种),都应当按照创办报刊的报批程序办理审批手续,即由主办单位向所在地省级出版行政主管部门提出申请,经审核同意后,转报国务院出版行政主管部门审批。

第二,除以上诸项之外的其他事项的变更。

如报纸变更开版,报刊社应当经主办单位和主管单位同意后,报所在地省级出版行政主管部门批准,并报国务院出版行政主管部门备案。

2. 报刊内容管理

报刊两个"管理规定"明确规定报刊不得刊载法律禁止内容,报刊出版实行编辑责任制度，保障刊载的内容合法；报刊转载、摘编互联网上的内容，必须按照有关规定对其内容进行核实，明显位置标明下载文件网址、下载日期等；期刊出版实行重大选题备案制度；报纸发表新闻报道必须登载作者真实姓名；等等。

3. 报刊刊号管理

无论是报纸还是期刊，一个刊号只能对应出版一种报纸或期刊，不能用同一个刊号出版不同的报纸或期刊。同一种报纸不得以不同开版出版。报纸的所有版页应作为一个整体出版发行，部分版页不得单独发行，报纸出版地方版、少数民族文字版、外文版等，须按创办新的报纸办理审批手续。期刊出版不同的版本，也须按创办新期刊办理审批手续。报纸可以出版增期，应按变更刊期办理审批手续。增期应随主报发行，开版、文种、发行范围和印数应与主报一致。报纸因重大事件可以出版号外，号外必须注明，连续出版不得超过 3 天，并在出版后 15 日内向所在地省级出版行政主管部门备案。期刊出版增刊，每年每种期刊可以出版两期，期刊增刊应当经主管单位审核后，报所在地省级出版行政主管部门审批，取得一次性增刊许可证〔4〕。增刊的业务范围等必须同正刊一致。

4. 其他事项

报纸休刊 10 天以上和期刊休刊，须向当地省级出版行政主管部门备案。报纸休刊不得超过 180 日，期刊休刊不得超过一年，超过时限许可证将被撤销，由主办单位向所在地省级出版行政主管部门注销登记，并向国务院出版行政主管部门备案。

报纸和期刊的出版许可证都不许转借、转让、出租和出卖，报刊出版单位的名称、报刊的名称、刊号和版面也不许转让、出租和出卖。

（三）报刊出版事后审读制度

审读制度是新闻出版管理部门为了解报刊内容，掌握动态，对报刊进行经常性监督管理的重要手段。新闻出版总署曾就此下达多个通知。在报刊两个“管理规定”中，分别规定了报刊出版管理实行报纸、期刊出版事后审读制度。

新闻出版总署（现为国家新闻出版广播电影电视总局）负责全国的报纸、期刊的审读工作，设立报纸和期刊的审读小组，审读员可以专职和兼职相结合。报刊司负责指导全国新闻出版系统的报刊审读。

地方各级出版行政主管部门负责对本行政区域内出版的报纸、期刊进行审读，也要设立审读小组。报刊处具体负责指导本地报刊的审读工作，并指定专人负责。

各报刊的主管单位对其主管的报刊进行审读，定期向所在地出版行政主管部门报送审读报告。

---

〔4〕 期刊出版增刊审批、变更登记的审批，在《出版管理条例》中没有规定，由《国务院对确需保留的行政审批项目设定行政许可的决定》第 325 项、第 326 项规定。

要求审读特别注意的问题是:否定马列主义、毛泽东思想、邓小平理论指导地位的;违背党的路线、方针、政策的;泄露国家机密,危害国家安全,损害国家利益的;违反民族、宗教政策,危害民族团结,影响社会稳定的;宣扬凶杀、暴力、色情、迷信和伪科学的;传播谣言,编发假新闻的;违反报刊出版管理法规和规定的。以上内容不能在报刊中出现。

审读结果要出"审读简报"。各省出版行政主管部门每月要向国务院出版行政主管部门报送一次本地区报刊审读的综合情况。对审读中发现的重大政治错误、重大版面事故以及易产生重大社会影响的问题等,各报刊社要立即向省委宣传部、省出版行政主管部门、主管部门和主办单位报告;各省出版行政主管部门要立即向国务院出版行政主管部门报告。不报或者迟报造成后果的,要追究责任。

(四)报刊出版质量评估制度

出版质量评估制度是指报刊出版质量未达到规定标准或者不能维持正常出版活动的,由新闻出版总署(现为国家新闻出版广播电影电视总局)撤销出版许可证,并由所在地省、自治区、直辖市出版行政主管部门注销登记。

《条例》明确规定必须保证出版物的质量。报刊两个"管理规定"也规定了实行报纸、期刊出版质量评估制度。近年来,新闻出版工作由以规模数量增长为主向质量效益提高为主转移,质量问题得到管理部门的高度重视。报刊质量包括政治质量、信息质量、文化质量和编校印装质量等。1995 年新闻出版总署制定了《报纸质量管理标准(试行)》及"细则"和《社会科学期刊质量管理标准(试行)》及"评估办法"。报纸出版质量标准,被分为六个方面,并以百分制进行评定,即办报方针、宗旨、舆论导向(30 分),是否依法出版(20 分),版面综合质量(包括真实性、稿件质量、版面容量、标题、栏目设置、文字校对、印刷质量,共 30 分),广告质量(10 分),社会信誉质量(10 分)。此外,还规定了发行质量。出版质量标准达不到 60 分的,即视为不合格报纸,应予停办。发行质量是指报纸出版两年后必须达到的最低发行量,如省、地、县三级党委机关报分别为 10 万份、3 万份、1 万份,中央、国务院各部委报纸 3 万份,省及省以下专业报 2 万份,晚报 5 万份等。对未达到最低发行量的报纸,均判定为质量不合格报纸,应限期观察,或劝其停办。这项管理标准是新闻出版管理部门实现管理目标的转移,即从以"遵规守法"为目标的行政规范管理转向以"达标上等"为目标的质量规范管理的积极尝试,对促进报刊的质量曾起到一定作用。但对精神产品量化管理的办法还不够成熟完善,各项评分标准是否恰当也还有待于总结改进。2011 年 1 月 1 日新闻出版总署开始施行《报纸期刊出版质量综合评估办法》,对以上评估制度进一步补充、完善。

(五)违纪违规报刊警告制度

违纪违规报刊警告制度,是根据《出版管理条例》的规定,为强化对报刊出版特别是小报、小刊出版的宏观管理而采取的一项重要措施。中共中央宣传部和新闻出版总署于2000年联合发布《关于建立违纪报刊警告制度的意见》和实施细则。规定:报纸刊载虚假或者失实报道,期刊刊载内容不真实、不公正,损害公共利益的,新闻出版总署或者省、自治区、直辖市新闻出版行政部门可以责令该报刊出版单位更正。

党委宣传部和新闻出版行政部门提出警告的报刊违纪违规问题有:

1. 否定马列主义、毛泽东思想、邓小平理论的指导地位,造成恶劣的社会影响;

2. 违背党的路线、方针、政策,出现严重的政治错误;

3. 泄露国家秘密,危害国家安全,损害国家利益;

4. 违反民族、宗教政策,危害民族团结,影响社会安定;

5. 宣扬凶杀、暴力、色情、迷信和伪科学,思想导向错误;

6. 传播谣言,编发假新闻,干扰工作大局;

7. 党委宣传部门和新闻传播管理部门认定的其他严重错误。

按照分级管理的原则,中宣部负责对中央级报刊新闻宣传工作的管理,对出现违纪违规问题的中央级报刊提出警告意见,由国务院出版行政主管部门发出"警告通知书",抄送该报刊的主管、主办单位,并向中宣部备案。各省、自治区、直辖市党委宣传部负责对本地报刊,包括中央国家机关和中央级媒体在本地所办报刊的新闻宣传管理工作,对出现的违纪违规问题提出警告意见,由当地出版行政主管部门发出"警告通知书",抄送该报刊的主管、主办单位,并向中宣部、国务院出版行政主管部门和当地单位宣传部备案。

"警告通知书"发出后,受到警告的报刊的主管、主办单位要作出书面检讨,并对造成错误的报刊负责人和责任人给予相应的处分。检讨和处理意见要在收到通知书10天内报送党委宣传部和出版行政主管部门。

对一年内受到三次警告的报刊,由国务院出版行政主管部门给予停业整顿的行政处罚。该报刊的主管部门要撤换报刊的总编辑或社长,给予责任人必要的行政处分。违纪违规报刊停业整顿结束后,如再发生违纪违规问题,出现严重导向错误,由国务院出版行政主管部门撤销该报刊的刊号。

(六)报刊出版年度核验

年度核验,又称年检,是新闻出版管理部门对报刊进行阶段性监督管理的方法。根据《出版管理条例》、《报纸出版管理规定》、《期刊出版管理规定》和《报纸期刊年度核验办法》的有关规定,一方面,新闻出版管理部门要加强对报刊的经常性检查和年度检查;另一方面,报刊社应按规定向管理部门提交自己业务活动的书面报告,包括年度的书面报告。在报刊两个"管理规定"中,对年度核验作出了具体规定。

年度核验的程序是:第一步,报纸、期刊出版单位提出年度自检报告,填写由国务院出版行政主管部门统一印制的年度核验表，经报纸主办单位、主管单位审核盖章后，连同样报或样刊，在规定时间内报所在地省级出版行政主管部门。第二步，省级出版行政主管部门对报刊出版单位自检报告、年度核验表等送检材料审核查验。第三步，经核验符合规定标准的，省级出版行政主管部门在出版许可证上加盖年度核验章，即为通过年度核验，可以继续从事报纸或期刊出版活动。第四步，省级出版行政主管部门自完成报纸出版年度核验工作后的30日内，向国务院出版行政主管部门提交报纸年度核验工作报告。

若有违法行为被查处后拒不改正或者没有明显整改效果的、出版质量长期达不到规定标准的、经营恶化已经资不抵债的、已经不具备出版报刊所规定的条件的，不予通过年度核验，由国务院出版行政主管部门撤销许可证，所在地省级出版行政主管部门注销登记。

若有正在限期停刊整顿的，经审核发现有违法情况应予处罚的，主管、主办单位未履行管理责任导致出版管理混乱的，或者存在其他违法嫌疑需要进一步核查的，由省级出版行政主管部门决定暂缓年度核验，缓验期满，重新办理。

第二节　对广播、电视的规范

一、中国广播电视管理体制的特点

广播电视行业作为现代社会的主要传媒工具，作为党、国家和人民文化宣传的喉舌，有它的特殊性，我国的广播电视管理体制也具有鲜明的中国特色。在管理上实行条块式管理，各地广电机构受国家广电主管部门和地方政府的双重领导。"条块结合，以块为主"，各地广电机构仍具有很强的地方性。

电台、电视台都是事业单位，有条件的要实行企业经营。这种体制被称为广播电视宣传工作、事业建设和行政管理"三位一体"体制。

广电管理部门行使以下职权：电台、电视台（包括有线电视台和教育电视台）的设立审批；广播电视传输覆盖网的规划、建设和管理；节目制作、播放、交流、交易和进出口活动的管理；卫星电视广播地面接收设施的安装使用和进出口管理；广播电视设施的保护等。

2013年3月22日，国家新闻出版广电总局正式挂牌，其主要职责是，统筹规划新闻出版广播电影电视事业产业发展，监督管理新闻出版广播影视机构和业务以及出版物、广播影视节目的内容和质量等。

近年来，在"堂管媒体"的基本原则下，广播电视行业不断尝试进行一些改革，如"二级体制"和"四级体制"的尝试，"制播分离"的实践等。

二、广播电台、电视台的设立

广播电台、电视台的设立有严格的要求，并且有严格的审批程序和制度保障。

（一）设台主体资格

广播电台、电视台（包括无线台和有线台）由县、不设区的市以上人民政府广播电视管理部门设立。县一级教育电视台由设区的市、自治州以上人民政府教育管理部门设立。

《广播电视管理条例》（以下简称《条例》，1997年9月1日颁布施行，2013年12月7日修订）规定：国家禁止设立外资经营、中外合资经营和中外合作经营的广播电台、电视台。县以下的乡镇可以申请设立广播电视站，机关部队团体企事业单位可以申请设立有线广播电视站。

（二）关于设台条件

在符合国家的广播电视建设规划和技术发展规划情况下，设立广播电台、电视台的条件包括：

（1）有符合国家规定的广播电视专业人员；

（2）有符合国家规定的广播电视技术设备；

（3）有必要的基本建设资金和稳定的资金保障；

（4）有必要的场所。

（三）审批筹建程序

广播电台、电视台的筹建由国务院广电行政部门实施统一规划、布局、审批。除中央电台、电视台由国务院广电行政部门设立外，地方设台，由达到设台主体层级的政府广电部门提出申请，经本级政府审查同意，逐级上报，经国务院广电行政部门审查批准方可筹建。

中央级的教育电视台由国务院教育行政部门设立，报国务院广电行政部门审查批准。地方级的教育电视台，由达到设台主体资格的广电部门提出申请，经本级政府审查同意，逐级上报，经国务院教育行政部门审核，国务院广电行政部门审查批准，方可筹建。

建成后还要经国务院广电行政部门审查合格，发放许可证，载明台名、台标、节目设置范围和节目套数等事项，电台电视台必须按此制作播放节目，不得擅自变更，并且不得出租、转让播出时段。

（四）《条例》的行政处罚条款

擅自设立广播电台、电视台的，由县以上广电部门予以取缔，没收其从事违法活动的设备，并处以投资总额1倍以上2倍以下的罚款。未经批准，擅自变更台名、台标、节目设置范围或者节目套数的，出租、转让时段的，由县以上规定部门责令停止违法活动，给予警告，没收违法所得，可以并处2万元以下罚款，情节严重的,由原批准机关吊销许可证。

三、广播电视节目制作、传播管理

近些年来,各级广播电视行政主管部门对广播、电视播出的秩序加大了法规化监督的力度。我国广播电视节目管理主要涉及禁播规定、审查规定、限制播放规定、转播规定、直播规定等。

(一)制作广播电视节目的审批

现在,国家新闻出版广播电影电视总局是主管广播电台、电视台、电影制片厂、电视剧制作单位的审批建立和撤销,以及网络传播音频视频等工作的国家行政机关。

制作广播电视节目的主体分为两类:一是广播电台、电视台;二是经省级以上广电部门批准设立的广播电视节目制作经营单位。

设立电视剧制作单位,还必须经国务院广播电视行政主管部门批准,取得电视剧制作许可证。

乡镇广播电视站不得自办电视节目。

(二)播放、传送广电节目的审批

未经批准,任何单位和个人不得擅自利用有线广播电视传输覆盖网播放节目。

广播电视节目的播出及转播业务只能由经国务院广播电视行政主管部门批准设立的广播电视播出机构、转播台、有线电视站等按各自职能开办。禁止其他任何单位在各种网络上设立广播电视播出前端或转播广播电视节目。在互联网等信息网络上向公众传播广播电影电视类节目,须报国务院广播电视行政主管部门批准,取得许可证,在许可证载明的业务范围内播出。

(三)节目审查

我国广播电视节目审查制度包括两种:

第一,播出机构审查。

广播电台、电视台对其播放的节目内容进行播前审查,重播重审。付费频道开办机构对付费频道的节目内容进行播前审查,重播重审,播出机构单设有编辑委员会。

第二,政府部门审查。

电视剧必须经过审查才能发行播放。国务院广播电视行政主管部门设立电视剧审查委员会和复审委员会,省级广电厅(局)设立审查机构,负责电视剧审查工作。审查机构应在收到送审材料30天内提出修改、删减意见或审查结论。审查通过的发给发行许可证;须修改的修改后再重新送审;不予通过的,审查机构应将理由书面通知送审单位。

对用于广播电台、电视台播出的境外电影、电视剧,由国务院广播电视行政主管部门进行审查批准;用于广播电台、电视台播出的境外其他节目,由国务院广播电视行政主管部门或其授权机构审查批准。

（四）转播规定

各级广播电台、电视台、转播台以及有线电视台（站）和有线广播台（站）都必须以专用频道完整转播中央人民广播电台、中央电视台的第一套节目。有条件的，还应转播中央台的其他节目。

有线电视台必须安排专用频道直接传送中央电视台、省级电视台和当地电视台的电视节目以及教育部办的节目。

（五）禁播规定

依据《广播电视管理条例》第32条的规定，以下节目内容不得制作、播放：

危害国家统一、主权和领土完整的，危害国家的安全、荣誉和利益的；煽动民族分裂、破坏民族团结的；泄露国家秘密的；诽谤、侮辱他人的；宣扬淫秽、迷信或者渲染暴力的；法律、行政法规规定禁止的其他内容。

具体来说，可以把广播电台、电视台禁播的内容分为以下几种：

首先，禁播含有违法内容的节目；

其次，不得播放没有取得合法制作经营许可证的单位制作的节目；

再次，不得播放未经批准的境外电影、电视剧和其他节目；

最后，不得擅自以卫星等方式进口、转播境外广电节目。

（六）限制播放规定

1. 涉案电视剧的限制播放

2004年4月19日国家广播电影电视总局下发了《关于加强涉案剧审查和播出管理的通知》规定，所有电视台的所有频道，包括上星频道和非上星频道，正在播出和准备播出的涉案题材的电视剧、电影、电视电影以及用真实再现手法表现案件的纪实电视专题节目，均安排在每晚23点以后播放，有特殊需要的需向总局专项报批。之后，广电总局对涉案剧的内容进行区分，典型涉案剧不允许进入卫视黄金档，至于属于司法普法法制宣传类的则不在限制范围内。

2. 境外节目的限制播放

《条例》规定，境外节目的引进与播放，需经国务院广电行政主管部门审查批准。

2004年我国《境外电视节目引进、播出管理规定》中指出，各电视频道，每天播出的境外电视剧，不得超过该频道当天影视剧总播出时间的25%，其中18:00～22:00不得超过中当天影视剧播出时间的15%；每天播出的其他境外电视节目，不得超过该频道当天播出时间的15%，未经广电总局批准，不得在黄金时段(19:00～22:00)播出境外影视剧。广告的比例，不得超过该套节目每天播出总量的15%，18:00～22:00不得超过12%。教育电视台应播放各类教育教学节目，不得播放与教学无关的电影电视片。2012年广电总局下发了《关于进一步加强和改进境外影视剧引进和播出管理的通知》，进一步对境外影视剧进行规范。2013年10月，国家新闻出版广电总局下发通知，对新引进境外版权模式节目的数量和播放时间进行限制，并对公益性节目、国产纪录片、国产动画片的播出时长、时段进行规定。

参阅资料：

广电总局出台"限唱令""好声音"称不影响播出

新华网　2013年7月25日

记者　赵　宇

13档选秀节目挤爆暑期荧屏，而这一火热的势头立马被淋上一桶冷水"降温"。昨日，来自新华网的消息称，国家新闻出版广电总局新闻发言人称由于今年全国歌唱选拔节目总量明显增多，为避免电视节目形态单一雷同，总局将对这类节目实施总量控制、分散播出的调控措施。

被称为"限唱令"的这一消息传出后，记者连线各大卫视及选秀节目组，有卫视宣称预备提交申请修改播出时间，有节目组表示一切服从广电总局安排，更有卫视玩起了消失，电话、短信始终处于无人回复的状态。

《中国好声音》：时间没影响，我们很朴实

"好声音从第一季开始就始终是在周五晚九点档播出的，目前我们并没有接到调整播出时间的通知"。好声音宣传总监陆伟表示节目播出不会受到影响。

此外，对于广电"力戒煽情作秀"的要求，陆伟并不担心，"我们从来不会虚假作秀，好声音节目里所有讲述的学员故事都是和他的音乐梦想、音乐经历相关的，与音乐无关的人生经历不会在节目中呈现。展现朴实、平凡而又充满人格魅力的中国人，展现梦想的力量，是我们节目的宗旨，我想这也是总局要求所有节目力戒煽情作秀的本意"。

《中国梦之声》：不会调时间，我们很节俭

同样表示尚未收到节目时间调整通知的还有梦之声，节目宣传总监周捷透露不会主动要求更改播出时间，因为节目已在该时间段形成了固定收视群体和良好口碑。"本周五我们将在北大召开——青春中国梦·梦之声研讨会，邀请北大、中传、华师、复旦的专家学者，总结梦之声的特色与风格，听取各方意见，做好以后的节目"。周捷还否认了梦之声铺张奢华的嫌疑，"节目一直是在闲置的体育场馆中录制的，投入比较合理"。

《快乐男声》：还在想对策，我们不回应

截至记者发稿，《快乐男声》节目组仍在开会商议对策。此前有消息称本周快男播出时间将提前到8时30分，昨日有圈内人士透露总局并未批准这一申请。

快男宣传人员透露还未接到总局通知，未来将按照广电总局统一部署来安排节目播出。对于节目是否存在炫目包装、煽情作秀的情况，该宣传人员并未回应。

《我的中国星》：我们会调整，选手很团结

周日中国星和梦之声播出时间重合度较高，宣传人员表示将在两方面调整节目以符合总局要求。内容上晋级赛已经录制完毕，积攒了大量选手生活比赛的素材，在后期剪辑时，节目会注意选手团结的细节，展现年轻人的朝气与活力。播出时间上中国星希望能与梦之声错开，让观众两档节目都看到。

《全能星战》：我们很危险，也许会延播

本将于8月2日晚10时播出的《全能星战》正在北京录制，如正常播出，将以一线明星阵容和好声音、快男逐鹿周五晚间档。然而根据总局要求，《全能星战》很有可能无法播出。截至记者发稿，节目组电话仍无人接听。

《梦想星搭档》：我们不播了

央视综合频道今年暑期也推出了一档大型原创歌唱公益类节目《梦想星搭档》，作为《梦想合唱团》升级版，旨在将歌手集结在一起，组队为公益梦想而战。节目本定于7月28日20时与观众见面，"限唱令"出台后，本周日计划播出的节目暂时不播了，具体播出时间待定。

（中新网）

参阅资料：

广电总局下发加强电视上星综合频道节目管理意见

新华社北京10月25日电

记者　白　瀛

广电总局近日下发《关于进一步加强电视上星综合频道节目管理的意见》，提出从2012年1月1日起，34个电视上星综合频道要提高新闻类节目播出量，同时对部分类型节目播出实施调控，以防止过度娱乐化和低俗倾向，满足广大观众多样化多层次高品位的收视需求。

意见重申，电视上星综合频道是以新闻宣传为主的综合频道，要扩大新闻、经济、文化、科教、少儿、纪录片等多种类型节目播出比例。意见提出，从2012年1月1日起，每个电视上星综合频道每日6:00至24:00新闻类节目不得少于2小时；18:00至23:30必须有两档以上自办新闻类节目，每档新闻节目时间不得少于30分钟；各电视上星综合频道还要开办一个弘扬中华民族传统美德和社会主义核心价值体系的思想道德建设栏目。据悉，从9月1日起，各频道已开始陆续推出思想道德建设栏目。

意见提出，对节目形态雷同、过多过滥的婚恋交友类、才艺竞秀类、情感故事类、游戏竞技类、综艺娱乐类、访谈脱口秀、真人秀等类型节目实行播出总量控制。每天19:30至22:00，全国电视上星综合频道播出上述类型节目总数控制在9档以内，每个电视上星综合频道每周播出上述类型节目总数不超过2档。每个电视上星综合频道每天19:30至22:00播出的上述类型节目时长不超过90分钟。广电总局还将对类型相近的节目进行结构调控，防止节目类型过度同质化。

意见要求各广播电视播出机构要坚持把社会效益放在首位，坚持社会效益和经济效益的有机统一，建立科学客观公正的节目综合评价体系。意见明确提出"三不"，即不得搞节目收视率排名，不得单纯以收视率搞末位淘汰制，不得单纯以收视率排名衡量播出机构和电视节目的优劣。

意见还在强化监管方面提出一系列要求。例如，各级广播电视行政管理部门要切实履行监管职责，建立完善各项制度，坚决做到依法依规管理，及时发现问题，果断严肃处理；各播出机构要落实节目三审制度，严格节目把关；电视上星综合频道节目的管理实行播出机构一把手责任制。意见明确要求，省级广播电视行政管理部门均须建立专门收听收看机构，并配备专业人员，重点跟踪检查广播电视过度娱乐化和低俗问题。意见规定，凡在节目中出现政治导向、价值取向、格调基调等方面的问题，视其性质和严重程度，对该节目分别采取批评、责令整改、警告、调整播出时间以致停播等措施。

此外，意见还对加强行业自律、支持社会监督、开展教育培训、表彰优秀节目、加强引进电视节目形态管理等提出了明确要求。

（中央政府门户网站）

（七）群众参与的直播节目审批管理

这类节目是指听众观众通过热线电话方式参与的直播节目，或者有听众、观众在现场参与的直播节目，或者现场转播有听众、观众参与的节目。根据《群众参与广播电视直播节目管理暂行办法》等相关规定，开设以上群众参与的直播节目，必须经过审批、备案。

如果开设群众参与直播节目必须具备以下条件：

(1)必须具备"延时装置"、"储存电话"等技术保障措施；

(2)具备较高政策水平、熟练掌握有关操作技能的相对固定的编播人员；

(3)电台电视台的导演、导播必须经过培训、持证上岗，电话编辑、节目监制等编播人员必须具有中级以上的专业技术职务；

(4)有比较完善的节目操作程序和管理规定，有处理不测情况的应对预案。

未经批准擅自开设直播节目，要责令其立即停止，并通报批评。发生政治性事故的，应当暂停节目，予以行政处罚，对负责人和责任人予以行政处分。

四、广播电视传输覆盖网和广播电视设施的管理

(一)广播电视传输覆盖网管理

广播电视传输覆盖网,包括广播电视发射台、转播台、差转台、收转台(站)、微波站、节目传送台(站)、广播电视卫星、卫星地球站、监测台(站)及有线电视传输覆盖网,还包括充分利用公用通信的网络资源,此外无线电频率资源的管理使用也列于覆盖管理范围。

《广播电视管理条例》规定,国务院广播电视行政主管部门对全国的广播电视传输覆盖网按照国家统一标准实行统一规划,并实行分级建设和开发。县级以上广电行政主管部门按照有关规定组建和管理本行政区域的广播电视传输覆盖网络。区域性的有线广播电视传输覆盖网,由县以上广电行政主管部门设立和管理。同一行政区域只能设立一个区域性有线广播电视传输覆盖网。未经批准,任何单位和个人不得擅自利用有线广播电视传输覆盖网播放节目。

在社会信息化大背景下,广播电视传输网是整个社会信息基础设置的重要组成部分,除以上规定外,《有线电视管理暂行办法》、《有线电视管理规定》、《无线电管理条例》、《有线广播电视传输覆盖网缆线安全防范管理办法》、《广播电视设备器材入网管理办法》等比较细化地规范了广播电视传输网的器材范围、设备购置、网络建设、光缆使用、网络分配等方面的内容,都要求有严格的审批和把关。

(二)广播电视设施管理

广播电视设施包括节目发射设施、节目传送设施和节目检测设施,是广播电视播放的物质基础。广播电视设施的安全有序地运行关系到国家重要的方针政策、国内外大事是否能够顺畅传播,也关系到受众知情权是否得到满足、公司财产的安全问题。所以我国法律对广播电视设施加以严格保护。

依据2000年公布的《广播电视设施保护条例规定》,任何单位和个人均有保护广播电视设施的义务,禁止任何单位和个人侵占、哄抢、私分、截留和破坏广播电视设施。《广播电视管理条例》中也有相关规定。

任何单位和个人对危害广播电视设施的行为,均有权制止并向有关部门报告。

我国刑法在危害公共安全罪中专门规定了破坏广播电视设施罪。根据《刑法》第124条规定:破坏广播电视设施、公用电信设施,危害公共安全的,处3年以上7年以下有期徒刑。造成严重后果的,处7年以上有期徒刑,并规定了过失犯罪的处罚。

(三)有线广播电视管理

有线电视台、有线电视站播放的电视节目必须符合有关法律法规和国家有关部门关于电视节目和录像制品的规定。严禁暴力、反动、淫秽以及妨害国家安全和社会安定的自制电视节目或者录像片,必须完整、及时接收、传送中央电视台和地方电视台的新闻和其他重要节目。

用于国防、公安、国家安全业务的有线电视系统，由中国人民解放军有关部门、公安部、国家安全部分别管理。

（四）卫星地面接收设施接收外国卫星传送电视节目管理

我国《卫星地面接收设施接收外国卫星传送电视节目管理办法》规定，国家对地面卫星接收设施实行审批制。境外卫星电视节目的接收范围限于三类：

（1）三星级或国家标准二级以上的涉外宾馆；

（2）专供外国人和港澳台人士办公或居住的公寓，可申请设置卫星地面接收设施，接收卫星传送的境外加扰娱乐节目；

（3）级别较高、规模较大的教育、科研、新闻、金融，经贸等确因业务工作需要的单位，可申请设置卫星地面接收设施，接收与本单位业务相关的、境外加扰专业节目。

个人不得安装和使用卫星地面接收设施。擅自安装的，由广电总局（现为国家新闻出版广播电影电视总局）没收其设施，对个人可以并处5000元以下的罚款，对单位可以并处5万元以下的罚款。

严禁将所接收的外国卫星传送的电视节目，在国内电视台、有线电视台、录像放映点、播放或者以其他方式进行传播。

第三节　对记者站与记者身份的规范

一、记者站的设立主体

记者站是新闻单位的派出机构，不具有法人资格。记者站仅限于依法从事与报刊社业务范围相一致的采访、组稿、通联等新闻业务活动，必须由持有新闻记者证的记者开展工作。

根据2009年7月颁布的《报刊记者站管理办法》，经国务院新闻出版管理机关批准设立并获得报纸、期刊出版许可证，同时有新闻采访业务的报刊出版单位，根据其新闻业务需要，可以申请设立记者站。

期刊设立记者站仅限于新闻性期刊，其他期刊和教学辅导类报纸、文摘类报纸、高等学校校报等不得设立记者站。

中央和国家机关各部门、各直属机构，各民主党派，全国性社团组织及其直属单位，国有大型企业等单位主管的报刊出版单位可以在省会城市、计划单列城市设立记者站。各省、自治区、直辖市党委机关报社和省级单位主管的报刊出版单位可以在本省、自治区所辖的地、市、州、盟或者本直辖市所辖的区、县设立记者站。各地、市、州、盟党委机关报社，可以在本地、市、州、盟所辖的市、县设立记者站。

报刊出版单位在符合规定的各区域只得设立一家记者站。

二、记者站的设立与管理

设立记者站有严格的审批程序和管理制度。

(一)记者站的设立

在符合各省、自治区、直辖市新闻出版行政部门对报刊记者站总量、结构、布局的规划的前提下,报刊出版单位设立记者站应当具备以下条件:

(1)确有新闻采访需要;

(2)报刊出版单位具备有效管理记者站的条件和能力,报刊出版单位及其已设立的记者站近两年内未出现违反新闻出版法规、规章的问题;

(3)记者站采编人员须为符合申领新闻记者证条件的报刊出版单位专职人员,记者站站长须具有中级以上职称并有5年以上新闻采编工作经历;

(4)记者站有固定的办公场所;

(5)记者站有报刊出版单位提供的维持日常工作的经费;

(6)法规、规章规定的其他条件。

报业集团、期刊集团或者拥有多家子报子刊的报刊出版单位可以以该集团或者报刊出版单位名义设站,其属下报刊不再单独设站。

报刊出版单位设立记者站先向新闻出版行政部门提交申请书和有关材料,经批准设立的记者站应持省、自治区、直辖市新闻出版行政部门的批准文件,于15日内到设站所在地新闻出版行政部门办理登记注册手续,填写记者站登记表,领取记者站登记证。

(二)记者站的管理

报刊出版单位一旦设立记者站,在登记后三个月内即派遣记者到记者站开展工作。驻站记者人数一般不超过5人,这些记者须为报刊出版单位正式在编人员或者与报刊出版单位签有劳动合同的专职人员,并持有新闻记者证。报刊记者站不得自行聘用工作人员从事新闻采访活动,未持有新闻记者证的人员不得在报刊记者站从事新闻采访活动。

记者站一律不得从事与新闻采访无关的其他活动,不得从事报刊发行、广告、拉赞助及其他形式的经营活动。记者站及其工作人员不得以新闻报道或者记者名义谋取不正当利益,不得有以新闻报道为名要求采访对象订报刊、做广告,或者以“曝光”相要挟向采访对象索取财物等行为。

报刊记者站不得设在党政机关,党政机关工作人员不得兼职报刊记者站工作。报社未经批准擅自设立记者站或者类似记者站的办事处、通联站、工作站等机构的,其他组织或者个人擅自设立记者站或者类似记者站的办事处、通联站、工作站等机构或者假冒、盗用记者站名义进行活动的,坚决予以取缔。

报刊记者站相关情况发生变更,报刊出版单位或报刊记者应在15日内持有关材料报所在地省、自治区、直辖市新闻出版行政部门备案、变更登记或者注销登记。

国务院新闻出版管理部门负责对全国报刊记者站进行监督管理，地方各级新闻出版行政部门负责对本行政区域内设立的报刊记者站进行监督管理。下一级新闻出版行政部门应定期向上一级新闻出版行政部门报告报刊记者站设立、变更及其监督管理情况。报刊记者站须接受新闻出版管理部门的指导、监督和管理，并按时向所在地新闻出版行政部门缴送样报样刊。

报刊记者站年度核验每年一次，由省、自治区、直辖市新闻出版行政部门统一组织。登记机关在年度核验中发现报刊记者站存在违法行为，应责令其立即改正；违法情节严重的，其年度核验不予通过。

报刊出版单位及其记者站、工作人员违反记者站管理规定的，新闻出版行政部门视其情节轻重，采取通报批评、责令公开检讨、责令改正、整改、警告、罚款、撤销等行政措施加以惩罚，如果构成犯罪的，依法追究刑事责任。

三、对记者身份的管理

（一）新闻记者证的发放

新闻记者证是我国新闻机构的新闻采编人员从事新闻采访活动使用的有效工作身份证件。

新闻记者证由国务院新闻出版管理部门统一编号，并加盖国家新闻出版广播电影电视总局印章、新闻记者证核发专用章、新闻记者证年度审核专用章和本新闻机构钢印方为有效。

要领取新闻记者证，必须同时具备下列条件：

（1）遵守国家法律、法规和新闻工作者职业道德；

（2）具备大学专科以上学历并获得国务院有关部门认定的新闻采编从业资格；

（3）在新闻机构编制内从事新闻采编工作的人员，或者经新闻机构正式聘用从事新闻采编岗位工作且具有一年以上新闻采编工作经历的人员。

以下人员不能申领记者证：新闻机构中党务、行政、后勤、经营、广告、工程技术等非采编岗位的工作人员；新闻机构以外的工作人员，包括为新闻单位提供稿件或者节目的通讯员、特约撰稿人，专职或兼职为新闻机构提供新闻信息的其他人员；教学辅导类报纸、高等学校校报工作人员以及没有新闻采访业务的期刊编辑人员；有不良从业记录的人员、被新闻出版行政部门吊销新闻记者证并在处罚期限内的人员或者受过刑事处罚的人员。

新闻采编人员从事新闻采访工作必须持有新闻记者证，并应在新闻采访中主动向采访对象出示。新闻记者证持有者从事新闻采访的合法权益受法律保护。

新闻机构应在其所属媒体上公布"全国新闻记者证管理及核验网络系统"的网址，方便社会公众查验新闻记者证，并接受监督。

"截至 2012 年 11 月 5 日，我国持有新闻记者证的新闻采编人员共 248101 人，其中报纸、期刊记者105942人，广播、电视、通讯社等媒体记者142159人。

从性别比例上看，男性记者140684人，女性记者为107417人，男女比例为57∶43。从学历上看，目前99%的新闻采编持证人员均具有大专以上学历。从年龄结构看，中青年记者占了绝大多数，其中21～30岁的记者31447人，占总人数的12.7%；31～40岁的记者97827人，占总人数的39.4%；41～50岁的记者81141人，占总人数的32.8%；51～60岁的共有34436人，占总人数的13.9%。”[5]

（二）假记者现象与问题

唐春成　漫画

这些年来，游荡在各地的假记者或者是涉嫌滥用记者新闻报道权的人很多，已经形成了一个独特的产业。他们凭借着模棱两可、似是而非的“记者”身份，四处游走，他们有着敏锐的嗅觉和对国家法律政策以及公众注意力的准确把握，“组团采访”进行敲诈，带来了极不好的社会影响，给记者的声誉带来了破坏。之所以假记者能够出现，一是有一些应该曝光而没有曝光的问题存在，给了假记者行骗的空间；二是有些被骗的部门和个人自身存在问题，害怕被曝光。

参阅资料：

中国青年报：假记者现象需从真问题开始解决

中国青年报　2011年11月30日

曾几何时，山西假记者的猖獗闻名全国。如今，和山西一样拥有丰富矿产资源的陕北，也成了假记者敲诈勒索的“重灾区”。许多假记者整天活动于陕北的矿区、乡村，屡屡敲诈得手。榆林市一个实行有效记者证免费放行政策的公路收费站负责人告诉记者，一天之内，被检查的17名记者中只有3名是真记者。记者发现，

[5]《中国记者队伍现状：持证采编人员近25万人》，http://news.sina.com.cn/m/2013-01-07/100625973954.shtml，最后访问日期：2014年4月29日。

这些假记者在陕北如鱼得水,很是“吃得开”,有的假记者竟能让警车开道,甚是威风。[《北京晨报(微博)》11 月 29 日]

假记者打着记者的幌子,四处寻找问题单位,以曝光、摆平相威胁,敲诈勒索,强拉广告,聚敛钱财,令人痛恨。对这些假记者施以重拳,严惩不贷,实在是太有必要了。但在笔者看来,如果只把炮口对准假记者猛轰,而不去寻找并解决假记者背后存在的真问题,那么假记者就会打而不绝。

假记者背后到底有哪些真问题呢?首先是许多单位自身存在着这样那样的问题,领导心中有鬼。“苍蝇不叮无缝的蛋”,要是这些单位不违法乱纪,不偷税漏税,不带病生产,假记者们还有机会下手吗?要是这些单位能正确对待问题,一旦被假记者盯上,能坦然承认错误,主动报告上级,迅速进行整改,不去遮遮掩掩,那又何惧假记者的敲诈勒索?

其次是一些真记者存在行为不检点的现象。假记者招摇撞骗为何如此轻车熟路,屡屡得手?还不是跟真记者学出来的,一些媒体的记者,利用“无冕之王”的身份,整日琢磨着如何赚钱,白手黑手全用上,富得流油,正是在他们的“示范”之下,假记者才越来越多,骗胆才越来越大,手段才越来越狠毒。

最后是执法部门的工作存在明显的疏漏。假记者惯用的“隐瞒不报”、“帮忙摆平”等敛财手段,无不以监管部门的工作不到位为前提,倘若监管部门能洞察入微,任何蛛丝马迹都逃脱不了,那问题单位还会心存侥幸,寄希望于假记者来替自己“消灾”吗?

如果不对“假记者”背后的这些“真问题”进行号脉、诊治,那么,漏洞面前,“假记者”就难以绝迹。

(新浪网)

参阅资料:

假记者的真面目(视频)

焦点访谈 2012 年 2 月 24 日 来源:央视网

四、对外国新闻机构和记者的管理

对外国新闻机构和记者的管理与对我国港、澳、台地区记者的管理分别有不同的法规。

（一）对外国记者和外国常驻新闻机构的管理

对外国记者和外国常驻新闻机构的管理主要按照1990年颁布的《外国记者和外国常驻新闻机构管理条例》和2008年修订颁布的《外国常驻新闻机构和外国记者采访条例》来管理。

外国常驻记者，是指派驻中国6个月以上的职业记者。外国短期采访记者，是指来中国6个月以内的职业记者。外国常驻新闻机构，是指外国新闻机构在中国境内设立，从事新闻采访报道业务并有1名或1名以上人员的分支机构。

外国新闻机构派驻常驻记者和新闻机构，实行申请批准注册制。先向外交部新闻司申请，并在抵达中国7日内办理注册手续，领取外国记者证或办理外国常驻新闻机构证。到北京以外地区的，到新闻司委托的地方人民政府外事办公室办理手续。

外国记者在中国境内采访，需征得被采访单位和个人的同意。采访时应当携带并出示外国常驻记者证或者短期采访记者签证，可以通过外事服务单位聘用中国公民从事辅助工作，外事服务单位由外交部或者外交部委托的地方人民政府外事部门指定。外国常驻新闻机构和外国记者因采访报道需要，在依法履行报批手续后，可以临时进口、设置和使用无线电通信设备。

外国记者和外国常驻新闻机构违反以上规定的，由新闻司视情节予以警告、暂停或停止其业务活动、吊销证件的处罚。违反中国其他法律、法规和规章规定的，依法进行处理。

（二）对港、澳记者到内地采访的管理

对港、澳记者到内地采访，按国务院港澳办2009年2月公布的《香港澳门记者在内地采访办法》进行管理。

1. 采访活动

香港和澳门记者必须是香港或者澳门居民，并在香港或者澳门依法注册的，香港或者澳门特区政府核准出版、发行、经营的时事类报纸、刊物以及电台、电视台、通讯社等新闻机构从事新闻报道工作的职业记者。

香港和澳门记者应当遵守国家法律、法规和规章，遵守新闻职业道德，客观、公正地进行采访报道，不得进行与其机构性质或者记者身份不符的活动。来内地采访前，需向中央人民政府驻香港特别行政区联络办公室或中央人民政府驻澳门特别行政区联络办公室领取由中华全国新闻工作者协会制发的港澳记者采访证。港澳记者可以通过有关部门指定的服务单位聘用内地居民从事辅助工作。因采访报道需要，在依法履行报批手续后，可以临时进口、设置和使用无线电通信设备。

2. 设立记者站

香港和澳门新闻机构可以依法在内地设立常驻记者站及派遣常驻记者，记者站的记者必须是香港和澳门居民。

（三）对台湾记者到大陆采访的管理

台湾记者到大陆采访的主要依据2008年11月的《台湾记者在祖国大陆采访办法》。

台湾记者来大陆采访，应当向主管部门授权的相关机构申请办理台湾居民来往大陆通行证签注手续。

获准在大陆驻点采访的台湾记者，可申请三个月以内的采访期限；如有需要，经批准可延长一次，期限不得超过三个月，驻点期间可多次往返。台湾记者在北京采访，要求延长采访期限的，向中华全国新闻工作者协会申请；在其他地区采访，要求延长采访期限的，向所在省、自治区、直辖市台办及深圳市、新疆生产建设兵团台办申请，并办理相关手续。

台湾记者在大陆采访，需征得被采访单位和个人的同意。采访时应当随身携带并出示主管部门委托签注机构、中华全国新闻工作者协会和相关省、自治区、直辖市台办及深圳市、新疆生产建设兵团台办代发的台湾记者采访证。并可以通过有关部门指定的服务单位聘用大陆居民从事辅助工作。台湾记者因采访报道需要，在依法履行报批手续后，可以临时进口、设置和使用无线电通信设备。

台湾记者应当遵守国家法律、法规和规章，遵守新闻职业道德，客观、公正地进行采访报道，不得进行与其机构性质或者记者身份不符的活动。

台湾新闻机构申请在大陆驻点采访，由国务院台办审批。台湾记者来北京驻点采访，向国务院台办申请；来大陆其他地区驻点采访，向相关省、自治区、直辖市台办及深圳市、新疆生产建设兵团台办申请。

（四）对港澳台人员参与广播电视节目制作的规范

港澳台人员参与广播电视节目制作主要的依据是国家广电总局1999年发出的《关于加强对聘请港澳台从业人员参与广播电视节目制作管理的通知》和2002年的《国家广电总局关于进一步加强港澳台从业人员参与广播电视节目制作管理的通知》。

《关于加强对聘请港澳台从业人员参与广播电视节目制作管理的通知》指出：广播电台、电视台、有线电视台及广播电视节目制作经营单位聘请港澳台从业人员担任主持人、导演、演员、编剧、摄影师等，参与广播节目、境内电视剧、电视综艺类节目及专题片的制作，须经各省、自治区、直辖市广播电视行政部门审核后报国家广电总局（现为国家新闻出版广播电影电视总局）审批。

1. 参与新闻、部分文艺、科教节目制作的规范

广播电台、电视台、有线电视台不得聘请港澳台人员主持包括新闻评论、新闻专题等在内的新闻类节目。一般不得聘请港澳台人员参与广播节目的制作。部分

文艺、科教类节目，如有特殊需要，确有必要聘请港、澳、台从业人员的，须事先报批。但要求：

第一，不得参与制作固定栏目和系列性播出的节目。

第二，不得单独主持节目；节目主持应以我方人员为主。

第三，不得参与主持直播节目。

2. 参与电视剧制作的规范

境内电视剧委托给港、澳、台电视制作机构或从业人员制作，如确有必要聘请港、澳、台从业人员参与境内电视剧拍摄的，须事先报批。但要求：

第一，一部境内电视剧中，港、澳、台从业人员担任导演、主要演员、编剧、摄像等主创人员的，不得超过五人。

第二，剧中男女主角不得同时由港、澳、台演员担任。

第三，港、澳、台演职人员每人受聘参与境内电视剧制作的次数，一年内不得超过两部。

第四，不得聘用港、澳、台从业人员担任监制、制片人（含执行制片、总制片人等）、出品人、顾问等职务。

3. 参与电视综艺节目制作的规范

一般不得聘请港、澳、台从业人员参与电视综艺类节目的制作。如某期节目有特殊需要，确有必要聘请港、澳、台从业人员的，须事先报批。但要求：

第一，聘请的港、澳、台从业人员人数，每次一般不得超过三人。

第二，不得由港、澳、台从业人员单独担任主持人；节目主持应以我方人员为主。

第三，节目一般应在室内演播厅进行，以录制的方式播出。

4. 参与系列性电视专题片制作的规范

一般不得聘请港、澳、台从业人员参与系列性的电视专题片的制作。

2002 年的《国家广电总局关于进一步加强港澳台从业人员参与广播电视节目制作管理的通知》进一步强化了对港澳台从业人员参与广播电视节目制作的监管。

确因需要聘请港澳台演艺人员参与节目制作的，应坚持以我为主的原则，注意节目的导向和格调。在制作中不得改变节目内容，不能办成港澳台演艺人员个人专场演唱会或商业性演出活动；严格遵守申报程序，如未获批准而先期制作的，将不予补办批准手续；有港澳台演艺人员参与制作，要在电视台、电台播放的文艺晚会或综艺节目，无论电视台、电台是否是主办单位，在录播前必须按规定向国务院广电行政部门进行申报；国务院广电行政部门将负责对节目进行监看，并及时向有关部门通报信息。

对违反规定的单位，一经查实，将根据违规、违纪情节予以警告、暂停聘用境外演艺人员参与节目制作资格、停办该栏目、全系统通报批评等方式进行处罚。

本章小结

1. 我国报刊规范的法律体系包括宪法、法律中与新闻出版的相关规定、行政法规、地方性法规、部门规章和地方政府规章等。
2. 我国创办报刊实行的是审查批准制度,即许可制。
3. 在我国创办报刊出版单位的条件需要有以下三个方面:政治条件、物质条件和组织条件。
4. 创办报刊的申请程序主要可归纳为“申请—批准—登记”三个步骤。
5. 审读制度是新闻出版管理部门了解报刊内容,掌握动态,对报刊进行经常性监督管理的重要手段。
6. 记者站是新闻单位的派出机构,不具有法人资格。记者站仅限于依法从事与报刊社业务范围相一致的采访、组稿、通联等新闻业务活动,必须由持有新闻记者证的记者开展工作。
7. 新闻记者证是我国新闻机构的新闻采编人员从事新闻采访活动使用的有效工作身份证件。

关键词

报刊　出版　审批　事后审读制度　质量评估制度　警告制度年度核验制度　广播电视　筹建　制作　传输覆盖网　设施　记者站　记者　记者证　假记者　外国记者　外国常驻新闻机构　港澳记者　内地采访　台湾记者　大陆采访

复习问题

1. 我国新闻传播媒体的创办实行批准登记制度的主要内容及意义。
2. 报纸出版秩序方面存在的较为突出的违法、违规现象有哪些?
3. 哪些广播电视节目是限制播放的?
4. 广播电台、电视台禁播的内容有哪些?
5. 对群众参与的直播节目,广播电台、电视台要有什么准备?
6. 外国记者在我国采访有什么限制性规定?
7. 港澳台记者来内地或大陆采访有哪些限制性要求?

思维训练

1. 2013 年 7 月 24 日,国家新闻出版广电总局发布消息,为避免电视节目形态单一雷同,总局将对歌唱选拔节目实施总量控制、分散播出的调控措施。请评价此“限歌令”。
2. 观察湖南卫视的《快乐大本营》节目,查阅我国的相关规定,分析其邀请港澳演艺人员参与节目制作有哪些限制。

第十章　对网络传播管理的规范

本章目的

近年来，网络技术的发展在方便人们生活的同时也引发了一系列社会问题。网络作为一种新的传播载体，在大众传播过程中扮演着重要的角色。对其进行相应的法律规范是保证网络出版等行为正常进行的前提。本章对目前互联网管理的法律制度进行梳理，着重介绍了互联网信息服务中新闻信息传播的相关管理规范。

通过本章的学习，学生能够掌握以下问题：

1. 网络著作权侵权行为通常的表现形式及构成要件
2. 我国互联网网络管理规范
3. 我国对互联网新闻业务的管理
4. 各国对互联网出版的法律规制

本章要点

1. 互联网网络管理

   A. 相关规范　　B. 著作权保护

2. 互联网域名管理

   A. 相关规范　　B. 注册　　C. 使用要求

3. 互联网安全管理

   A. 相关规范　　B. 网络实名制

4. 互联网新闻信息服务

   A. 三类新闻网站　　B. 设立条件　　C. 内容要求

5. 互联网传播视听节目

   A. 许可制度　　B. 内容管理　　C. 法律责任

6. 互联网出版管理

   A. 出版活动　　B. 国外相关法律制度

   C. 我国相关法律制度

第一节 我国互联网法律法规现状

在全球信息一体化的浪潮中，中国互联网的发展速度远远超过了过去任何一种媒体。中国互联网络信息中心（CNNIC）在京发布的第32次《中国互联网络发展状况统计报告》显示，截至2013年6月底，我国网民规模达到5.91亿，互联网普及率为44.1%。我国互联网在农村普及速度较快，半年期新增网民中农村网民占到54.4%。在新增加的网民中，使用手机上网的比例高达70.0%，高于使用其他设备上网的网民比例。[1]

高速增长的网民数量不断刺激着我国互联网络的发展，但随之而生的还有频发的网络侵害个人隐私以及传播不实信息等非法行为。我国互联网事业亟需一套完善的互联网法律制度来规范。实际上，互联网从诞生之日起，许多国际组织和国家都制定了多种网络法或准网络法。例如，世界知识产权组织1999年颁布的《关于网络域名程序的最后报告》，欧盟国家的《欧洲议会与欧盟理事会关于数据库法律保护的指令》，英国的《数据保护法》和《互联网络安全规则》，美国的《计算机安全法》、《数字千年版权法》、《反域名抢注消费者保护法》和新《电信法》。这些法律从保护个人隐私、保护知识产权、保护信息化系统的安全与制裁计算机犯罪、网络信息环境立法等不同的角度，对网络进行规范。[2]

依法建网、依法管网、依法用网是我国互联网事业发展的重要原则。近年来，中国高度重视互联网法律法规建设，先后颁布实施了《全国人大常委会关于互联网安全的决定》、《互联网新闻信息服务管理规定》等法律规范，为规范网上信息传播提供了有力的法律保障。互联网并不是单一的新闻媒体，对其开展规范工作涉及信息管理部门、新闻出版广播电视管理部门等多个部门，较为复杂。以下仅从互联网网络管理、互联网域名管理和互联网安全管理三个方面，介绍目前我国互联网法律法规的现状。

一、互联网网络管理规范

（一）目前主要互联网网络管理的规范

我国目前主要的互联网网络管理规范有：《信息网络传播权保护条例》、《中国互联网网络版权自律公约》、《关于网络游戏发展和管理的若干意见》、《互联网著

---

〔1〕《中国互联网络发展状况统计报告》，http://www.cnnic.net.cn/hlwfzyj/hlwxzbg/hlwtjbg/201301/t20130115_38508.htm，最后访问日期：2014年4月30日。

〔2〕雷润琴：《传播法——解决信息不对称及相关问题的法律》，北京大学出版社2005年版，第238页。

作权行政保护办法》、《互联网 IP 地址备案管理办法》、《非经营性互联网信息服务备案管理办法》、《最高人民法院、最高人民检察院关于办理利用互联网、移动通讯终端、声讯台制作、复制、出版、贩卖、传播淫秽电子信息刑事案件具体应用法律若干问题的解释》、《互联网药品信息服务管理办法》、《中国互联网行业自律公约》、《互联网站禁止传播淫秽、色情等不良信息自律规范》等。

以上规范主要是行政法规、部门规章,甚至包括行业规范和自律性规范,在立法上我国还需加强力度。

(二)互联网与著作权保护

网络作为人类知识的创新成果,在为人类带来便捷、迅速、丰富多彩的信息的同时,也对诸多传统领域带来了前所未有的挑战。其中首当其冲的是知识产权领域的著作权保护。传统著作权人希望将其对传统作品的权利自然延伸到互联网上,互联网上的既得权益者则希望互联网上的权益能够得到传统著作权的扩大保护。[3] 网络著作权问题主要集中在网络著作权法律责任的承担和侵权责任的认定、网络著作权保护及自办网站侵权行为等方面。

为应对网络对知识产权保护提出的挑战,我国修订了《著作权法》,制定了《计算机软件保护条例》、《互联网著作权行政保护办法》和《信息网络传播权保护条例》,最高人民法院出台了《关于审理涉及计算机网络著作权纠纷案件适用法律若干问题的解释》等。

以《关于审理涉及计算机网络著作权纠纷案件适用法律若干问题的解释》为例,其第 2 条明确规定,受著作权法保护的作品包括《著作权法》第 3 条规定的各类作品的数字化形式。即明确了作品的数字化形式仍属于著作权法的客体范围,从而为网络环境下的著作权保护打下了良好的基础。另外,由于网络环境下还存在大量同样具有独创性并能以某种有形形式复制的智力创作成果,如网页设计、数据库结构设计、数据库内容等均具备著作权法对作品所要求的基本要件,但因无法归类于《著作权法》第 3 条所规定的作品类型而无法对其实施司法保护。对此问题,该司法解释第 2 条也作出明确的规定,在网络环境下无法归于《著作权法》第 3 条列举的作品范围,但在文学、艺术和科学领域内具有独创性并能以某种有形形式复制的其他智力创作成果,人民法院应当予以保护。该司法解释结合网络环境下作品的特点扩大了著作权客体的范围,对网络环境下具有独创性并能以某种有形形式复制但未被《著作权法》第 3 条列举的作品形式同样予以著作权法保护。如 2011 年 4 月,西安的三家网吧因未经北京网尚文化传播有限公司允许私自下载播放电视剧,结果就吃了罚单并且被要求停止对北京网尚文化传播有限公司信息网

---

〔3〕 郭延斌、司顺奇、张晶:“网络环境下著作权保护相关法律问题研究”,载《河南商业高等专科学校》2004 年第 4 期。

络转播权的侵害。这就是对网络著作权保护的一次胜利。[4]

随着技术的进步,网络著作权侵权方式日益增多,从国外和国内实践中已经发生的实际情况来看,网络上的侵犯著作权的行为通常表现为以下几种形式:

(1)网络使用者或网络服务商在自己设立的网页、电子布告栏等板块中非法复制、传播、转贴他人享有著作权的作品;

(2)将在网络上传输的他人作品下载并复制成光盘,如将在学术网络上的电子布告栏中发表的文章,下载并刻录到随书附赠的光盘中,同杂志一并出卖,获取利润;

(3)行为人将他人享有著作权的文件上载到网络或从网络上下载进行非法使用;超越授权范围的使用共享软件,使用期满不进行注册而继续使用等;

(4)未经许可将他人作品的原件或复制品提供到网络上进行公众交易或传播,或者明知是侵害权利人著作权的复制品,仍然将其在网上散布;

(5)侵害网络作品著作人身权的行为,包括侵害作者的发表权、署名权和保护作品完整权等,如将电子邮件转贴到新闻论坛或 BBS 站上进行发表;整理编辑网络信息时,删除作者签名档案或在他人作品上签署自己的姓名;在网络上使用他人作品时,擅自进行修改、删节,侵害作者的修改权;

(6)擅自破解著作权人对作品所采取的技术措施,如对作品进行解密、对电子水印进行破坏,或专门生产和提供破解设备、技术以方便他人侵权等。[5]

对网络著作权侵权行为的认定,一般要看其是否同时具备以下四个要件:

第一,对著作权人享有权利的作品进行数字化传输的行为未获得著作权人的授权。网络传输是属于著作权人的专有权利,[6]未经授权是指行为人使用他人作品没有征得著作权人或邻接权人的同意,包括没有取得任何著作权使用许可、超越著作权许可使用范围。

第二,侵权行为人主观存在过错。我国《民法通则》第 106 条第 2 款规定,公民、法人由于过错侵害国家的、集体的财产,侵害他人财产、人身的,应当承担民事责任。因此,包括网络传输的著作权侵权行为在内的一切侵犯著作权的行为均适用过错责任原则。

第三,网络作品的著作权人权利受到侵害。因网络传输而侵犯他人著作权的,权利人受到的侵害主要是著作财产损失,包括权利人现有财产的减少、应得的许可使用费的灭失等。

---

〔4〕 罗彬:《知识产权重灾行业公布:网吧下载影视剧属侵权》,http://tech.sina.com.cn/i/2010-04-20/14174083970.shtml,最后访问日期:2014 年 4 月 23 日。

〔5〕 郭卫华、金朝武、王静等:《网络环境中的法律问题及其对策》,法律出版社 2001 年版,第 27 页。

〔6〕 蒋志培:《网络与电子商务法》,法律出版社 2002 年版,第 42 页。

第四，行为人的网络传输行为与权利人受损害之间存在因果关系。只有通过网络传输他人作品的行为是导致著作权人受损害的原因时，行为人的网络传输行为才能构成对著作权的侵害。

二、互联网域名管理规范

（一）目前主要互联网域名管理的规范

互联网络域名系统管理和域名注册服务涉及整个网络系统是否能够安全、可靠地运行。

为了保证中国网络系统的安全运营，我国相关部门相继制定了《中国互联网络域名管理办法》、《中文域名争议解决办法》、《中国互联网络域名注册实施细则》和《中国互联网络信息中心域名争议解决程序规则》、《关于互联网中文域名管理的通告》、《中文域名注册管理办法（试行）》、《中国互联网络域名注册实施细则》和《中国互联网络域名注册暂行管理办法》等规范性文件，最高人民法院也出台了《关于审理涉及计算机网络域名民事纠纷案件适用法律若干问题的解释》，这些规定为我国域名注册、管理和争议解决提供了基本的依据，有效地平衡了域名持有人与其他民事权利人之间的利益关系。

（二）互联网域名的注册和使用要求

我国域名注册服务遵循“先申请先注册”原则，每一个域名的注册是独一无二、不可重复的。《中国互联网络域名管理办法》第 25 条规定：“为维护国家利益和社会公众利益，域名注册管理机构可以对部分保留字进行必要保护，报信息产业部现为工业和信息化部备案后施行。除前款规定外，域名注册管理机构和注册服务机构不得预留或变相预留域名。域名注册管理机构和注册服务机构在提供域名注册服务过程中不得代表任何实际或潜在的域名持有者。”

符合条件的域名注册申请者，应当提交真实、准确、完整的域名注册信息，并与域名注册服务机构签订用户注册协议。一旦域名注册完成，域名注册申请者即成为其注册域名的持有者，并且根据具体的域名运行收费办法有偿使用该域名。

但是应当注意，互联网域名的注册和使用不得含有下列内容：

（1）反对宪法所确定的基本原则的；

（2）危害国家安全，泄露国家秘密，颠覆国家政权，破坏国家统一的；

（3）损害国家荣誉和利益的；

（4）煽动民族仇恨、民族歧视，破坏民族团结的；

（5）破坏国家宗教政策，宣扬邪教和封建迷信的；

（6）散布谣言，扰乱社会秩序，破坏社会稳定的；

（7）散布淫秽、色情、赌博、暴力、凶杀、恐怖或者教唆犯罪的；

（8）侮辱或者诽谤他人，侵害他人合法权益的；

（9）含有法律、行政法规禁止的其他内容的。

除此之外,域名持有者应当遵守国家其他有关互联网络的法律、行政法规和规章。一旦因持有或使用域名未遵守以上规定或侵害他人合法权益的,该域名可能被注销,域名持有者还应承担相应的法律责任,构成犯罪的,依法追究刑事责任;尚不构成犯罪的,由国家有关机关依照有关法律、行政法规的规定予以处罚。

当域名出现争议时,可由域名争议解决机构、人民法院或者仲裁来解决纠纷。

三、互联网安全管理规范

(一)目前主要的互联网安全管理规范

网络安全问题,目前已经成为网络世界中最为人所关注的问题之一。危害网络安全的因素很多,它们主要依附于各种恶意软件,其中病毒和木马最为一般网民所熟悉。另外,互联网在很多场合都需要无线传输,这种暴露在公开场所之中的信号很容易被窃取,也更容易被干扰,这将直接影响到互联网体系的安全。同时互联网还可能带来许多个人隐私泄露。如何确保信息的安全性,防止个人信息、业务信息被窃用和造成财产丢失,将是互联网推进过程中需要突破的重大问题之一。

针对以上危害因素,网络安全技术得以快速发展,这也大大提高了网络的安全性。不过,完善相关法律法规和加强网络道德建设,才是解决网络安全问题的根本办法。目前主要的互联网安全管理规范有:《电子认证服务管理办法》、《计算机信息网络国际联网保密管理规定》、《计算机信息网络国际联网安全保护管理办法》、《计算机信息系统安全保护条例》、《维护互联网安全的决定》等。

当然,目前这些管理规范的作用还有限,病毒等恶意软件丝毫没有偃旗息鼓的迹象。网络世界有关安全方面的问题层出不穷,所以,除了使用网络安全技术以及个人安装杀毒、防毒软件外,我们互联网安全法律制度还需随着互联网技术的发展而不断完善、发展,以增加网络安全。

(二)网络实名制与互联网安全

由于中国互联网处于高速发展初期,相关法律的滞后以及监管能力的不足,特别是互联网跨地域、跨行业的特点,给一些不法分子利用网络技术谋取不法利益的机会,他们通过侵犯用户以及企业隐私和安全获取资讯和秘密,偷盗用户虚拟资产、骗取钱财乃至企业知识产权。2012 年 5 月,中国电子信息产业发展研究院、中国软件评测中心发布的《公众个人信息保护意识调研报告》显示,超过 60% 的被访者遇到过个人信息被盗用的情况。

2012 年年初,国内最大的程序员网站中国软件开发联盟 CSDN(Chinese Software Develop Net)被曝 600 万用户数据库信息被黑客公开,随后网上出现多家知名网站用户数据库泄露的消息,网上甚至还爆出用户数据资料被公开下载的情况。由此,互联网用户信息账号安全问题成为网友们关注的热点话题。此外,2012 年年底,知名打假人士方舟子与 360 公司拉开口水大战,备受网友关注。方舟子首次对国内互联网安全公司开火,公开质疑 360 公司部分安全产品涉嫌搜集、窃取用户隐私。360公司亦进行反击,包括悬赏10万元举报“黑公关”。央视等传统媒体也介入此事件的报道,网络用户隐私安全问题被再次强力推入了公众的视野。

以此为契机,包括网络实名制在内的“中国互联网史上最强监管决定”——《全国人民代表大会常务委员会关于加强网络信息保护的决定》于2012年12月底出台。于是,2012年被称为“互联网安全年”。

该决定第6条规定:“网络服务提供者为用户办理网站接入服务,办理固定电话、移动电话等入网手续,或者为用户提供信息发布服务,应当在与用户签订协议或者确认提供服务时,要求用户提供真实身份信息。”其实,网络身份管理是许多国家的通行做法。许多国家都通过立法要求固定电话、手机等电信用户在办理入网手续时须提供身份证明,这种做法是实行有限的后台实名制。

当然,网上实名制的适用范围仍然是有限的,目前仅限于为用户提供信息发布服务,即利用信息发布平台提供信息发布服务需要使用后台实名制,例如,利用博客、BBS等信息平台发布信息,必须注册实名,如果从事其他的网络活动,则无须使用实名制。

参阅资料:

携程“泄密事件”:只是撕开了风险的一个口子

人民网　上海3月28日电

记者　魏　倩

国内知名在线旅游网站携程旅行网(以下简称携程)22日被曝用户信用卡信息泄露之后,谭先生紧急挂失了他的工商银行牡丹信用卡——他一周前刚通过携程买了两张机票。尽管不在携程圈定的信息遭泄露的93个用户名单之中,他仍然担心信用卡被盗刷。

携程表示当日进行了紧急处理,并通知泄密信息用户更换信用卡后,并称公司支付是安全的。携程最新声明称,将对支付流程进行整改,不再保存客户的银行卡CVV信息(用来验证信用卡),以前保存的CVV信息正在删除。

携程泄密只是撕开了多年来这个行业风险的一个口子。曾在大型旅游公司工作六年、担任运营部门负责人的肖铭(化名)向人民财经透露,合规做法是用户卡信息系统不得记录,但实际上内部系统保存下来直接存到数据库了,而且一般都是永久性保存,而不是定时删除。

肖铭和一名搜索引擎公司的高级技术官告诉人民财经,信息的安全全靠职业操守和行业自律。但问题是行业和其从业人员能真的做到吗?

第二节 互联网信息服务管理

互联网信息服务包括电子邮件(E－MAIL)传送、文件传输(FTP)、远程登录(TELNET)服务、查询信息服务、网络新闻论坛(USENET)和电子公告板(BBS)等服务内容,其与新闻业务有较多的关联。

一、互联网信息服务管理制度

我国对互联网信息服务的管理制度主要体现在2000年9月公布施行的《互联网信息服务管理办法》。其对从事互联网信息服务有较详细的要求。

(一)从事互联网信息服务需要一定的资质条件和履行国家规定的法定程序

国家对经营性互联网信息服务实行许可制度;对非经营性互联网信息服务实行备案制度。未取得许可或者未履行备案手续的,不得从事互联网信息服务。从事经营性互联网信息服务,应当获得电信主管部门颁发的互联网信息服务增值电信业务经营许可;从事非经营性互联网信息服务,应当在电信主管部门备案。未取得许可或者未履行备案手续的,不得从事互联网信息服务。

从事新闻、出版、教育、医疗保健、药品和医疗器械等互联网信息服务,依照法律、行政法规以及国家有关规定须经有关主管部门审核同意的,在申请经营许可或者履行备案手续前,应当依法经有关主管部门审核同意。并且应当具备符合国家规定的网站安全保障措施、信息安全保密管理制度和用户信息安全管理制度。

(二)互联网信息服务所禁止的内容

《互联网信息服务管理办法》第15条规定,互联网信息服务提供者不得制作、复制、发布、传播含有下列内容的信息:

(1)反对宪法所确定的基本原则的;

(2)危害国家安全,泄露国家秘密,颠覆国家政权,破坏国家统一的;

(3)损害国家荣誉和利益的;

(4)煽动民族仇恨、民族歧视,破坏民族团结的;

(5)破坏国家宗教政策,宣扬邪教和封建迷信的;

(6)散布谣言,扰乱社会秩序,破坏社会稳定的;

(7)散布淫秽、色情、赌博、暴力、凶杀、恐怖或者教唆犯罪的;

(8)侮辱或者诽谤他人,侵害他人合法权益的;

(9)含有法律、行政法规禁止的其他内容的。

(三)对互联网信息服务的监管

互联网信息内容主管部门、电信主管部门和其他有关部门应当向社会公开对互联网信息服务的许可、备案情况,公众有权查阅有关许可、备案的情况。新闻、出版、教育、卫生、药品监督管理、工商行政管理和公安、国家安全等有关主管部门,在各自职责范围内依法对互联网信息内容实施监督管理。

从事新闻出版以及电子公告等服务项目的互联网信息服务提供者,应当记录提供的信息内容及其发布时间、互联网地址或者域名;互联网接入服务提供者应当记录上网用户的上网时间、用户账号、互联网地址或者域名、主叫电话号码等信息。互联网信息服务提供者和互联网接入服务提供者的记录备份应当保存60日,并在国家有关机关依法查询时,予以提供。

如果互联网信息服务提供者未取得经营许可证或未履行备案手续,制作、复制、发布、传播法律法规禁止的内容,未在其网站主页上标明其经营许可证编号或者备案编号,或没有记录信息内容及其发布时间、互联网地址、域名的,将会受到行政处罚,涉及犯罪的,要追究刑事责任。

二、对互联网新闻信息服务的管理

互联网刊载新闻是其重要的服务内容。现在网络媒体上散播的海量信息已成为民众获取信息的一个重要来源。新闻媒体也逐步入网,由制作本媒介的网络版发展到建立新闻网站,直至各家媒体联合投资创办大型综合网站,如千龙网、东方网等。由于网上新闻具有快速、传受互动、便于查搜储存等特点,产生了很大的社会影响。

互联网上的新闻信息往往有时政类新闻信息,包括有关政治、经济、军事、外交等社会公共事务的报道、评论,以及有关社会突发事件的报道、评论。2005 年 9 月 25 日颁布的《互联网新闻信息服务管理规定》对互联网登载新闻信息、提供时政类电子公告服务和向公众发送时政类通讯信息等进行了规范。

从事新闻信息服务的网站,受电信管理机构、新闻管理机构、公安、国家安全等部门的共同监督管理。国务院新闻办公室主管全国的互联网新闻信息服务监督管理工作。省、自治区、直辖市人民政府新闻办公室负责本行政区域内的互联网新闻信息服务监督管理工作。如果互联网链接境外新闻网站、登载境外新闻媒体和互联网站发布的新闻,也必须另行报国务院新闻办公室批准。

(一)互联网新闻信息服务单位的设立和规范

1. 互联网新闻信息服务单位(也称“新闻网站”)的种类

互联网新闻信息服务单位可以分为以下三类:

(1)第一类,新闻单位设立的登载超出本单位已刊登播发的新闻信息、提供时政类电子公告服务、向公众发送时政类通讯信息的互联网新闻信息服务单位;

(2)第二类,非新闻单位设立的转载新闻信息、提供时政类电子公告服务、向公众发送时政类通讯信息的互联网新闻信息服务单位;

(3)第三类,新闻单位设立的登载本单位已刊登播发的新闻信息的互联网新闻信息服务单位。

新闻单位与非新闻单位可以合作设立新闻网站。若新闻单位拥有的股权不低于51%的,视为新闻单位设立的新闻网站;新闻单位拥有的股权低于51%的,视为非新闻单位设立新闻网站。

2. 三类新闻网站设立的条件与规范

互联网新闻传播业务有严格的准入条件和审批程序。

从事登载新闻的经营性互联网信息服务,应向信息产业部(现为工业和信息化部)或所在省级电信管理机构申请办理互联网信息服务增值电信业务经营许可证,主管部门必须在60日内审查完毕,作出批准与否的决定。从事登载新闻的互联网信息服务如果是非经营性的,应当向信息产业部(现为工业和信息化部)或者所在省级电信管理机构办理备案手续。办理备案时提交的材料包括:主办单位和网站负责人的基本情况、网站网址和服务项目、已取得主管部门即国务院或省级新闻办公室同意的批文。

(1)第一类新闻网站的设立条件与规范

中央新闻单位,省、自治区、直辖市直属新闻单位,以及省、自治区人民政府所在地的市直属新闻单位可以设立登载超出本单位已刊登播发新闻信息的网站,也就是说这些网站可以自行采编新闻和制作新闻,如人民网、新华网、东方网、大洋网等。"管理规定"的附则中注明:新闻单位是指依法设立的报社、广播电台、电视台和通讯社;中央新闻单位包括中央国家机关各部门设立的新闻单位。其中并未提及报业集团、影视集团。

第一类新闻网站的设立应当具备下列条件:

第一,有健全的互联网新闻信息服务管理规章制度;

第二,有5名以上在新闻单位从事新闻工作3年以上的专职新闻编辑人员;

第三,有必要的场所、设备和资金,资金来源应当合法。

除以上条件外,还应当符合国务院新闻办公室关于互联网新闻信息服务行业发展的总量、结构、布局的要求。

根据《国务院对确需保留的行政审批项目设定行政许可的决定》和有关行政法规,设立此类的新闻网站,应当经国务院新闻办公室审批。具体步骤是:由中央新闻单位向国务院新闻办提出申请,省级以下新闻单位通过所在地省级新闻办向国务院新闻办提出申请。经过逐级实地检查,由国务院新闻办批准发给互联网信息服务许可证,不批准的说明理由。

(2)第二类新闻网站的设立条件与规范

第二类新闻网站是由非新闻单位设立的转载新闻信息、提供时政类电子公告服务、向公众发送时政类通讯信息的新闻网站,如新浪网、搜狐网等。

可以申请设立这一类网站的组织,应当是依法设立2年以上的从事互联网信息服务的法人，并在2年内没有因违反有关互联网信息服务管理的法律、法规、规章的规定受到行政处罚；申请组织为企业法人的，注册资本应当不低于1000万元人民币。

具体的设立条件是：

第一，有健全的互联网新闻信息服务管理规章制度；

第二，应当有10名以上专职新闻编辑人员；其中，在新闻单位从事新闻工作3年以上的新闻编辑人员不少于5名；

第三，有必要的场所、设备和资金，资金来源应当合法。

除以上条件外，也应当符合国务院新闻办公室关于互联网新闻信息服务行业发展的总量、结构、布局的要求。

任何组织不得设立中外合资经营、中外合作经营和外资经营的互联网新闻网站。新闻网站如果与境内外中外合资经营、中外合作经营和外资经营的企业进行涉及互联网新闻信息服务业务的合作，应当报经国务院新闻办公室进行安全评估。

(3)第三类新闻网站的设立条件和规范

第三类新闻网站是新闻单位设立的登载本单位已刊登播发的新闻信息的新闻网站。可以设立此类网站的机构，显然是可以设立第一类网站之外的新闻单位。

设立这类网站，只需向国务院新闻办公室或者省、自治区、直辖市的新闻办公室备案。属于中央新闻单位设立的新闻网站，应当自从事互联网新闻信息服务之日起1个月内向国务院新闻办公室备案；属于其他新闻单位设立的，应当自从事互联网新闻信息服务之日起1个月内向所在地省、自治区、直辖市人民政府新闻办公室备案。

办理备案时，应当填写备案登记表，并提交互联网新闻信息服务管理规章制度和新闻单位资质证明。

以上三类新闻网站的设立和管理有具体的标准和要求，这样有利于互联网坚持“两为方针”，坚持正确的舆论导向。[7]

(二)互联网新闻信息服务的内容要求

互联网新闻信息服务单位应当按照核定的服务项目提供互联网新闻信息服务。

1. 总体内容要求

第一类新闻网站虽然可以自行采编新闻和制作新闻，但在转载新闻信息或者向公众发送时政类通讯信息时，应当转载、发送中央新闻单位或者省、自治区、直辖市直属新闻单位发布的新闻信息，并应当注明新闻信息来源，不得歪曲原新闻信息的内容。

---

[7] 魏永征：《新闻传播法教程》，中国人民大学出版社2006年版，第316页。

第二类新闻网站不得登载自行采编的新闻信息，并且应当转载、发送中央和省级直属新闻单位发布的新闻。在转载新闻信息或者向公众发送时政类通讯信息时，本类新闻网站与第一类新闻网站相同，应当转载、发送中央新闻单位或者省、自治区、直辖市直属新闻单位发布的新闻信息，并应当注明新闻信息来源，不得歪曲原新闻信息的内容。

本类新闻网站开展除供稿之外的互联网新闻业务合作，应当在开展合作业务10日前向国务院新闻办公室报告；其他新闻单位与其开展除供稿之外的互联网新闻业务合作，也应当在开展合作业务10日前向所在地省、自治区、直辖市人民政府新闻办公室报告。

第一、二类新闻网站转载新闻信息，还应当与中央新闻单位或者省、自治区、直辖市直属新闻单位签订书面协议。《互联网新闻信息服务管理规定》第17条规定：中央新闻单位设立的互联网新闻信息服务单位，应当将协议副本报国务院新闻办公室备案；其他互联网新闻信息服务单位，应当将协议副本报所在地省、自治区、直辖市人民政府新闻办公室备案。中央新闻单位或者省、自治区、直辖市直属新闻单位签订前款规定的协议，应当核验对方的互联网新闻信息服务许可证，不得向没有互联网新闻信息服务许可证的单位提供新闻信息。

第三类新闻网站因只登载本单位已刊登播发的新闻信息，所以没有其他特殊要求。

2. 禁止性内容

互联网新闻信息服务单位登载、发送的新闻信息或者提供的时政类电子公告服务，不得含有下列内容：

(1)违反宪法确定的基本原则的；

(2)危害国家安全，泄露国家秘密，颠覆国家政权，破坏国家统一的；

(3)损害国家荣誉和利益的；

(4)煽动民族仇恨、民族歧视，破坏民族团结的；

(5)破坏国家宗教政策，宣扬邪教和封建迷信的；

(6)散布谣言，扰乱社会秩序，破坏社会稳定的；

(7)散布淫秽、色情、赌博、暴力、恐怖或者教唆犯罪的；

(8)侮辱或者诽谤他人，侵害他人合法权益的；

(9)煽动非法集会、结社、游行、示威、聚众扰乱社会秩序的；

(10)以非法民间组织名义活动的；

(11)含有法律、行政法规禁止的其他内容的。

所有的新闻网站都应当建立新闻信息内容管理责任制度。不得登载、发送含有以上内容的新闻信息；如果发现提供的时政类电子公告服务中含有违反以上内容的，应当立即删除，保存登载、发送的新闻信息的内容及其时间、互联网地址等有关记录，记录备份应当至少保存60日，并在有关部门依法查询时予以提供。

（三）相关法律责任

按照《互联网新闻信息服务管理规定》，下列情况属于违规行为：

（1）未经审批，擅自从事互联网新闻信息服务，或者超出核定的服务项目从事互联网新闻信息服务的；

（2）登载、发送的新闻信息含有禁止性内容，或者拒不履行删除义务的；

（3）未注明新闻信息来源的；

（4）未履行备案义务、报告义务、记录及记录备份保存或者提供义务的。

对于以上情况，主管部门可以分别给予责令改正、警告、3万元以下罚款、停止信息服务或责令互联网接入服务者停止接入服务等处罚。

三、对互联网传播视听节目的管理

互联网视听节目服务，是指制作、编辑、集成并通过互联网向公众提供视音频节目，以及为他人提供上载传播视听节目服务的活动。目前，对互联网视听节目服务进行管理的主要规范性文件是由广电总局2007年12月29日公布的，并于2008年1月31日起实施的《互联网视听节目服务管理规定》。

（一）互联网传播视听节目许可制度

1. 从事互联网视听节目服务的条件

要获得互联网视听服务资格，首先要获得广播电影电视主管部门的行政许可。从事互联网视听节目服务，应当取得广播电影电视主管部门颁发的信息网络传播视听节目许可证或履行备案手续。未按照要求取得广播电影电视主管部门颁发的《许可证》或履行备案手续的，不得从事互联网视听节目服务。

获得行政许可后，申请从事互联网视听节目服务，应当具备一定的条件。《互联网视听节目服务管理规定》的第8条对从事互联网视听节目服务的条件作出了严格限制：

（1）具备法人资格，为国有独资或国有控股单位，且在申请之日前三年内无违法违规记录；

（2）有健全的节目安全传播管理制度和安全保护技术措施；

（3）有与其业务相适应并符合国家规定的视听节目资源；

（4）有与其业务相适应的技术能力、网络资源和资金，且资金来源合法；

（5）有与其业务相适应的专业人员，且主要出资者和经营者在申请之日前三年内无违法违规记录；

（6）技术方案符合国家标准、行业标准和技术规范；

（7）符合国务院广播电影电视主管部门确定的互联网视听节目服务总体规划、布局和业务指导目录；

（8）符合法律、行政法规和国家有关规定的条件。

如果从事广播电台、电视台形态服务和时政类视听新闻服务，除符合以上要求外，还应当持有广播电视播出机构许可证或互联网新闻信息服务许可证。其中，以自办频道方式播放视听节目的，由地（市）级以上广播电台、电视台、中央新闻单位提出申请。

从事主持、访谈、报道类视听服务的，除符合以上要求外，还应当持有广播电视节目制作经营许可证和互联网新闻信息服务许可证；从事自办网络剧（片）类服务的，还应当持有广播电视节目制作经营许可证。

2. 许可证的发放管理

申请许可证，应当通过省、自治区、直辖市人民政府广播电影电视主管部门向国务院广播电影电视主管部门提出申请，中央直属单位可以直接向国务院广播电影电视主管部门提出申请。

省、自治区、直辖市人民政府广播电影电视主管部门自收到申请之日起 20 日内提出初审意见，报国务院广播电影电视主管部门审批；国务院广播电影电视主管部门应当自收到申请或者初审意见之日起 40 日内作出许可或者不予许可的决定。予以许可的，向申请人颁发许可证，并向社会公告；不予许可的，应当书面通知申请人并说明理由。

许可证有效期为 3 年。有效期届满，如果继续从事互联网视听节目服务的，可申请办理续办手续。

地（市）级以上广播电台、电视台从事互联网视听节目转播类服务的，到省级以上广播电影电视主管部门履行备案手续。中央新闻单位从事互联网视听节目转播类服务的，到国务院广播电影电视主管部门履行备案手续。

取得许可证的单位，还应当依据《互联网信息服务管理办法》，向省（自治区、直辖市）电信管理机构或国务院信息产业主管部门（以下简称电信主管部门）申请办理电信业务经营许可或者履行相关备案手续，并依法到工商行政管理部门办理注册登记或变更登记手续。

互联网视听节目服务单位应当在取得许可证 90 日内，按照许可证载明或备案的事项开展互联网视听节目服务，并在播出界面显著位置标注国务院广播电影电视主管部门批准的播出标识、名称、许可证或备案编号。

任何单位不得向未持有许可证或备案的单位提供与互联网视听节目服务有关的代收费及信号传输、服务器托管等金融和技术服务。

（二）互联网传播视听节目内容管理

视听网站提供的视听节目应当符合法律、行政法规、部门规章的规定。视听节目不得含有以下内容：

（1）反对宪法确定的基本原则的；

（2）危害国家统一、主权和领土完整的；

(3)泄露国家秘密、危害国家安全或者损害国家荣誉和利益的;

(4)煽动民族仇恨、民族歧视,破坏民族团结,或者侵害民族风俗、习惯的;

(5)宣扬邪教、迷信的;

(6)扰乱社会秩序,破坏社会稳定的;

(7)诱导未成年人违法犯罪和渲染暴力、色情、赌博、恐怖活动的;

(8)侮辱或者诽谤他人,侵害公民个人隐私等他人合法权益的;

(9)危害社会公德,损害民族优秀文化传统的;

(10)有关法律、行政法规和国家规定禁止的其他内容。如视听网站应当遵守《著作权法》的规定,采取版权保护措施,保护著作权人的合法权益。

此外,视听网站播出电影电视剧类节目和其他节目,还应当符合国家有关广播电影电视节目的管理规定。

播出时政类视听新闻节目,应当是地(市)级以上广播电台、电视台制作、播出的节目和中央新闻单位网站登载的时政类视听新闻节目。视听网站不得允许个人上载时政类视听新闻节目,在提供播客、视频分享等上载传播视听节目服务时,应当提示上载者不得上载违反相关规定的视听节目。任何单位和个人不得转播、链接、聚合、集成非法的广播电视频道、视听节目网站的节目。

对已播出的视听节目应至少完整保留60日备查。

(三)法律责任

广播电影电视主管部门依法对视听网站进行实地检查,视听网站如违反了相关规定,将受到行政处罚。

现将具体的违法情况总结如下:

(1)擅自在互联网上使用广播电视专有名称开展业务的;

(2)变更注册资本、股东、股权结构,上市融资或重大资产变动时,未办理审批手续的;

(3)未建立健全节目运营规范,未采取版权保护措施,或对传播有害内容未履行提示、删除、报告义务的;

(4)未在播出界面显著位置标注播出标识、名称、许可证和备案编号的;

(5)未履行保留节目记录、向主管部门如实提供查询义务的;

(6)向未持有许可证或备案的单位提供代收费及信号传输、服务器托管等与互联网视听节目服务有关的服务的;

(7)未履行查验义务,或向互联网视听节目服务单位提供其许可证或备案载明事项范围以外的接入服务的;

(8)进行虚假宣传或者误导用户的;

(9)未经用户同意,擅自泄露用户信息秘密的;

(10)互联网视听服务单位在同一年度内三次出现违规行为的;

(11)拒绝、阻挠、拖延广播电影电视主管部门依法进行监督检查或者在监督检查过程中弄虚作假的;

(12)以虚假证明、文件等手段骗取许可证的;

(13)擅自从事互联网视听节目服务的;

(14)传播的视听节目内容违反规定的;

(15)未按照许可证载明或备案的事项从事互联网视听节目服务或违规播出时政类视听新闻节目;

(16)转播、链接、聚合、集成非法的广播电视频道和视听节目网站内容的,擅自插播、截留视听节目信号。

如有以上情形,县级以上广播电影电视主管部门可对违法视听网站予以警告、责令改正、罚款、撤销其许可证等行政处罚。情节严重的,可根据《广播电视管理条例》第47条、第50条和第51条的规定,对违法视听网站予以取缔、没收从事违法活动的设备、罚款等方式进行行政处罚。

除了对违法视听网站进行行政处罚外,网站的出资者和经营者也要被警告或处以罚款。当违法违规行为属于重大情形时,主要出资者和经营者除按有关规定受到处罚外,还在处罚之日起5年内不得投资和从事互联网视听节目服务。

视听网站及其主要出资者、经营者,如果有违反治安管理规定的情形,由公安机关依法予以处罚;构成犯罪的,由司法机关依法追究刑事责任。

第三节　互联网出版管理

随着互联网技术的发展,网络出版已经成为一种重要的出版方式。网络出版可以使公众在其选定的时间和地点获得作品和数字化制品,这无疑是网络出版的最大优势所在,也是网络从业者提供服务的最重要的方式之一。但值得注意的是,这一服务方式不仅与著作权人和邻接权人的复制权密切相关,而且与著作权人的信息网络传播权和邻接权人的向公众传播权直接相关,处理得不好就会造成侵权,所以对互联网出版进行限制管理是十分必要的。

一、互联网出版活动概述

互联网出版始于1995年的1月,以第一份中文网络杂志《神州学人》在互联网上推出电子版为标志,中国互联网出版的序幕被正式拉开。经过近二十年的发展,我国互联网出版已经覆盖到比传统出版更多的内容领域和创造了多种出版物类型,产业化发展迅速。

互联网出版又称网络出版,是指互联网信息服务提供者将自己创作或他人创作的作品经过选择和编辑加工，登载在互联网上或者通过互联网发送到用户端，供公众浏览、阅读、使用或者下载的在线传播行为。其作品主要包括：已正式出版的图书、报纸、期刊、音像制品、电子出版物等出版物内容或者在其他媒体上公开发表的作品；经过编辑加工的文学、艺术和自然科学、社会科学、工程技术等方面的作品。

网络出版可以分为简单出版、多媒体出版和混合出版三种类型。

简单出版主要是指以文字图片形式为主的出版方式，包括各类文章、文学作品、学术研究著作以及短信贺卡等，这类出版形式具有易于检索、阅读浏览方便，传输占用宽带少，技术要求不高等特点。

多媒体出版主要是指采用多媒体技术进行互联网出版，包括各类音像作品，动漫游戏作品，多媒体广告、彩信等。

混合出版是指将简单出版、多媒体出版结合在一起，形成不可分割的网络出版形式，如游戏社区、聊天记录实时信息等。

根据网络出版发展的特点以及学科分类、表现形式和使用终端的不同，我们还可以把网络出版物分成网络学术出版物、网络图书、网络杂志、网络报纸、网络文学、网络音像、网络游戏、网络教育、网络地图和手机出版等。

这里着重介绍一下网络杂志、网络报纸与手机出版。网络杂志也称网络期刊和电子杂志，主要分为三类：一是传统期刊的电子版，二是将大量纸质期刊内容进行分类在网上传播，三是各类网站创办的原创型的网络杂志。网络报纸主要分为三类：一是纸质报纸的电子版，二是报社的网站，三是以网络报纸为名创办的网站。目前国内各大新闻出版集团都已将纸质报纸的电子版上网，并把平面媒体的内容通过互联网进行广泛地传播。手机出版，主要是指以无线互联网为媒介，以手机为阅读终端的出版形式，主要包括手机报、手机杂志、手机图书、手机小说、手机游戏等。包括手机出版在内的无线网络出版是与有线网络出版并行的两大网络出版途径。

二、国外互联网出版法律规制概况

面对互联网出版业的迅速发展，欧美发达国家和地区纷纷制定相关法规，或者修订已有法规，或者联合互联网从业者制定相关的行为准则和指导原则。由于互联网出版的行业跨度较大，不同于传统的出版，其采编、刊行等均在网络上以数字方式进行，因此对于网络出版行业，一方面用传统法律进行约束，另一方面新立法专门对互联网进行管理，虽然各国的国情不同，但是对于互联网出版所使用的法律手段大多为以下几类：

第一类，运用国家原则性法律，如国家的宪法和刑法。宪法和刑法起到监管规范国家和个人一切行为的作用，因此，互联网出版也必须严格遵守；

第二类，对传统法案进行修改，通常是将原有的不适于互联网时代的条款加以

修订,如各国对著作权法的修订就主要着眼于将著作权所保护的领域扩大到互联网范围;

第三类,制定新的法律法案以补充原有法律法案的不足,这大多集中于保护知识产权和引导网络出版业方面。主要包括:

第一,增强网络出版中隐私权的保护。由于目前的网络出版品在购买时需要消费者填写相关的个人信息或者需要进行注册为会员,因此网络隐私权的保护成为了重要问题。

第二,加强网络出版行业的自律。美国、英国、德国、我国香港特别行政区等均主张对于网络出版内容采取从业者自律的态度。美国希望"政府政策应避免不必要的管制",表示"传统媒体管理规范不全然适用于网络管理",强调从业者自律。

第三,增强网络出版著作权的保护。比如,1998 年美国颁布的《数字化千禧年著作权法案》(Digital Millennium Copyright Act,DMCA)。

第四,对网络出版中产生的网络电子交易行为进行管理。美国在 1998 年通过了《网络免税法案》(Internet Tax Freedom Act),1999 年通过了《全球及全国商务电子签章法案》,2001 年,中国台湾地区颁布了"电子签章法",新加坡于 1998 年公布实行了《电子交易法》(Electronic Transactions Act,ETA)等。这些法案均主张网络交易平等,不可进行不公平或者具有欺诈性的商业行为。

第五,一些国家还制定出台网络企业免税的法案,这对于从事网络出版的企业无疑是极大的鼓励。比如,1998 年美国通过的《网络免税法案》。[8]

三、我国互联网出版管理制度

为推动互联网出版产业的健康发展,我国政府和行业主管部门先后制定了一系列的行政法规、规章。

(一)目前主要的行政法规、规章

2000 年 9 月,国务院颁布了《互联网信息服务管理办法》,授权新闻出版总署负责管理。2002 年 8 月起我国开始施行《互联网出版管理暂行规定》。2011 年 3 月《出版管理条例》被修订。以上法规标志着我国网络出版步入了规范化的管理阶段。

针对新情况,2012 年 12 月,国务院出版行政主管部门会同有关部门对《互联网出版管理暂行规定》等规章进行了修订,起草了《网络出版服务管理办法》(修订征求意见稿)、《新闻出版行业标准化管理办法》(修订征求意见稿)、《境外新闻出版机构在中国境内设立办事机构管理办法》(征求意见稿),以进一步规范网络出版、新闻出版行业标准化等有关活动。另外,国务院出版行政主管部门还在调查研

---

〔8〕 熊澄宇、金兼斌:"我国互联网出版的发展现状和政策分析",载《全球化华文媒体的发展与机遇——第四届世界华文传媒与华夏文明传播国际学术研讨会论文集》,2007 年版,第 79 页。

究的基础上陆续起草关于网络游戏,网络文学等方面的行政规章,以利于及时有效地对这些新的网络出版媒体形态实施有效地监管。

(二)互联网出版的行政审批与监督管理

在我国只有经过新闻出版行政部门和电信管理机构批准,才能从事互联网出版业务。作为全国网络出版的行业管理部门,国家新闻出版广电总局鼓励有条件的从事网络出版,鼓励出版企业以兼并、重组、收购股份制的形式打破界限,培育大型出版集团,鼓励国有战略投资者投资网络出版企业,在全国数字出版领域打造一批国有和国有控股、实力雄厚的航母级的网络出版企业和企业群。

互联网出版机构设立,除符合《互联网信息服务管理办法》规定的条件以外,还应当具备以下条件:有确定的出版范围;有符合法律、法规规定的章程;有必要的编辑出版机构和专业人员;有适应出版业务需要的资金、设备和场所。

具备以上条件的,应当由主办者向所在地省、自治区、直辖市出版行政主管部门提出申请,经省、自治区、直辖市出版行政主管部门审核同意后,报出版管理部门审批。出版行政主管部门应当自受理申请之日起60日内,作出批准或者不批准的决定,并由所在地省、自治区、直辖市出版行政主管部门书面通知主办者,不批准的,应当说明理由。互联网出版业务经批准后,主办者应当持出版行政主管部门的批准文件到省、自治区、直辖市电信管理机构办理相关手续。

(三)互联网出版的注意事项及其法律责任

不规范的、非法的互联网出版活动会危害互联网出版产业的健康发展,因此根据我国目前互联网出版的相关法律制度,互联网出版单位应注意以下事项以期维护社会稳定,保护知识产权,维护合法经营者的正当权益和保护未成年人的身心健康等。具体来说:

1. 不能擅自从事互联网出版活动。

擅自从事互联网出版活动的,由国家级或者省、自治区、直辖市出版行政主管部门予以取缔,没收从事非法出版活动的主要设备、专用工具及违法所得,罚款等行政处罚。

2. 互联网出版单位应在其网站主页上标明出版行政主管部门批准文号。

没有标明出版行政主管部门批准文号的,由省、自治区、直辖市出版行政主管部门或者国务院出版行政主管部门予以警告,并处罚款。

3. 互联网出版不得载有的内容:

(1)反对宪法确定的基本原则的;

(2)危害国家统一、主权和领土完整的;

(3)泄露国家秘密、危害国家安全或者损害国家荣誉和利益的;

(4)煽动民族仇恨、民族歧视,破坏民族团结,或者侵害民族风俗、习惯的;

(5)宣扬邪教、迷信的;

(6)散布谣言,扰乱社会秩序,破坏社会稳定的;

(7)宣扬淫秽、赌博、暴力或者教唆犯罪的;

(8)侮辱或者诽谤他人,侵害他人合法权益的;

(9)危害社会公德或者民族优秀文化传统的;

(10)有法律、行政法规和国家规定禁止的其他内容的。

如果互联网出版机构发现所登载或者发送的作品含有以上所列内容之一的,应当立即停止登载或者发送,保存有关记录,并向所在地省、自治区、直辖市出版行政主管部门报告并同时抄报国务院出版行政主管部门。同时,省、自治区、直辖市出版行政主管部门或者国务院出版行政主管部门通过没收违法所得、罚款、责令限期停业整顿或者撤销批准等方式对其进行行政处罚。

4. 以未成年人为对象的互联网出版内容不得含有诱发未成年人模仿违反社会公德的行为和违法犯罪行为的内容,以及恐怖、残酷等妨害未成年人身心健康的内容。

如果违反上述要求,也应当立即停止登载或者发送,保存有关记录,并向所在地省、自治区、直辖市出版行政部门报告并同时抄报国务院出版行政主管部门,并受到没收违法所得、罚款、责令限期停业整顿或者撤销批准等行政处罚。

5. 互联网出版机构出版涉及国家安全、社会安定等方面的重大选题,应当依照重大选题备案的规定,报国务院出版行政主管部门备案。未经备案的重大选题,不得出版。

根据《互联网出版管理暂行规定》第 26 条的规定,如果互联网出版机构出版涉及国家安全、社会安定等方面的重大选题没有备案,则其登载或者发送的未经备案的重大选题作品将被责令停止,由国家级或者省、自治区、直辖市出版行政主管部门予以警告、罚款、责令限期停业整顿或者撤销批准等行政处罚。

6. 互联网出版的内容不真实或不公正,致使公民、法人或者其他组织合法利益受到侵害的,互联网出版机构应当公开更正,消除影响,并依法承担民事责任。

7. 从事互联网出版活动,应当遵守国家有关著作权的法律、法规,应当标明与所登载或者发送作品相关的著作权记录。

8. 互联网出版机构应当实行编辑责任制度,必须有专门的编辑人员对出版内容进行审查,保障互联网出版内容的合法性。

互联网出版机构的编辑人员应当接受上岗前的培训。

9. 互联网出版机构应当记录备份所登载或者发送的作品内容及其时间、互联网地址或者域名,记录备份应当保存 60 日,并在国家有关部门依法查询时,予以提供。

如违反以上情况,将由省、自治区、直辖市电信管理机构责令改正;情节严重的，责令停业整顿或者暂时关闭网站。

总体来说，目前的互联网出版管理法规和规章正发挥着巨大的作用，与此同时，也存在一定的问题。如立法层级还较低，各规章之间还存在术语不统一、发布混乱等情况，各职能部门的管理职责还有待于进一步明确，相应的社会配套机制也有一定的欠缺。在此也希望我国能够加快该领域立法的进度，以规范互联网出版事业。

参阅资料：

北京首例侵犯互联网出版物著作权刑事案宣判

新华网北京2月10日电（记者李京华）谈文明等3人非法运营针对“传奇3G”网络游戏开发的外挂软件一案已作出一审宣判，这是北京首例以侵犯著作权罪罪名提起公诉的涉及网络游戏外挂软件的刑事案件。

记者10日获悉，北京市海淀区人民法院已对北京市法院审理的首例侵犯互联网出版物著作权的刑事案件作出一审宣判，判处谈文明有期徒刑2年6个月，罚金人民币5万元；判处刘红利有期徒刑2年，缓刑3年，罚金人民币3万元；同时判处沈文忠有期徒刑1年6个月，罚金人民币3万元。

谈文明曾是北京市通广恒泰商贸有限公司法定代表人，刘红利是谈文明的妻子，沈文忠在谈文明的公司中负责外挂软件研发，3人运营针对“传奇3G”网络游戏开发的外挂软件。检方指控，谈文明等人租用某网络服务公司两台服务器，2004年6月至2005年9月私自设立“007智能传奇3G外挂”等网站，非法制作、销售游戏外挂卡向玩家出售以牟取暴利，收费标准为10元一个月、50元半年、80元一年、100元终生。

2005年9月7日，谈文明、刘红利、沈文忠被抓获归案，此前他们通过信息网络等方式经营的外挂软件的金额达281万余元。检方在举证时表示，原新闻出版总署对外挂违法性作出认定，并明确了法规依据。认定书指出：根据《著作权法》第3条规定，网络游戏出版物《传奇三代》的软件部分和动画形象部分，分别属于我国著作权法保护的计算机软件作品和美术作品。“007智能传奇3G外挂”网站未经著作权人授权，通过破坏《传奇三代》中软件作品的技术保护措施，进入其服务器系统，擅自修改其相关数据，使用《传奇三代》的动画形象，并大量制作、销售《传奇三代》外挂卡。这些行为违反了《著作权法》第47条规定，是一种严重侵犯著作权的违法行为。

法院认为，被告人谈文明等人以营利为目的，未经批准，开展经营性互联网信息服务，违反国家出版管理规定，利用互联网站开展非法互联网出版活动，非法出版发行互联网出版物，侵害著作权人、出版机构以及游戏消费者的合法权益，扰乱互联网游戏出版经营的正常秩序，情节特别严重，其行为均已构成非法经营罪。

（新华网）

本章小结

1 依法建网、依法管网、依法用网是我国互联网事业发展的重要原则。

2 互联网并不是单一的新闻媒体，对其开展规范工作涉及信息管理部门、新闻出版广播电视管理部门等多个法律部门，较为复杂。

3 网络著作权问题主要集中在网络著作权法律责任的承担和侵权责任的认定、网络著作权保护及自办网站侵权行为等方面。

4 互联网络域名系统管理和域名注册服务涉及整个网络系统是否能够安全、可靠地运行。

5 如何确保信息的安全性，防止个人信息、业务信息被窃用和造成财产丢失，将是互联网推进过程中需要突破的重大问题之一。

6 互联网刊载新闻是其重要的服务内容。现在网络媒体上散播的海量信息已成为民众获取信息的一个重要来源。

7 从事新闻信息服务的网站，受电信管理机构、新闻管理机构、公安、国家安全等部门的共同监督管理。

8 互联网视听节目服务，是指制作、编辑、集成并通过互联网向公众提供视音频节目，以及为他人提供上载传播视听节目服务的活动。

9 互联网出版又称网络出版，是指互联网信息服务提供者将自己创作或他人创作的作品经过选择和编辑加工，登载在互联网上或者通过互联网发送到用户端，供公众浏览、阅读、使用或者下载的在线传播行为。其作品主要包括：已正式出版的图书、报纸、期刊、音像制品、电子出版物等出版物内容或者在其他媒体上公开发表的作品；经过编辑加工的文学、艺术和自然科学、社会科学、工程技术等方面的作品。

10 不规范的、非法的互联网出版活动会危害互联网出版产业的健康发展，因此根据我国目前互联网出版的相关法律制度，互联网出版单位应维护社会稳定，保护知识产权，维护合法经营者的正当权益和保护未成年人的身心健康等。

关键词

互联网　网络管理　域名　注册　网络实名制　信息服务　新闻服务内容　视听节目　电子公告　网络出版

复习问题

1. 互联网网络管理目前有何规范?
2. 网络作品的著作权有何新特点?
3. 互联网从事新闻服务有哪些要求?
4. 对互联网视听节目进行举例,分析其特点,讨论此类节目存在什么问题,以及如何对其进行规范。
5. 互联网出版包括哪些类型? 互联网出版应注意哪些事项?

思维训练

1. 韩国于 2012 年起废除了其已实施 4 年的网络实名制,请分析其原因与影响。
2. 试分析 2012 年 9 月 9 日《最高人民法院、最高人民检察院关于办理利用信息网络实施诽谤等刑事案件适用法律若干问题的解释》出台的背景和主要目的。

图书在版编目(CIP)数据

新闻传播法概论/陈丽丹著.—北京:法律出版社,2014.8(2016.7重印)
ISBN 978-7-5118-6784-1

Ⅰ.①新… Ⅱ.①陈… Ⅲ.①新闻学—传播学—法学—高等学校—教材 Ⅳ.①D912.101

中国版本图书馆CIP数据核字(2014)第196472号

新闻传播法概论

著　　者:陈丽丹
策划编辑:王旭坤
责任编辑:张　磊
装帧设计:乔智炜
责任印制:沙　磊
内文制作:凌点工作室

出　　版	法律出版社/北京市丰台区莲花池西里7号(100073) http://www.lawpress.com.cn/
编辑统筹	法律职业教育出版分社
经　　销	新华书店等
总 发 行	中国法律图书有限公司 http://www.chinalawbook.com/ 第一法律书店(010-63939781/9782)　西安(029-85388843) 重庆(023-65382816/2908)　上海(021-62071010/1636) 北京(010-62534456)　深圳(0755-83072995)
销售专线	010-63939806/9830
数据支持	法律门 http://www.falvmen.com.cn/

开　　本	720毫米×960毫米　1/16
印　　张	17.5
字　　数	323千
版　　本	2015年1月第1版
印　　次	2016年7月第2次印刷
印　　刷	北京京华虎彩印刷有限公司
书　　号	ISBN 978-7-5118-6784-1
定　　价	39.00元